트로트
대백과

CONTENTS

가슴 아프게

정두수 작사 / 박춘석 작곡 / 남진 노래

Trot
Dm   A7   B♭   F   A7   Dm

Dm   A7   Dm   Gm   A7   Dm   Gm   Dm
당   신 과 나 - 사 이 에   저 바 다 가 없 었 - 다 - 면
당   신 과 나 - 사 이 에   연 락 선 이 없 었 - 다 - 면

Dm   Gm   A7   Dm   F   A7   Dm
쓰   - 라 린 - - 이 별 - 만 - 은   없   었 을 - 것 - - - 을
날   - 두 고 - - 떠 나 - 지 - 는   않   았 을 - 것 - - - 을

A7   Dm   B♭   A7
해   - 저 문 부 - - 두 에 - 서   떠   나 가 는 연 락 선 을   가 슴
아   - 득 한 바 - - 다 멀 - 리

Dm   B♭7   Dm   A7   Dm   A7
아   프 게 가 슴 아   프 게 바 라   보 지 않 - 았 으 리   갈 매

Dm   Gm   Dm   A7   Dm
기   - - 도 내 마 음 같 - 이 목 메   - 어 운 - - - 다
D.S. al Fine

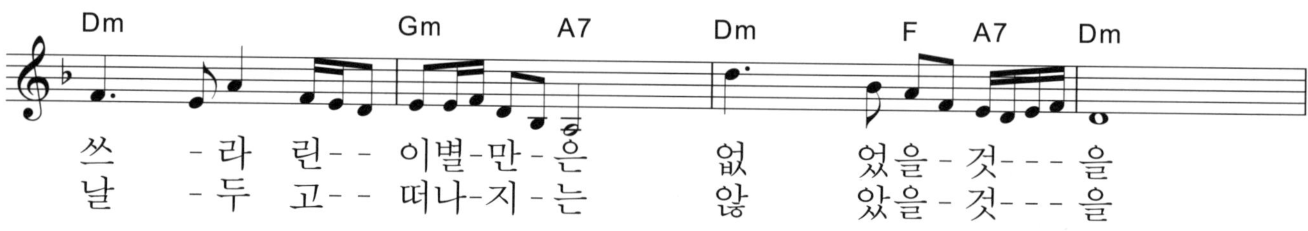

가거라 삼팔선

이부풍 작사 / 박시춘 작곡 / 남인수 노래

Trot
Dm
아 - - 산-이-막-혀 못
아 - - 꽃-필-때-나 오
Gm A7 Dm Gm
- 오 시-나 요 - 아 -
- 시 려-느 냐 -
Gm Dm A7 Dm
- 물 이 막-혀 못-오 - 시----나 - 요
- 눈 올 때-나 오-시 - 려---느 - 냐
Dm A7 Gm A7
- 다 같 은 고 향 땅 을 가 고 오 련 만
- 보 따 리 등 에 메 고 넘 는 고 갯 길
Dm A7 Dm A7 Dm
남 북 이 가 로 막 혀 원 한-천 리 길 꿈 마 -
산 새 도 나 와 함 께 울 고-넘 었 지 자 유 -
Dm Gm A7 Dm
다 - 너 를-찾 아 꿈 마 다 너 를-찾 아
여 - 너 를-위 해 자 유 여 너 를-위 해
A7 Dm Dm
삼 팔 선 을 탄-단- 다 - 다 -
이 목 숨 을 바-친- D.C.

가버린 당신

정욱 작사 / 정풍송 작곡 / 최진희 노래

Slow Go Go
D.C. Time Sax. Solo
잊는다고 생각하면 또다시당 신생 각
오지않을 사람인데 가버린당 신인 데
미웁다고 생각하면 오히려웃던 그얼 굴
기다려도 미워해도
모두가부질 없는 데 사랑했 던그 순간 들 이젠
모 두떠나 가버 린 한조각 의꿈 인것 을 왜이
렁 게잇지못할 까 오지않을 사람인 데
가버린당 신인 데 기다려도 미워해도
모두가부질 없는 데 모두가부질 없는 데
D.C.

감격시대

강사랑 작사 / 박시춘 작곡 / 남인수 노래

Polka
거 리 는부른다 환 희 에빛나 는 숨 쉬 는
바 다 는부른다 정 열 에넘치 는 청 춘 의
잔 디 는부른다 봄 향 기감도 는 희 망 의
거 - 리 다 - 미 풍 은
바 - 다 여 - 깃 발 은
대 - 지 여 - 새 파 란
속 삭 - 인 다 - 불 타 - 는 눈 - 동 자 -
펄 렁 - 펄 렁 - 바 람 - 에 좋 - 구 나 -
지 평 - 천 리 - 백 마 - 야 달 - 려 라 -
불 - - 러 라 - 불 러 라 불 - - 러 라 - 불 러 라 거 리
저 - - 어 라 - 저 어 라 저 - - 어 라 - 저 어 라 바 다
갈 - - 거 나 - 갈 거 나 갈 - - 거 나 - 갈 거 나 잔 디
의 - 사 랑 아 - - 휘 파 람 - 을 불 며 - - 가 -
의 - 사 랑 아 - - 희 망 봉 - 은 멀 지 - - 않 -
의 - 사 랑 아 - - 저 언 덕 - - 넘 어 - - 가 -
자 내 - 일 의 청 춘 아 -
다 행 - 운 의 빛 길 아 아 -
자 꽃 - 피 는 마 을 로

가을비 우산 속

이두형 작사 / 백태기 작곡 / 최헌 노래

Slow Go Go
그리움이 눈처 럼 - 쌓인거 리를
잊어야지 언젠 가는 세월흐름 속에
나혼자서 걸 었네 미련때 문에
나혼자서 잊어 야지 잊어봐 야 지
흐르는 - 세월 따라 잊혀진 그 얼 굴이
슬픔도 - 그리 움도 나혼자서 잊 어 야지
왜이다지 속눈 썹에 또다시떠오 르 나
그러다가 언젠 가는 잊어 - - 지 겠 지
정다웠 던그 눈길 목소리 어딜갔 나
아픈가 슴 달 래며 - 찾아 헤매이 는 가을
비 우산 - 속 에 이슬맺 힌 다 - -

가지마오

고향 작사 / 남국인 작곡 / 나훈아 노래

사랑 해 사 - 랑 해 요 -
당신 을 당 - 신 만 을 -
이 생 명 다 바쳐 서 이한 목 숨 다바 쳐
내 - 진 정 당신만을사 - 랑 - 해 -
가지 마 오 가지 마 오
나를두 고 가 지 를 마 - 오 -
이대 로 영 원토 록 한백 년 살 고파 요 나를두 고
가 지를 - 마 - 오 - 오 -

가을을 남기고 간 사랑

박춘석 작사 / 박춘석 작곡 / 패티김 노래

Slow Go Go
A
E7
가을을 남기고떠난 사람 - 겨울 은 아직멀 리

E7
D
A
있 는 데 사랑할수 - 록 - 깊 어가는 슬픔의 - 눈물은

Bm
D
E7
A
향기로운 - 꿈 이 었나 당신 의 눈물이생 각

A
E7
날 때 - 기억 에 남아있 는 꿈들이 - 눈을감으

D
A
Bm
D
- 면 - 수 많은 별이되어 - 어두운 밤하늘에 - 흘 러 가

리   아   그대 - 곁에 잠들고   싶어라

날   개 를   접은철 새   처-럼   음 - - -   눈물

로   쓰여진그 편 지 는 -   눈물 로   다시지 우

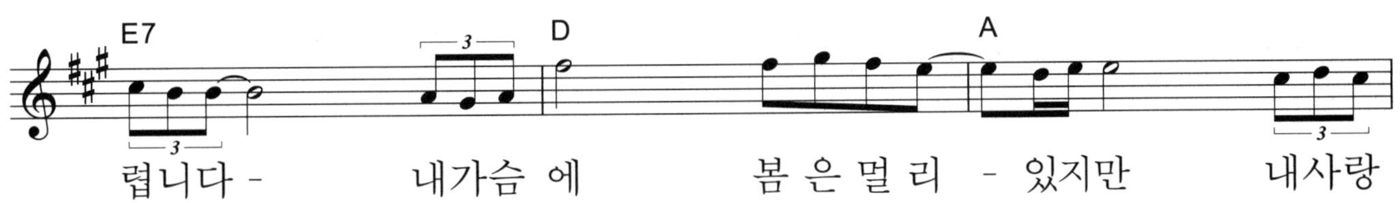
렵니다 -   내가슴 에   봄 은 멀 리 - 있지만   내사랑

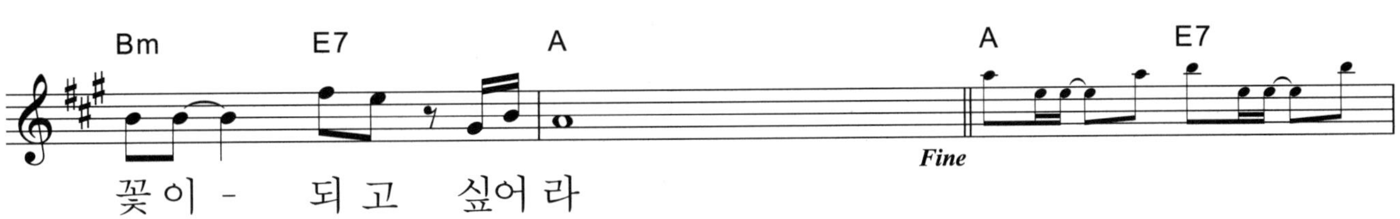
꽃 이 - 되고 싶어 라
Fine

아
D.S.

가인이어라

이건우, 알고보니 혼수상태, 김지환 작사 / 이건우, 알고보니 혼수상태, 김지환 작곡 / 송가인 노래

가인 - - 가인 - -
가인 - -
가인-이어- 라 - - 운명-같은 -사 람이 어 - -라-
보고 또 보 고싶 은 가인-이어 라 - -
정도-많은 -사 람이 어 - -라- -
어느한 날 똑 --같 은 시 간에 만- 나 서로에 게
사랑해 요 그 --말 을 하 고싶 나- 요 내마음 도
끌 려버-린 맘-- - 좋아-좋아- -한 다-면
그 렇답-니 다-- - 애간-장을- -녹 이-는
죄 라도-되나-요 이 제-나 는- 어 쩔수 없- -네-
다 정한-목소-리 누 가-내 게- 보 내셨 나- -요-

아－－－－영원히 안고싶어라
아－－－－영원히 닮고싶어라
시-간아-멈 추 어라－ － 가인－
세-월아-
－ 가인-이어-라 －－ 필연-적인 -사 람이 어-
운명-같은 -사 람이 어-
-라- 보고 또 보 고싶 은 가인-이어
-라- 보고 또 보 고싶 은 사람-이어
라－－ 내인-생의 귀 인이 어-라
1. 가인－ － 가인－ －
가 인이어라 가 인이어라 가인 가-인이어
라 가인-가인 가 인이 어 --라-

간대요 글쎄

조동산 작사 / 원희명 작곡 / 이태호 노래

Slow Go Go

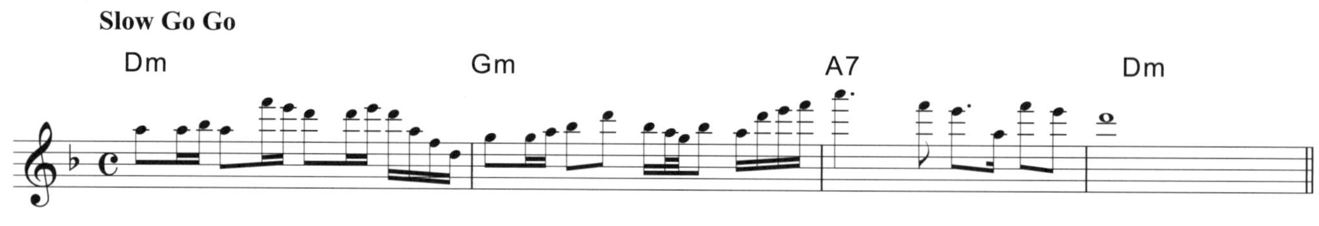

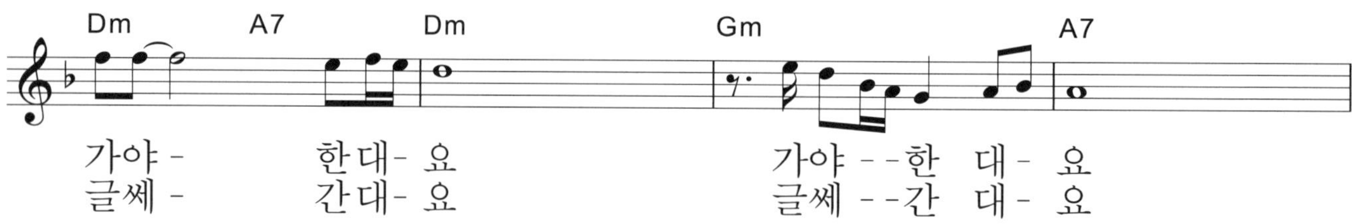

가야 - 한대- 요
글쎄 - 간대- 요
가야 --한 대- 요
글쎄 --간 대- 요

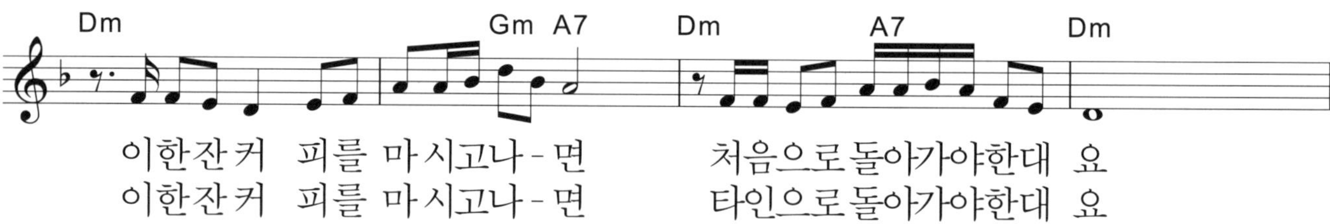

이한잔커 피를 마시고나 - 면
이한잔커 피를 마시고나 - 면
처음으로 돌아가야한대 요
타인으로 돌아가야한대 요

자기밖에 모르도록
모르-도록 만 들어 - 놓 고

남의사람 - 되려고간대요글쎄
남의사람 - 되려고간대요글쎄

싸늘한커피 - 잔에 이별을남기고 돌아 가 야한--대- 요
텅빈 - 커피 - 잔에 눈물을남기고 글쎄 가 야한--대- 요
D.C.

갈대의 순정

오민우 작사 / 오민우 작곡 / 박일남 노래

Trot
C G7 F
G7 C F G7 C
C
사 나-이 우는 마 음--을 그 누-가 아----
말 없-이 보낸 여 인--이 눈물-을 아----
G7 C F G7
랴 - 바 람 에- 흔들리 는
랴 - 가 슴 을- 파고드 는
C F
갈 대-의 순-정 - 사랑엔 약 한것 이
갈 대-의 순-정 - 못잊어 우 는것 이
C G7
사나이마 음 울 지를 말--아-라 -
C Am G7 C
아 -아-아 - 아-아---아 갈 대-
G7 C
의 순-정 -
D.S. al Fine

갈무리

나훈아 작사 / 나훈아 작곡 / 나훈아 노래

Slow Rock
Gm   Cm   A7   D7   Gm
Gm   Cm   D7   Gm
내가 왜이 러는 지몰라-   도대 체왜 이런 지몰라-
Gm   Cm   D7   Gm
꼬집 어말 할순 없어 도-   서러 운맘   나도몰 라-
Gm   Cm   F   D7
잊어 야하 는줄 은알아-   이제 는남 인줄 도알아-
이래 선안 되는 줄알아-   지나 간꿈 인줄 도알아-
Gm   Cm   Eb   D7
알면 서왜 이런 지몰라-   두눈 에눈 물고 였잖 아-
그런 줄뻔 히알 면서도-   마음 을잡 지못 하잖 아-
Gm   Cm   F   D7
이러 는내 가정 말싫-어-   이러 는내 가정 말미워-
Gm   Cm   D7   Gm
이제 는정 말잊 어야-지-   오늘 도사랑 - 갈무 리
다시 는생 각말 아야-지-   오늘 도사랑 - 갈무 리

갈색 추억

정욱 작사 / 정풍송 작곡 / 한혜진 노래

Slow Go Go
D.C. time Vn. solo
Gm
Cm
F7
B♭
D7
희미한갈색등불 아래 -
아무런약속도없 는데 -
싸늘히식어가는 커피잔
그사람올 - 리도 없는데
Gm
F7
B♭
1.Cm
D7
사람들은
나도몰래
모두가떠나고 -
또다시찾아온 -
나만 - 홀로 남은찻-집 -
2.Cm
D7
Gm
Vn. solo
D7
지난날추억 속의찻집 -
우리는나란히
커피를마시며
E♭
D7
Gm
D7
뜨거운가슴 나누었는데
음악에취해서
사랑에취해서
E♭
D7
Gm
끝 없 이 행 복 했 는 데
어 느 날 갑 자 기 -
F
E♭
D7
Gm
그대는떠나고-
갈색등불빛만남 아
외로운찻잔에-
Last time Rep.
F
E♭
D7
Gm
싸 늘 한 찻 잔 에 -
희 미 한 갈 색 추 억
D.C.
No Rep.

감수광

길옥윤 작사 / 길옥윤 작곡 / 혜은이 노래

바 람 부 는 제 주 에 -는 돌 도 많 지 만 -
겨 울 오 는 한 라 산 -에 눈 이 덮 여 도 -
어 쩌 다 가 나 를 두 -고 떠 난 다 해 도 -

인 정 많 고 마 음 씨좋 -은 아 가 씨 도많 -지 요
당 신 하 고 나 사 이에 -는 봄 이한 창 이 -라 오
못 -잊 어 그 리 -우 -면 혼 저돌 아 옵 -서 예

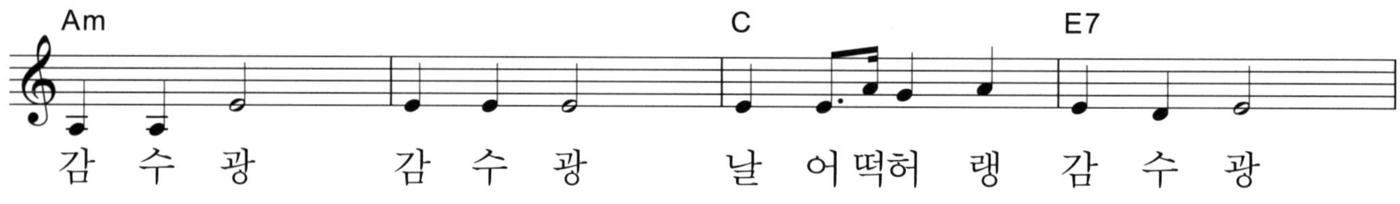

감 수 광 감 수 광 날 어 떡 허 랭 감 수 광

설 릉 사 람 보 낸 시 엥 가 거 들 랑 - -

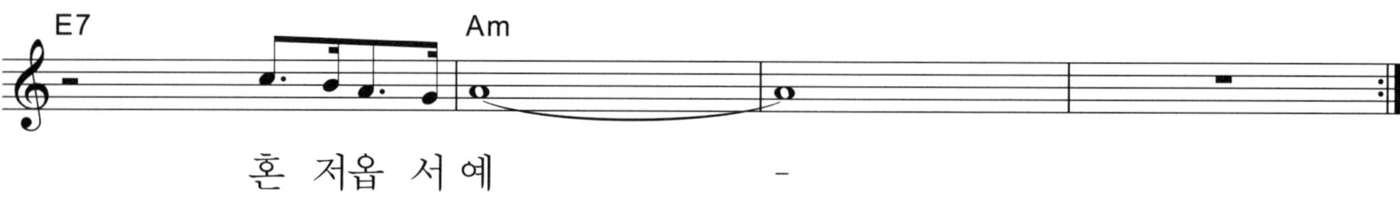

혼 저 옵 서 예 -

24

거기까지만

김병걸 작사 / 이충재 작곡 / 송가인 노래

Trot
거기 - 까지 만   거 기 까지 - 만 -   말한 - 다고 -
해 - - 놓 - 고   내마 음 - 속 속 - 들이
열어 - 보였   네
들키고 - 말았   네
사랑 - 하기 - - 때 - - - 문 - - - 에
잡기도   하 고   놓기도 - 하 는
변덕 - 스런   그대의장난 앞 - 에 -
Last time Rep.
만 나 - 면그냥   무너지는이마음을   알 - 고있 - 는   당
신   이 - 미 - 워 - 미워 -   요 -

거리에서

김창기 작사 / 김창기 작곡 / 동물원 노래

Slow Go Go
Gm   GmM7/F#   Gm7/F   Gm6/E   Cm7/E♭   D7   D7#5
거리
Gm   GmM7/F#   Cm   F
에   가로등 불이   하나둘씩   켜지
에   짙은어 둠이   낙엽처럼   쌓이
B♭   D7   Gm   GmM7/F#   Cm
고   검붉은 노을- 너머-   또하 루가 저물 땐   왠지
고   차가운 바람- 만이-   나의 곁을 스치 면
D7   Gm   GmM7/F#
모든 것이 꿈결 같 아요 -   유리 에   비친 내
옷깃 을   세워
Cm   F   B♭   D7
모 습은   무얼찾고   있는 지   뭐라
걸 으며   웃음지려   하여 도   떠나

말 하려- 해도- 기억 하려 하여 도 허한 눈 길 만이 되 돌 아 와요
가 던그- 대의- 모습 보일 것같 아 다시 돌 아 보며 눈 물 흘 려요
그리 운 -그대 아름 다 운 모습 으로 마치
아무 일도 없 던 것 처럼 - 내가 알 지 못 하는- 머 나
먼 그 곳 으로 - 떠 나 버 린 후 - 사랑
의 슬픈 추 억을 소리없이 흩어
져 이젠 그대 모 습도 - 함께 나눈 사랑도- 더딘
시간 속에 잊 혀 져 가요 - 거리
Fine
D.S.

거짓말

김진룡 작사 / 김진룡 작곡 / 조항조 노래

Slow Go Go

D.C. time Sax. Solo
Fm
B♭m
우 - 우 우 우 우 - 우 우 우

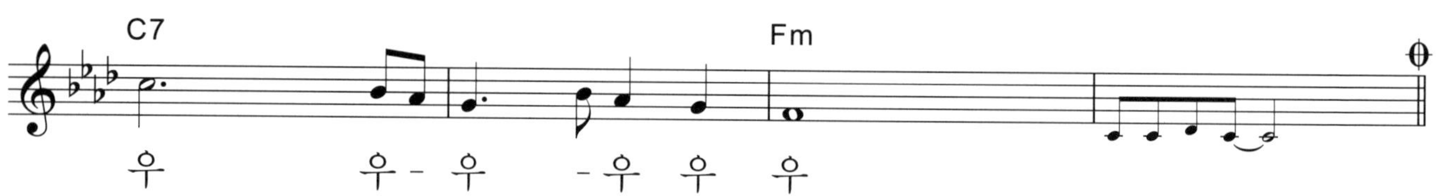
C7
Fm
우 우 - 우 - 우 우 우

Fm
B♭m
사랑했 다 는 그 말 도 거 짓 말 돌아온 다던 그 말 도 거 짓 말
이젠더 이 상 속 아 선 안 되 지 이젠더 이상 믿 어 선 안 되 지

Fm
D♭
C
세상 - 의모든 - 거짓말 - 다해놓 - 고 -
하지만 - 그게 - 말처럼 - 쉽지않 - 아 -

Fm
B♭m
행여나를 찾 아 와있 을 너의그 마 음 도 다 칠 까
다시한번 만 더 나너 를 다시한 번 만 더 너 에 게

Fm
C7
Fm
너의자리 를 나 또 비워둔 다
나를사랑 할기 회 주어본 다

C   Fm
어떤 - 사랑으 로   나의 용 서에 - 답하련 지   또

B♭m   C7
잠 시날 - 사랑하 다   떠날 건 - 지 -   마치

B♭m   A♭   C
처 음날 - 사랑하 듯   가슴 뜨겁 게와있 지 만   난

B♭m   D♭   C
왠 지 만그 사 랑이   - 두려워 -

D.C. time Rep.
Fm   3   B♭m
오 직 - 나 만을 위한   그약 속 과   내곁 - 에 서날

B♭m   Fm   C7   3   Fm   Rep.
지켜 준다는 말 -   이번만 큼 은 - 제발 변 치않 길   D.C.

거울도 안보는 여자

김동주 작사 / 김영광 작곡 / 태진아 노래

Go Go
Am
FM7
Am Dm G7 C B7 E7 Em7-5
Am Dm G7 C
사랑찾아 - 헤매도는 - 쓸 쓸 한 여자 -
이거리를 - 지날때면 - 생 각 이 난다 -
Am E7 Am
오늘밤은 - 그어디서 - 외 로 - 움을달 래나 - -
향기없는 - 꽃이지만 - 난 널 - 사랑하 나봐 - -
Am Bm7-5
입가 에머 문 미 소는 - 내마 음흔 들고 - 수수 한너 의 옷 차림 -
Bm7-5 E7 Dm Am
나 - 는좋아 - 거 울도 - 안보는여자 거 울도 - 안보는여자
B7 E7 Am
외 로 운 여자 - 오 늘밤나 하고
Am E7 Am
우 - - 우 - - - 사 랑할 거 나
D.C.

고향역

임종수 작사 / 임종수 작곡 / 나훈아 노래

Go Go
Am   E7   Am
E7   Am   Am6   Am
코 스 모 스
코 스 모 스
Am   Dm   G7   Am
피 어 있 는   정 든 - 고   향 - - - 역
반 겨 주 는   정 든 - 고   향 - - - 역
E7   Am
이 쁜 이 곱 - - 쁜 이   모 두 나 와   반 - - - 겨
다 정 히 손 - - 잡 고   고 갯 마 루   넘 - - - 어
E7   Am   Dm
주   겠 - - - 지   -   달 려 - 라
서   갈 - - - 때   -   흰 머 - 리
Am   E7   Dm   E7   Am
고 - 향 열 차   설 레 는 가 - 슴 안 고   - 눈
날 리 면 서   달 려 온 어 - 머 님 을   - 얼
Dm   G7   C
감   아 - 도   떠 오 르   - - - - 는
싸   안 - 고   바 라 보   았 - - - 네
Am   E7   Am   Am6
그 리 운 나 의 고 - 향 - 역   -
멀 어 진
D.C.

고장난 벽시계

윤중민 작사 / 박성훈 작곡 / 나훈아 노래

Go Go
C
세 월 - - - - - 아 - 너 - 는 어 -
청 춘 - - - - - 아 - 너 - 는 어 -

C   G7   Am7
- 찌 - 돌 아 도 보 지 - 않 느
- 찌 - 모 른 척 하 고 - 있 느

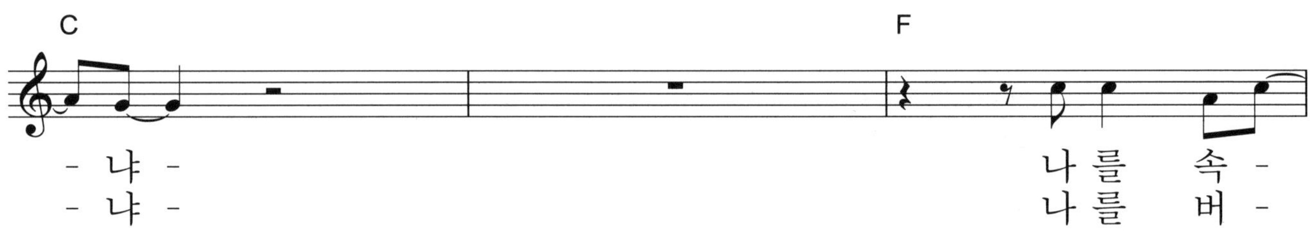
C   F
- 냐 - 나 를 속 -
- 냐 - 나 를 버 -

F   C   G7
- 인 - 사 - 람 - 보 다 니 가
- 린 - 사 - 람 - 보 다 니 가

Am7   G7   C
더 - - - 욱 야 속 - 하 더 - - 라 -
더 - - - 욱 무 정 - 하 더 - - 라 -

한 - 두번 사랑 - - 땜에 울고났 더 - - 니 -
뜬 - 구름 쫓아 - - 가다 돌아봤 더 - - 니 -

저만 큼 가버 - 린 세 - 월
어느 새 흘러 - 간 청 - 춘

고장 난 벽 시계 는 멈추었 는 데 저세

월 은 - 고장 도 없 - 네 -

고장 난 벽 시계 는 멈추었 는 데 저세

월 은 - 고장 도 없 - 네 - - -

계단 말고 엘리베이터

박진복 작사 / 정성헌 작곡 / 임영웅 노래

Go Go
짜 라 짜 라 짜라짜-

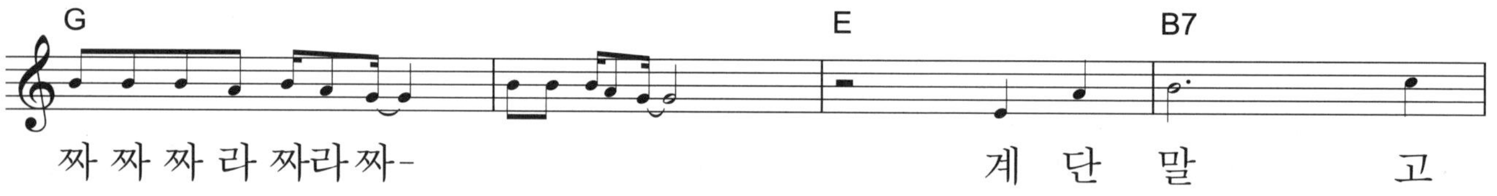

짜 짜 짜 라 짜라짜-
계 단 말 고

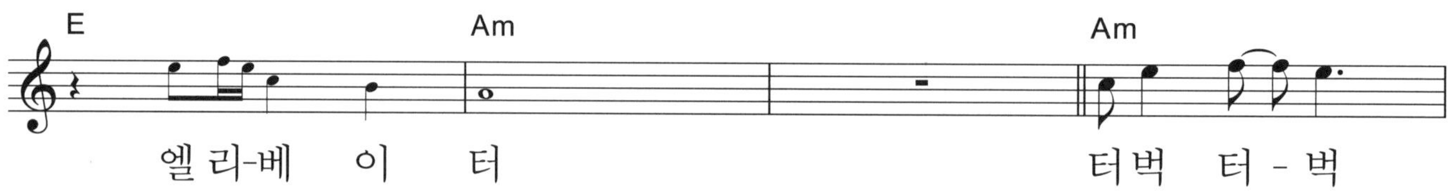

엘 리-베 이 터
터벅 터 - 벅

그 걸음으로
어느세월에
내게오나요
저푸 른하 늘

새 들 처 럼
날 개 를달고와야 -죠-

이리 저 - 리
돌아보면서
어느천년에
내게오나요

더 늦기전 에 돌아 와 - 요   빨 리빨리오세 요
사랑아 -   멀 어진 나의 - 사랑아
내님아 -   보 고픈 나의 - 사람아   -
어 허야   내 가내가간다   그리운내님곁 으로 -   늦
- 기 전에   더늦기전에   계 단 말 고
엘리-베 이 터   계 단
말 고   엘리-베 이 터   -

고맙소

알고보니 혼수상태, 사마천 작사 / 알고보니 혼수상태, 김지환 작곡 / 조항조 노래

Slow Go Go

이 나 이 먹 도 - 록   세 상 을   잘 모 르 나 보
술 취 한 그 날 - 밤   손 등 에   눈 물 을 떨 굴

다   진 심 을 다 해 - 도   나 에
때   내 손 을 감 싸 - 며   괜 찮

게   상 처 를 주 네 -   이 나 이 먹 도 -
아   울 어 준 사 람 -   세 상 이 등 져 -

록   사 람 을   잘 모 르 나 보 다
도   나 라 서   함 께 할 거 라 고

사 람 은 보 여 - 도   마 음 은   보 이 지 않 아 -
등 뒤 에 번 지 - 던   눈 물 이   참 뜨 거 웠 소 -

이 나 이 되 어 서   그 래 도 -   당 - 신 을 만 - 나 서

C   G   D7   G
고맙소 - 고맙소 - 늘사랑하오 -

G   B7/F♯   Em   Bm7   C   D7
못난 나 를 만 나서 - 긴세월 고생만시 - 킨사람

G   B7/F♯   Em   Bm7   C   C♯dim
- 이런 사 람 이 라서 - 미안하 고 아픈

D7sus4   D7   C   B7   Em
- 사람 나 당 신을 위해 살 아 가 - 겠소

C   G   D7   G
- 남겨진 - 세월도 - 함께갑시다 -

G   D7   G
고맙 소 고맙소 - 늘사랑 하 -오 -

곡예사의 첫사랑

정민섭 작사 / 정민섭 작곡 / 박경애 노래

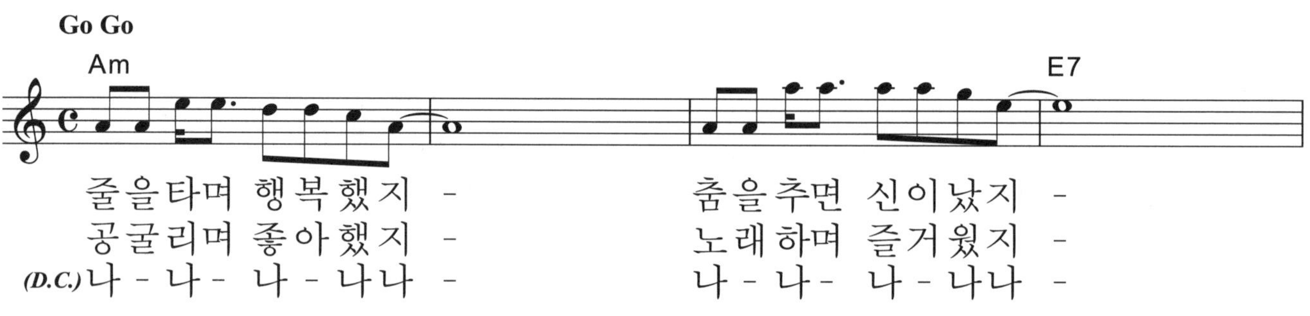
Go Go
Am
E7
줄을타며 행복했지 -   춤을추면 신이났지 -
공굴리며 좋아했지 -   노래하며 즐거웠지 -
(D.C.)나 - 나 - 나 - 나나 -   나 - 나 - 나 - 나나 -

Dm
E7
1. Am
손풍금을 울리면서 -   사랑노래 불렀었지 -
흰분칠에 빨간코로 -   사랑얘기 들려줬지 -
나 - 나 - 나 - 나나 -   나 - 나 - 나 - 나나

2. Am
C
- 영원 히   사랑 하자 -   - - - - -   맹

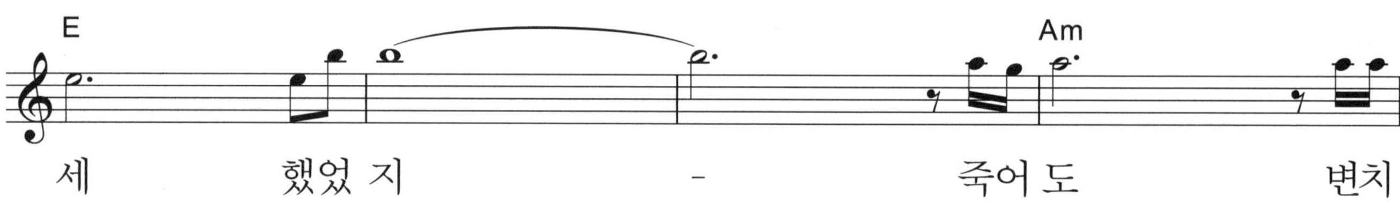
E
Am
세   했었 지   -   죽어 도   변치

C
Em
Am
말자 -   - - - - - -   언 약   했었 지

Am
C
-    울어봐도 - 소용없 고   후회 해도 소용없 는

A7   Dm   E
어 릿 광대 의 서글 픈   사 랑

E7   Am
줄을타며 행복했지 -   춤을추면 신이났지
공굴리며 좋아했지 -   노래하면 즐거웠지

E7   Dm   E7
손풍금을 울리면서 -   사랑노래 불렀었지
흰분칠에 빨간코로 -   사랑애기 들려줬지

Am   Am   F
D.C. (No. Rep.)
-    나 나 나나   나 나 나 나 나 나

Am   F   Am
나 나 나나   나 나 나 나 나 나   나 나 나나

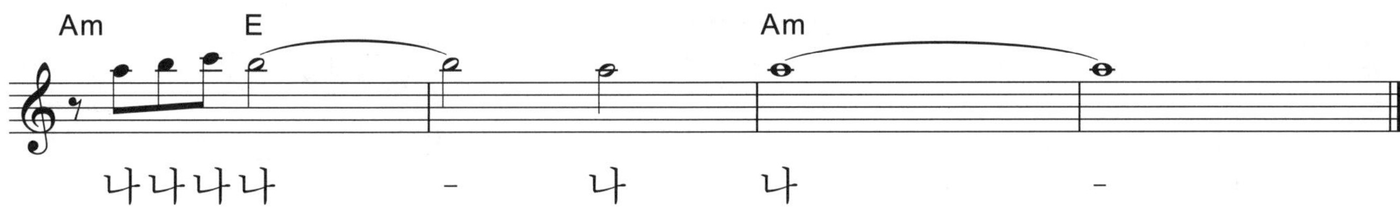

Am   E   Am
나나나나 -   나 나   -

곤드레 만드레

최비룡 작사 / 이승한 작곡 / 박현빈 노래

Disco
Fm
Bbm
Eb
Ab
Bbm
Fm
C7
Fm
Fm
Bbm
Fm C7 Fm
Fm
Bbm
Fm C7 Fm
Bbm
Eb
Ab
Db
Bbm
G
C7
Fm
곤 드 레 만 드 레 나
는 취 - 해버렸 - 어 - 너 의사랑 - 에 향기속에
빠 져 버렸어 -
가진것 - 은 없다지
내세울 - 것 없다지
- 만 사랑으 - 로 감싸줄 - 게 진심어 - 린 말 - 하
- 만 니곁에 - 서 있어줄 - 게 변함없 - 는 그림자
- 나 나는 너 를 - 사랑해 - 비오는 - 날 흐린날
- 로 영 원 히 - 사랑해 -

B♭m E♭ A♭ B♭m
-도 햇살처 -럼 안아줄 -게 - 너의 -흔 들리 는

Fm C7 Fm E♭
사 랑을 꽃으로피 워줘 - 다시는너 를 울리-지

A♭ B♭m C7 E♭
않은- 거야 나 의여자-로 만들-거야 내 겐 언제-나

A♭ B♭m C7
너 뿐- 이야 웃으며내 게 돌아와줘 - 곤 드

Fm B♭m E♭ A♭
레 만 드 레 나 는 취 -해버렸 -어-

B♭m Fm G C7
너 의사 랑-의 향기속에 빠 져 버렸 어- 곤 드

Fm B♭m E♭ A♭
레 만 드 레 나 는 지 -쳐버렸 -어-

Last time Rep.
B♭m Fm C7 Fm
나 의심 장- 이 멎기전에 제 발 돌아와 -

D.S.

공

나훈아 작사 / 나훈아 작곡 / 나훈아 노래

Trot
살 다 보면 알- 게 돼 -   일러-주지 - 않
살 다 보면 알- 게 돼 -   알고-싶지 - 않
아 도 -   너나나나 모 두 - 다 -
아 도 -   너나나나 모 두 - 다 -
어리석 다 - 는- 것 을 -   살 다 보면 알-
미련하 다 - 는- 것 을 -   살 다 보면 알-
게 돼 -   알 면웃음 - 이- 나 지 -
게 돼 -   알 면이미 - 늦- 어 도 -
우리모 두얼- 마나 -   바보-처럼- 사- 는지 -
그런대 로살- 만한 -   세상-이라 - 는- 것을 -
잠시 왔 다가 는인생   잠시 머물다 갈 세-상 -
잠시 스쳐가 - 는청춘   훌쩍 가버리 는 세-월 -
백년도 힘든 것을-   천년을 살것 처럼- -

살다보면 알- 게돼 - 버린-다는- 의- 미를-
살다보면 알- 게돼 - 비운-다는- 의- 미를-
내가가진 -것 -들이 - 모두-부질없다는 -것 -을-
띠리 - -리 띠리띠리띠리 - 띠 띠리리 띠리-
띠리 - -리 띠리띠리띠리 - 띠리띠리 띠리 띠리-리-
모두-꿈이 - 였다 는 것 을- 모두-꿈이 였 다는
- 것을- 띠리 - -리 띠리띠리 띠리 - 띠 띠리
띠 리 띠리 - - 띠리띠리 띠 리-
띠리-- 띠 리 띠리 - -

99.9

김순곤 작사 / 박현진 작곡 / 배일호 노래

Go Go
붙 잡아 - 내뒤를꼭 잡 - 아 -
따 라와 - 날믿고따 라 - 와 -
기회 - - 한 번뿐 - 이야 -
더이 - 상 망 설이 - 지마 -
보기 엔 - 소 박하 고 계 - 산은 - 느 리지 - 만
꾸미 기 - 싫 어하 고 말 - 씨는 - 서 툴지 - 만

D   G   A7   D
당신하나쯤 - 행복하게할수있 - 어
당신앞에선 - 누구보다남자답 - 게

A7   D   G   A7   D
멋진옷 에   좋 은차   부러워하 지 마
번지르 한   겉 모습   거기에속 지 마

D   E7   A7
빈수레가   요란 하잖 아 -   -
빈깡통이   소리 가 - 크지   -

Last time Rep.
D   A7
속이꽉찬남 자 구십구점구   사랑도구십구점 구

D   G   D
거짓 - 없 - 는   마음하 나 - 로

A7   D   Rep.
당 신만을   기 다리 잖아 -   -

과거는 흘러갔다

정두수 작사 / 전오승 작곡 / 여운 노래

Slow Rock
즐거
잃어
웠 던 그날 이 올 - 수 있 다
버 린 그님 을 찾 을 수 있 다
면 아련 히 떠 오르 는 과거 로 돌 아가
면 까맣게 멀 어져 간 옛날 로 돌 아가
서 지 금 - 의 - 내심 정을
서 못 다 - 한 - 사연 들을
전 해보 련 만 아무 리 뉘 우 쳐
도 과거 는 흘 러갔 다
D.S. al Fine

굳세어라 금순아

강사랑 작사 / 박시춘 작곡 / 현인 노래

Polka
눈 보 라 가 휘 날 리 는 바 람 찬
일 가 친 척 없 는 몸 이 지 금 은
흥 남 부 두 에 목 을 놓 아
무 엇 을 하 나 이 내 몸 은
불 러 봤 다 찾 아 를 봤 다
국 제 시 장 장 사 치 기 다
금 순 아 어 디 로 가 고
금 순 아 보 고 싶 구 나
길 을 잃 고 헤 매 었 더 냐
고 향 꿈 도 그 리 워 진 다
피 눈 물 을 흘 리 면 서
영 도 다 리 난 간 위 에
일 사 이 후 나 홀 로 왔 다
초 생 달 만 외 로 이 떴 다

그 겨울의 찻집

양인자 작사 / 김희갑 작곡 / 조용필 노래

Slow Go Go
Am Dm E7
바람속으로 - 걸어 갔 어요 - 이른아침에 그찻 집 마른
Am Dm E7 Am
꽃 걸 - 린 창가 에 앉아 외로움을마 셔 요
Dm Am G E7
아름다운죄 사랑때문 - 에 홀로지샌긴 - 밤이 여
Am Dm G7 C E7 Am A7
뜨거운이름 가슴에 두면 왜 한숨이 - 나는 걸 까 아 -
Dm Am Bm7 -5 E7
웃 고 있 어 도 눈 물 이 난 다 그 대 나 의 사 랑
Am Dm Am Dm G
아
Fine
E7 Am Dm E7 Am
D.S. al Fine

그날

이철식 작사 / 이철식 작곡 / 김연숙 노래

Solw Rock
언덕 위 에   손 잡고   거닐던 길   목도 아스라
는   가 슴이   서러워아   파도 한숨지
이   멀어져 간-   소중했 던   옛생 각-을돌   이켜그 려-보
며   그 려보는-   그사람 을   기억 하-나요   지금잠 시-라
네   나래 치 도   달 의미 소-를보   면서 내
너   의두 손을잡 고   두나 별   들의 눈물을보   았지 고
요   한 세-상을 -   우 우 우 우 우   우우 우- -
우- - -   한아름 의   꽃 처럼   보여지 며   던진 내사랑
에   웃음지 며-   님의소 식   전한 마-음한   없이보 내-본
다   한   없이보   내 - 본 다

그 강을 건너지 마오

알고보니 혼수상태 작사 / 알고보니 혼수상태 작곡 / 양지은 노래

Slow Go Go
가지 마 오 가지를 마- -오 - 그 강 을 건 너 지 마
오 가 려 거든- 가 -시 려 거든 - 이 언
약 - 가 져 가 시- -오 - 검 은
머 리 파뿌리되- 는 날 까 지 지켜준다 고 내손
잡 고 눈물로맺- 은 언약 을 잊지마시 -오- 강물
에 떠 내 려 가 는 마 지 막 꽃 잎 일
새 라 - 이 손- 을 놓 지 못 하오 님 이

여 움켜쥐 시 - 오 - 가지 마 오 가지를 마 -
- 오 - 그강 을 건너지 마오 가려
거든 - 가 - 시려 거든 - 이언 약 - 가져가시 -
- 오 - 아 - - - - 아 나 으 으
- 아 - 아 나 아 - 으으 - 으 - 으 으 - 으
- 으흐으 강 물 거든 - 이언
약 - - - 가져가시 - 오 - 이언 약 - 가져 - 가 시 -
- 오 -

그때 그 사람

심수봉 작사 / 심수봉 작곡 / 심수봉 노래

Swing
Dm
A7
비 가 오 면 생 각 나 는 그 사 람 -
그 어느 날 차 안 에서내게 물었 지 -

Gm
C7
F
A7
언 제 나 말 이 없 던 그 사 람 -
세 상 에서 제일슬 픈 게 뭐 냐 고 -

Gm
Dm
A7
사 랑 의 괴 로 움 을 몰 래 감 -추 고 -
사 랑 보 다 더 슬 픈 건 정 - 이 -라 며 -

A7
Dm
떠 난사 람 못 잊 어 서 울 던 그 사 람 -
고 -개 를 떨 - 구 던 그 때 그 사 람 -

Gm
C7
F
외 로 운 병 실 -에 서기 타 를 쳐주 고
외 로 운 내 가 -슴 에살 며 시다 가와 서

A7   Gm   Dm
위 로 하 며   다 정 - 했 던 -
언 제 라 도   감 싸 - 주 던 -

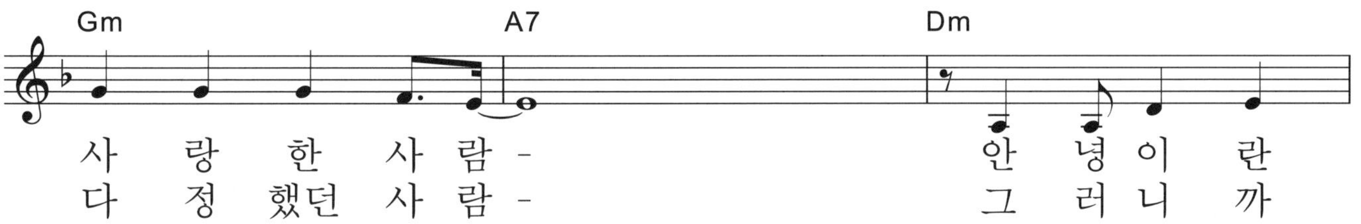
Gm   A7   Dm
사 랑 한 사 람 -   안 녕 이 란
다 정 했 던 사 람 -   그 러 니 까

Dm   A7
단 한 마 디 말 도없 이 -
미 워 하 면 안 되겠 지 -

Gm   C7   F   A7
지 금 은 어 디 에 서 행 복할 까 -
다 시 는 생 각 해 서 도 안 되겠 지 -

Gm   C7   Dm   A7
어 쩌 다 한 번 쯤 은 생 각 해 -줄 까
철 없 이 사 랑 인 줄 알 - 았 -었 네

last time Rep.
A7   Dm
지 금 도 보 고 싶 은 그 때 그사 람 -
이 제 는 잊 어 야 할 그 때 그사 람 -
D.S.

기장 갈매기

나훈아 작사 / 나훈아 작곡 / 나훈아 노래

Go Go
Em Am7 D Em
Em Am D
동 쪽 에서 바라 보면 여섯개로보이 고- 서 쪽 에서 쳐다 보면
G B7 Em Am
다섯개로보이 는 오륙도돌고돌-며 나래치는내가바로-
B7 Em
내가바로 기장 갈 매 기다 - 사랑따윈 누 가 뭐 래도
Am D G B7
믿 지 않 는다- 이별따윈 상 관 없 다 떠나 든 말 든
Em Am B7
어 차 피 사랑 이 란 왔다가는파도처럼- 가버리면 그만 인 거
Em Em Am
야- - 오늘은해운대서 사랑 을 하고-
오늘은다대포에 낙 조에취하 고-

D   G   B7   Em
내 일 은 영 도 에 서   이별   을 하고-   또 다 시 남 천 동의
내 일 은 송 도 에 서   일 출에잠 깨고-   내친김에   광 안 대 교도

Am   B7   Em
밤 을 꼬 신다-   내가바로 기장 갈 매 기다 -
접수 를 한다-   내가바로 기장 갈 매 기다 -

B7   Em
내가바로 기장 갈 매 기다 -

Em   Am7   D   Em

Em   Am   D
내청춘은 누 가 뭐 래도의 리 하 나다-   빈주머닌   상 관 없 다

G   B7   Em   Am
없 어 도 그만-   어 차 피 인 생 이 란- 밀물처럼왔 다가-

B7   Em   B7
썰물처럼 가버 리 는 것- -   내가바로 기장 갈 매
D.S.

Em   Am7   B7   Em
기다 -   -   -

깜빡이를 키고 오세요

지훈, 선희 작사 / 최민지(Chansline), 황찬희 작곡 / 박지현 노래

깜 빡 이를 키- 고 오세요 -   내 인 생에 훅- 들 어온 당
- 신 내님 아-   금 사 빠라 소- 문 날 지 모 르 겠 지만-   오 늘
은   오 빠랑 달 려
누가 봐도 완   벽한 오빠의인생-
앞만보고 달   리는 남자의인생-
돈 쭐 내러 다   니는 백 마 탄 기사-   브레이크밟- 을 일 도
긴 - 하루 끝자   락에 비 틀 거 리는-   술한잔에내- 청 춘 을
없 던 내인 생-   갑 자기   사 달이   났   네   살
추 스 려보 는-   외 로운   고 독한   남   자
며   시내옆으로 몰래와놓고-   사   랑을 던지나 -   다

가   와 토 닥 토 닥   누 나 인척 해-   날 뛰는   이마음 어 쩌라 고
깜 빡 이를 키- 고 오 세요 -
내 인 생에혹- 들 어온 당 - 신 내님 아-   금 사 빠라 소- 문 날 지
모 르 겠 지만-   오 늘은   오 빠랑   달   려
깜 빡 이를 키- 고 오 세요   -   클락 션을눌- 러주세요 -
내 인 생에혹- 들 어온우 - 리 공주 님   왔 다 가도가 버 리는
사 랑 이지 만-   -오 늘은   오 빠랑   달   려
오 늘은   오 빠랑   달   려

꼬마 인형

장경수 작사 / 장욱조 작곡 / 최진희 노래

Slow Go Go
Bb F7 Bb Gm
그날 밤 황 홀한- 시 간을- 난 민 을 수 가-없 어
말없 이 흐 르던- 눈 물을- 난 감 출 수 가-없 었
Cm7 F7 Bb Eb
요
네
세상에 태어나서- 맨 처음-
창문에 부딪치는- 빗 방울을
F7 Bb Bb
당신을 알 고 말았 죠 늦 어 도
하나둘 세 고 있었 죠
Dm Eb C7/E F7
그날 - 까지 약 속 만을남 겨둔- 채로 -
Gm Bb Eb C7/E
밤이 지 나고- 새벽 먼 길을- 떠 나 갈 -사람
F7 Bb Dm
- 이여 - 부 서 지는- 모래- 성을-
Cm C7/E F7 Bb Gm
쌓 으 며 또쌓 으며 - 꼬마 인 형을-
D.S. time Rep.
Bb F7 Bb
가슴 에안고- 나는 - 기다 릴래 -요-
D.S. time Rep.
8
D.S. Fine

꽃

정인 작사 / 임강현 작곡 / 장윤정 노래

Country
날찾
아   오신내-님어 서 오세요   당 신을- 기다렸어 요--
서   무엇하-다이 제 왔나요
라 이라이야 어서오세-요 당신 의   꽃이-될- 래요-   어디
래요-   사 랑의꽃 씨를뿌 려- 기 쁨을주고- 서 로행복나누
면 - -   니 - 라   이 라 이라이 라야 -   당신
은 나 의나 무가 되고 -   니 - 라   이 라 이라이
라 야 -   나 는당 신 의꽃이될 - 래요 -
D.S. al Fine

꼰대라떼

홍정수, 김희진, 이재규 작사 / 홍정수, 김희진, 이재규 작곡 / 영탁 노래

Disco
G
라 - 떼라떼야   꼰 - 대라떼야   제 - 발그만꼰대라떼
Cm   Fm
G   Cm
제발   그만그만 그만해 -   오늘도시 작되는 꼰 대 라 떼 -

Cm   G   Cm   Fm   B♭   E♭
아침에한잔   점 - 심에세잔 -   저녁엔열잔이나 마셨는데 -
아침에번쩍   점 - 심에헤롱 -   저녁엔내정신이 어딜갔나 -

Fm   Cm   Ddim   G
뻔뻔하게 - 뻔하게 반 복- 되는   하루가 - 지나간 - 다   -

Cm   G   Cm   Fm   B♭   E♭
왕년에내가   말 - 하신다면 -   오늘도시작이구 - 나   -

Fm   Cm   Fm   G
니까짓게 뭘알아 궁금하시면 -   라떼를한잔드세 요   -

Cm   Fm
라떼라떼라떼라떼 라떼는말이야 라 - 떼라떼라떼라떼 라떼는말이야

B♭   E♭   G
1,2. 아침부터 시 - 작 되 는 - 꼰 대 - 라 떼 -
(D.S.) 하루종일 계 - 속 되 는 -

Cm   Fm
라떼라떼라떼라떼 라떼는말이야 라 - 떼라떼라떼말이 야 - - -

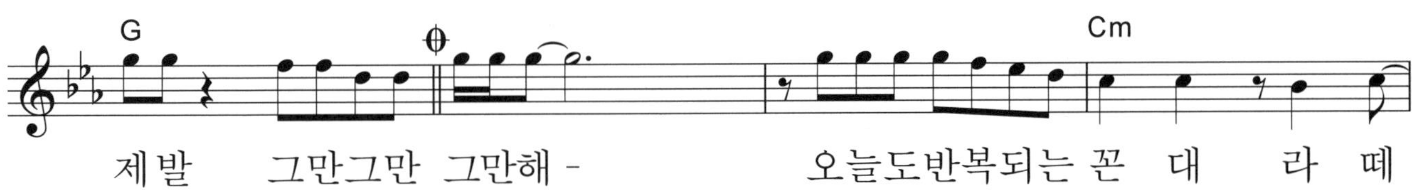

G   Cm
제 발   그만그만 그만해 -   오늘도반복되는 꼰 대   라 떼

1.Cm   2.Cm
D.S. al Coda
그만해 -

G   Cm
리필은됐습니다 꼰 대   라 떼 -

꽃밭에서

이종택 작사 / 이봉조 작곡 / 정훈희 노래

꽃 - 밭 에 - 앉 아 서 - 꽃 잎 을 보
네 고운 빛 은어디에서 - 왔을까 아름다운꽃 이 -
여 꽃이 여 - 이 렁 게좋은날 - -

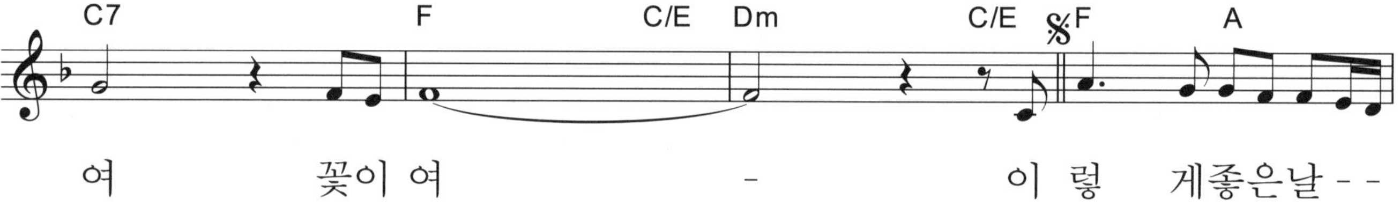
엔 이 - 렁 게좋은날 - 엔 그 님 이오신다 - -

면 얼 마 나좋 - 을 - 까 우 우

꽃 - 밭 에 -앉아서 - 꽃잎 을 보 네 고운

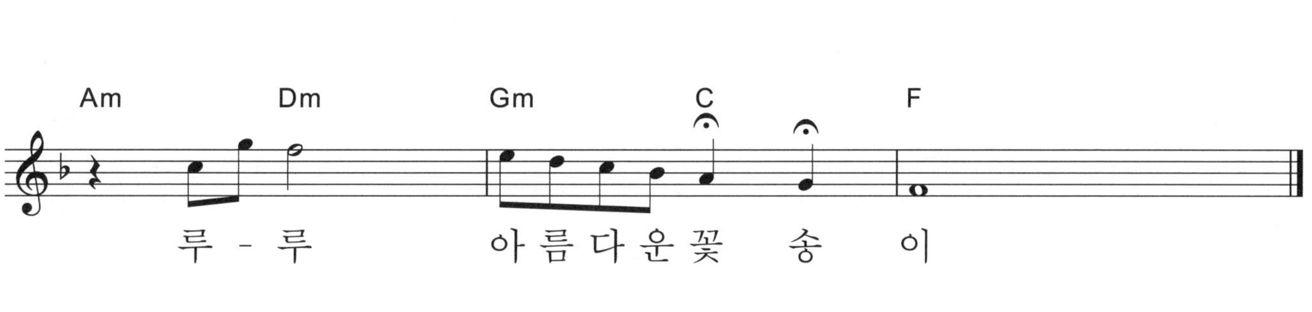

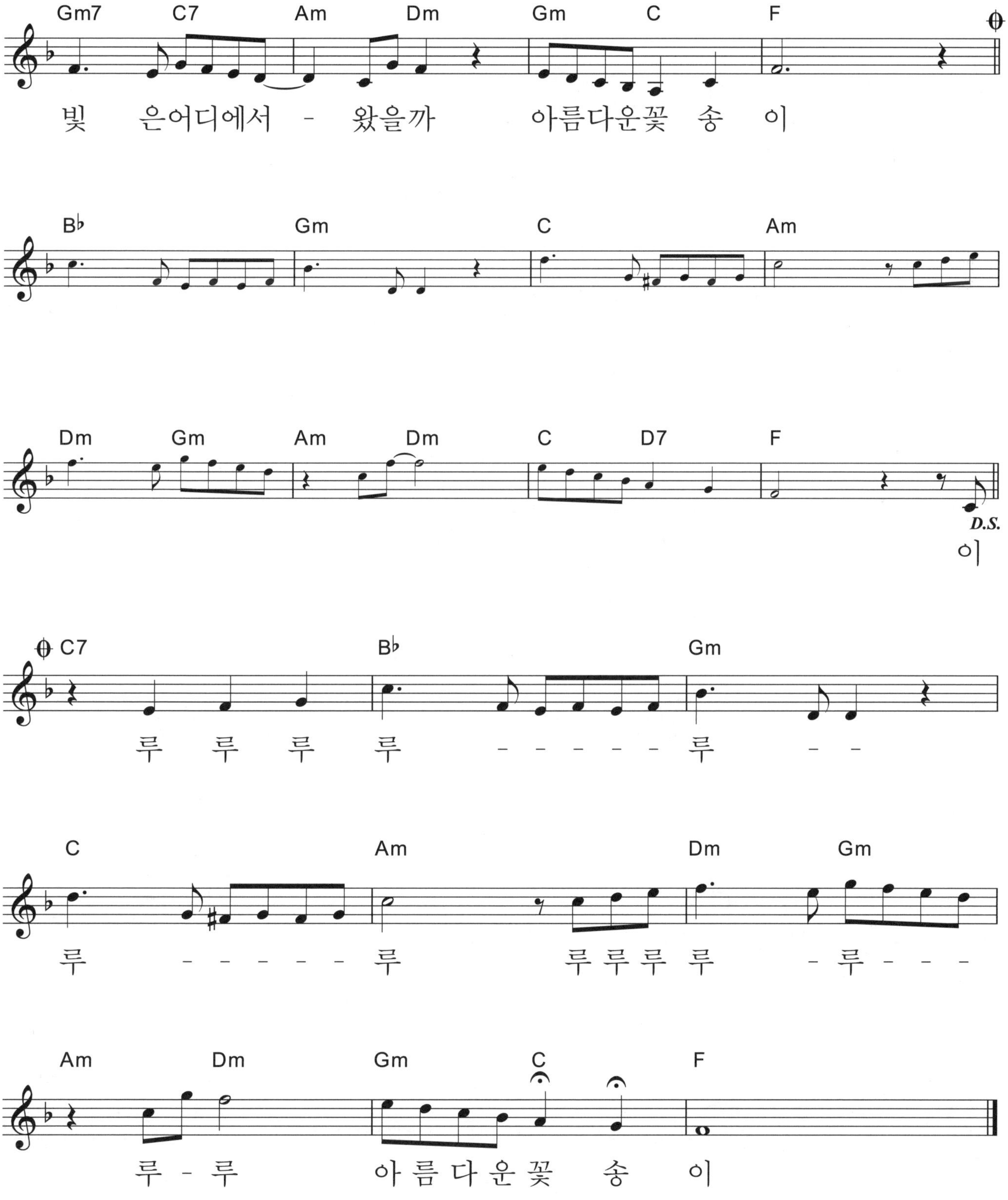
Gm7 C7 Am Dm Gm C F
빛 은어디에서 - 왔을까 아름다운꽃 송 이
B♭ Gm C Am
Dm Gm Am Dm C D7 F
D.S.
이
C7 B♭ Gm
루 루 루 루 - - - - - 루 - -
C Am Dm Gm
루 - - - - - 루 루루루 루 - 루 - - -
Am Dm Gm C F
루 - 루 아름다운꽃 송 이

꽃바람 여인

조승구 작사 / 김영철 작곡 / 조승구 노래

Trot
Em
가슴이터질 듯 한   당신의그몸 짓 은---
영혼의사랑 인 가   숨이막혀오- 네 요---
Em   D   Em   Bm7   Em
날- 위 한 사랑일까 -   섹시한그대 모 습
망- 가 진 내모습은 -   어쩔수없는 사 랑
Em   G   Am
한 모 금 담배 연기   사랑을 - 그-리 며
세 월 의 향기 인가   다 가 선 - 당-신 은
G   1. B7   Em
한 잔 의 샴페인에 -   영혼을팔- 리 라
꽃 바 람 여인인가 -
2. B7   Em   D.C. Time Rep.   G
나만의- 사 랑--   사   랑의 노예 가 -
Em   B7
되어버렸 어 -   어 쩔 수 없 었 네-
Em   B7   Em   Em   D.C. Rep.
꽃바람 - 여-- 인   인
D.C.

꽃을 든 남자

김정호 작사 / 김정호 작곡 / 최석준 노래

Trot
외로운가 슴에 - 꽃씨를 - 뿌려요 -
메마른가 슴에 - 꽃비를 - 뿌려요 -
사랑이 - 싹 틀수 있 게 -
새벽에맺힌이슬 이 꽃잎에내릴때부 터
하얗게두손흔들 며 내곁에내릴때부 터
온통 - 나를 사로 - 잡 네 요
나는 야 꽃 잎되 어 그대가 슴 에 - 영원 히
날 고싶 어라 - - 사랑에 취해 향기에 취해
그대에게 빠져버 린 나는 - 나 는- -꽃 을든 남 -
1. A 2. A
자 - 자 - 자 -
D.S. al Coda

꿀맛

신유진 작사 / 임강현 작곡 / 정미애 노래

이리 보 아 도내 사 랑
얼씨 구좋 구 나
좋 다좋 아
저 리보 아 도내 사 랑
꿀 맛같 은 내 사 랑
내 님따 라 서마 실간 다
이길 이꽃 길이 구
나
사 는 게사 는 게별 거더 냐
이런 게꿀 맛 이지
사랑 만하 기 도

짧 은인 생-
알- 콩달 콩살 다가- - -
오- 손도 손 -아 기자 기-
사는 게인 생인 거
지- - - -
이리 -보 아 도
내 -사 랑-
얼씨 구좋 구 나좋 다좋 아-
저 -리보 아 도내 -사 랑-
꿀- 맛같 은 -
내 -사 랑- - -

꿈

조용필 작사 / 조용필 작곡 / 조용필 노래

Go Go
화 - 려한 도시를 - 그리며 찾 아 - 왔 네
여기저기 헤매다 - 초라한문 턱 - 에 서
사람들은 저마다 - 고향을 찾 아 - 가 네
빌딩속을 헤매다 - 초라한골 목 - 에 서
그 - 곳은 - 춥고 - 도 험 - 한 곳 - - -
뜨 - 거운 - 눈물
나는지금 - - 홀 - 로 남 - 아 서 - - -
뜨 - 거운 - 눈물
- 을 먹 - 는다 -
- 을 먹 - 는다 -
머나먼길 - 을찾아
(D.S.) 저기저별 - 은나의
여기에 - 꿈을 찾 아 - 여기 에 - - -
마음알까 나의 꿈 을 - 알 - 까 - - -
괴롭고도 - 험한
괴로울땐 - 슬픈
- 이길을 - 왔는데 -
- 노래를 - 부른다 -
(D.S.) 이세상어 - 디 - 가
슬퍼질땐 - 차라리
숲인지 어디 가 늪 - 인 - 지 - - -
나홀로 눈을 감 고 - 싶 - 어 - - -
그누구도 - - 말을
고향의향 - 기 - 들
D.S. time Rep.
Rep.
D.C.
D.S.
- 않네 -
으 - 면서 -

꿈에 본 내 고향

박두환 작사 / 김기태 작곡 / 한정무 노래

Trot
Am   E7   Am
E7   Am   E7
Am
Dm   Am   Dm   Am
Dm   Am   Dm   Am
Am   E7   Am   E7
Dm   Am   E7
E7   Am

고   향   이   그 리   워 - 도
고   향   을   떠 나   온 - 지

못   가   는 - 신 - - - - 세   -
몇   몇 해 - 던 - - - - 가   -

저   - - 하 - 늘   저 산   아 - 래
타   - - 관 - 땅   돌 고   돌 - 아

아   득   한   천 - - 리   -
헤   매   는   이 - - 몸   -

언   제   나   외 로   워 - - 라
내   부   모   내 형   제 - - 를

타 향 에 서 우 - 는 - - - - 몸   -
그 언 제 나 만 - 나 - - - - 리   -

꿈   - - 에 - - 본   내 - 고   향 - 이
꿈   - - 에 - - 본   내 - 고   향 - 을

마   냥 그 - - 리 - - - 워   -
차   마 못 - - 잊 - - - 어   -

나 그대에게 모두 드리리

이장희 작사 / 이장희 작곡 / 이장희 노래

Slow Go Go
나그대에 게   드릴말있 네   오늘밤문
게   모두드리 리   터질것같
득   드릴말있 네   나그대에
은   이내사랑을 -   그대위해 서   라
면 나는 못 할게- 없 네   별을따다 가   -
그대두손에   가 득 드 리 - 리   나그대에
게   모두드리 리   터질것같
은   이내사랑 을   -
D.S.

나는 열일곱 살이에요

이부풍 작사 / 전수린 작곡 / 신카나리아 노래

나 는 가 슴 이- 두 근 거 려 요 당 신 만
나 는 얼 굴 이- 붉 어 졌 어 요 가 르 쳐
아 세 -요 열 일 곱 살 이 - 예 요 가 만 히 가 만 히
드 릴 까 요

오 세 요- 요 리 조 리 로 파 랑 새
언 제 나
꿈 꾸 는- 버 드 나 무 아 - 래 로 가 만 히
정 다 운-

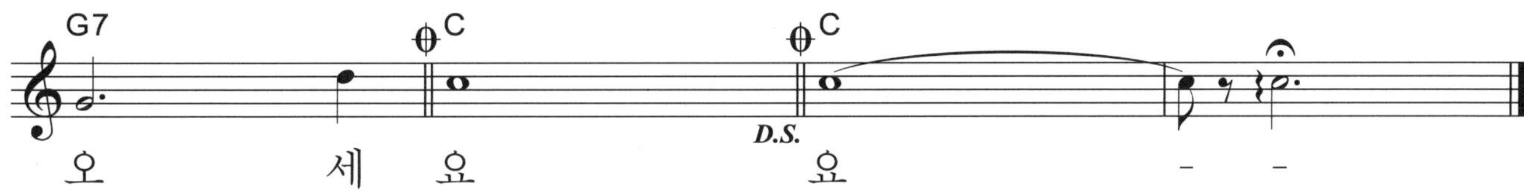

오 세 요 요

나그네 설움

고려성 작사 / 이재호 작곡 / 백년설 노래

Fox Trot
늘 도---걷 는-다 마-는 정 처
관 땅---밟 아-서 돈-지 십 년
익 은---거 리-다 마-는 이 국
없 는 이 발----길 -
넘 어 반 평----생 -
보 다 차 워----라 -
지 --나----온 자 죽 - 마----다
사 --나--- 이 가 슴 - 속----에
가 --야---할 지 평 - 선----엔
눈 물 -고 -였--- 네 -
한 이 - 서 -린--- 다 -
태 양 - 도 -없--- 어 -

선 - 창 - 가 고 동 - - - - 소 - - 리
황 - 혼 - 이 찾 아 - - - - 들 - - 면
새 - 벽 - 별 찬 서 - - - - 리 - - 가

옛 님 이 그 리 워 도
고 향 도 그 리 워 져
뼈 골 에 스 미 는 데

나 - - 그 네 - 흐 를 - 길 - - - - 은
눈 - - 물 로 - 꿈 을 - 불 - - - - 러
어 - - 데 로 - 흘 러 - 가 - - - - 라

한 이 - - 없 어 - - - 라
찾 아 - - 도 보 - - - 네
흘 러 - - 갈 소 - - -

타
낮

나

나를 두고 아리랑

김중신 작사 / 김중신 작곡 / 김훈 노래

Swing
나 를 - 나 를 - 나 를 두 - - 고
산 넘 - - 어 가 시더 니
한 달 - 두 달 - 해 가 또 - 가 - 도
편 지 - - - 한 장 없 네 -
언 제 오 시려 나 그 리운내 님

보 고 -싶 -은 내 님
돌 아 와 -주 오 나 를 잊 지말 고
무 - -정 -한 내 님 아
나 를 - 나 를 - 나 를 두 - - -고
물 건 - - 너 가 시 더 니
한 달 - 두 달 - 해 가 또 -가 -도
편 지 - - - -한 장 없 네
네
D.S. time Rep.
D.S. time Rep.
D.S.

나를 살게하는 사랑

알고보니 혼수상태 작사 / 알고보니 혼수상태, 김지환 작곡 / 금잔디 노래

Slow Go Go

F
C/E
바라 보 는것 도   사 랑   기 다

Dm
Am/C
B♭   C7   Am   Dm
리 는것도   사 랑   그리 움 에 가슴이 저 린것도   내

Gm   C7   F
C/E
겐 사랑입 니다 -   계절 이 오듯이 그 래   매일

Dm
Am/C
B♭   C7   Am   Dm
숨 쉬듯이 그 래   이유 없 이 시작한 이 마음은   그

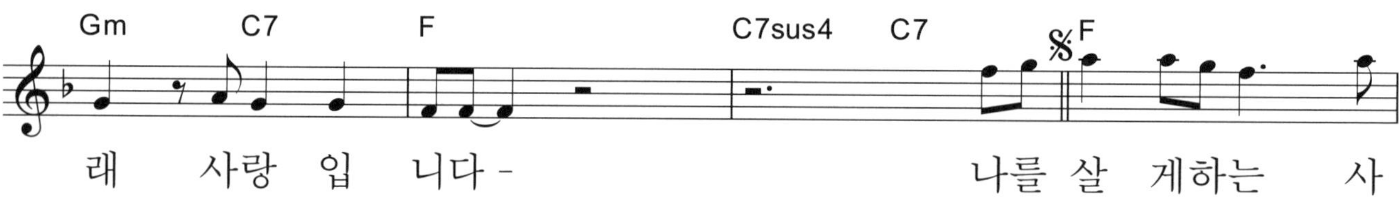
Gm   C7   F
C7sus4   C7   ℅ F
래 사랑입 니다 -   나를 살 게하는 사

C/E
Dm
Am/C
B♭   C7
랑   아무 이 유없는 사 랑   거기 에 있어요 멀어

Am   Dm   Gm   C7   F
지 지마요 내가 아파 할 게 요-

F   C   Dm
계절 이 오듯이 그 래 매일 숨 쉬듯이 그

Am/C   B♭   C7   Am   Dm   Gm   C7
래 이유 없 이 시작한 이 마음은 그래 사랑 입

F   C7   C7   F   C/E
D.S. al Coda
니다 - 나를 게요 - 나를 살 게하는 사 랑 때론

Dm   Am/C   B♭   C7   Am   Dm
눈 물같은 사 랑 가슴 다 헤져도 놓을 수 없어요 그

Gm   C7   F   Gm   C7   F
래 사랑 입 니다- 그 댈 사 랑 합니 다

나성에 가면

길옥윤 작사 / 길옥윤 작곡 / 세샘트리오 노래

Go Go
D   F#m   Em   A7
D   F#m   Em   A7   D
D   Bm
나 성에 - 가면 편 지를띄우세요 - - - -
Em   A7   D
사 랑의 - 이야기 담 뿍 - 담은편지 - -
꽃 모자 - 를쓰고 사 진을찍어보내 요 -
D   Bm
나 성에 - 가면 소 식을전해줘요 - - - -
Em   A7   D
하 늘이 - 푸른지 마 음이밝 은지 - -
예 쁜차 - 를타고 행 복을찾 아요 - -

D
Dm7/C#
D7/C
즐 거운 - 날도 외 로운 - 날도 생 각해 - 주세
당 신과 - 함께 있 다하 - 며는 얼 마나 - 좋을
G/B
G
요
까
나 와둘 - 이서 지 낸날 - 들을
어 울릴 - 거야 어 디를 - 가도
Em
A7
잇 지말 - 아줘 요 - - 뚜루 루
반 짝거 - 릴텐 데
D
Bm
나 성에 - 가면 편 지를띄우세요 - - - -
Em
A7
D
함 께못 - 가서 정 말 - 미안해요 -
D
Bm
나 성에 - 가면 소 식을전해줘요 - - - -
F.O.
A7
D
F#m
D
F#m
A7
안 녕 안 녕내 - 랑 - -

나야 나

양인자, 차태일 작사 / 양인자, 차태일 작곡 / 남진 노래

바람이 분다 - 길 가에
지마 - 운 명아
목롯 집 - 그냥 가 긴 서운하잖
비켜 라 - 이몸 께 서 행 - 차하신
아
다
나한잔자네한잔 권 커니 -
한번은내세상도 오겠 지 - 아 자 내가 뭐어
때서 - 나건들 때로는깃털처럼 휘날리며 -
때로는먼지처럼 밟히 며 - 아 자 하 루를 살아
냈 네 - - 나야 나 야나 - 나야 나야

나
밤늦은 골 목길 - 외 쳐보 아도
젖 은그림자 - 바람에밀리 고
거리엔흔들리는 발자 국 - 어둠은내 리고
바람찬데 - 아 자 괜 찮아 - 나정 도면 -
때로는깃털처럼 휘날리며 - 때로는먼지처럼
밟히 며 - 아 자
나건들 아 자 괜 찮아 - 나정
도면 - 아자 -

나침판

김상길 작사 / 설운도 작곡 / 설운도 노래

Trot
종 로로갈 까 요 명동으로갈 까 요 차 라 리-
청량리로떠날까 요 - 많은사람오고가 는 을지로에
서 떠나버린- 그 사 람 을 찾고 있 어 요
아 이 쪽 저 쪽 사방팔방둘러보아 도 어쩌 다
닮 은사 람 한두명씩오고갈 - 뿐 아 내가 - 찾는 -
그사람은어디있나 요 아무리 찾 아봐 도 그사람은간곳이없
네 미아리로갈 까 요 영등포로갈 까 요
Last time Rep.
을 지 로 길 모 퉁이에 나는 서 있 네 -
D.S.

낙엽따라 가버린 사랑

강찬호 작사 / 외국 곡 / 차중락 노래

Slow Rock
찬바람이 싸늘하게 얼 굴을 - 스치 면
푸르던잎 단풍으 로 곱 게곱게 물들 면
따스 하던 너의 두 뺨-이 몹시 - 도 그리웁고 나
그잎 새의 사랑의 꿈-을 고이 간직 하 - 렸더 니
아 - -아 그옛날 이 너 무도 그리워 라- - 낙엽이
지 면 - 꿈도따 라 가 는줄 왜몰랐던 가- -
사랑하는 이마음 을 어 찌하오 어찌 하-오
너와 나의 사랑의 꿈-이 낙엽 따라 가버렸으 니
낙엽 따라 가버렸으 니
rit.
D.S.

난 정말 몰랐었네

김중순 작사 / 최병걸 작곡 / 최병걸 노래

Go Go
D.C. Time Instrument Solo
발길 - - 을 돌 리 려 고 바 람 부
는 대로걸어 도 - 돌 아 서 - 질
않 는 - 것 - 은 미 련 인 가 아 쉬 - 움 인 가
- 가 슴 에 이 가 - 슴 에 -
심 어 준 그 사 - 랑 - 이 - 이다지도깊은줄은
난 - 정말몰 - 랐었 네 - 아 - - 아 - 아 - - -
D.S. Time Rep.
아 - 진 정 난 몰 랐 - 었 -
네 - 네 -
D.C.

날 버린 남자

박정환 작사 / 박성훈 작곡 / 하춘화 노래

Go Go
E
사랑 이- 야 속하 더라 - 가는 - 당신이

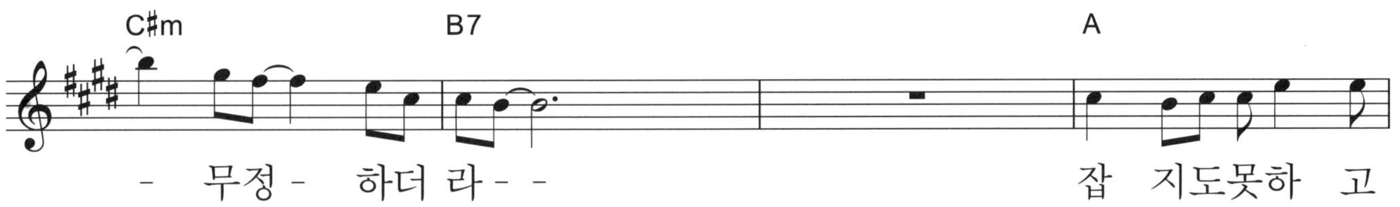
C#m   B7   A
- 무정 - 하더 라 - - 잡 지도못하 고

C#m   A   B7   A
막 지도못하 고 어쩔수가없 - 더 라 여자이 기

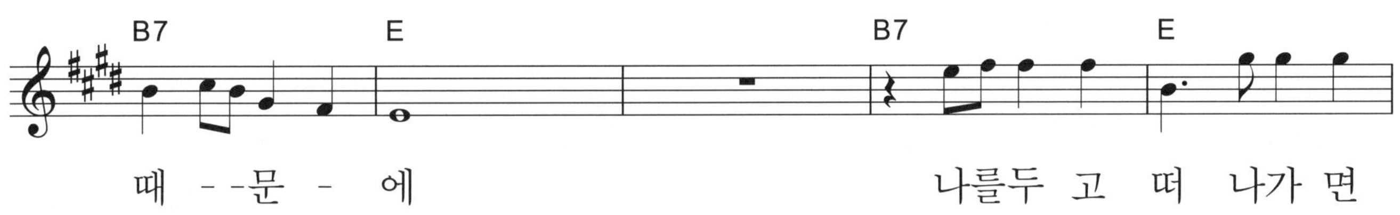
B7   E   B7   E
때 - - 문 - 에 나를두 고 떠 나가 면

B7   E   F#m   C#m   B7
떠나버 리 - 면 정 때문 에 나 는어 - 떡 해

B7   A   E
날울 린남 자 날버 린남 자 사랑한게잘못이더

E   B7   E
라 사랑한 게 - 잘 못이 더 - - 라 -
D.C.

남남

최성수 작사 / 최성수 작곡 / 최성수 노래

그토록 사랑했던 그녀가-
오늘밤 내곁에서 떠나갔네-
소리를 내-지는 않았지만-
어깨를 들썩이며 돌아섰네-
담배연-기에 눈물을-
흘릴뿐이라고 말했지만-
슬픔이물 처럼 가슴에-
고여있기 때문이죠-
오 늘 밤만-
내 게있 어줘요-

Bm   F#7
더 이상 바 라지   않 겠 어요
Bm   Em   Bm
아 침 이면 -   모르 는남- 처럼 -
Bm   F#7   Bm
잘 가 라 는   인 사도 없 이 -
Bm   F#7
사랑 해 요 -   그 것뿐이었 어 요
F#7
사 랑 해 요 -   정말 로사 랑했 어 요
D.S.
F.O.
Bm   Em   D   B7
휘파람
Em   Bm   F#7   Bm

남원의 애수

김부해 작사 / 김화영 작곡 / 김용만 노래

한양 - 천---리 - 떠 나--간-들   너를어 이
님께 - 향---한 - 일 편--단 심   채찍아 래
잊--- 을 소- 냐   성 황 당
굽-- 힐 소- 냐   옥 중 에
고 개 -마- 루   나귀마 저 울 -고-넘- 네 -
열 녀 -춘- 향   이도령 이 돌 -아-왔- 네 -
춘 향 아 - 울 지--마- 라   달 -래--
얼 -싸--
였-- 건--- 만   대 장 부 가-슴 속 을
안-- 고--- 서   그 리 든 천 -사 만 사
- 울 리 는-님-- 이 여   아--- - 아   어-느 때
- 즐 기 는-님-- 이 여   아--- - 아   흘-러 간
어느날 짜   함께즐 겨 웃 어--보- 네 -
꿈이련 가   청실홍 실 춤 을--추- 네 -
D.C. al Fine

남자는 배 여자는 항구

심수봉 작사 / 심수봉 작곡 / 심수봉 노래

Go Go
언제나찾아오는 부 두의이별이 아쉬워두손을꼭잡았 나
매달리고싶 - 은 이 별의시간도 짧 은입맞춤으로끝나 면
눈 앞에바다를핑 계 로 헤어지나 - 남자는 - 배 여자는 항구 -
잘 가요쓰린마음아무도 몰라주네 -
보내주는사람은 말이없는데 떠나가는남자가 무슨 말을해 뱃
아주가는사람이 약속은왜해 눈멀도록바다만 지키 게하고 사
고 동소리도울 리 지 마 세 요 - 하 루 하 루
랑 했었단말은하지도 마 세 요 - 못 견 디 게
바다만 바라보 다 눈 물 지 며 힘없이 돌아오 네
네 - 가 좋 - 다 고 달 콤 하던 말 그대로 믿 - 었 나
남자는남 자는다 모두가 그렇게다 아 아 아 아
이 별 의눈 물 보이고 돌 아 서 면 잊 어 버리는 남 잔 다그래 -
쓸 쓸 한표정짓 - 고 돌 아 서 선 웃 어 버리는 남 잔 다그래 -
D.C.

남자는 말합니다

윤명선 작사 / 양주 작곡 / 장민호 노래

Slow Go Go
여 행 갑 시 다- 나의여 자 여 - 하 나 뿐 인 - 나의여
자 여 - 상 처 투 성-이 병이들어버 린 당-신 여행
가 서- 낫게하리- -다 - 나란-사람 하나만믿고같
이 살-아-온 바보같 이 착 한 - 사람아
남자는말합니다 고맙구- 요 감사해요 오 - 직 나 만- -아는 -사람
-아- -

안 아 봅 시 다- 나의여 자여 - 하 나 뿐 인 - 나의여
자 여 - 고운얼굴-에 쓰여진- 슬픈 이야-기 오늘
밤 에- 지워봅시- - 다 - 나란-사람 하나만믿고같
이 살-아-온 바보같이 착한 - 사람아
남자는말합니다 고맙구- 요 감사해요 오 - 직나 만- -아는 -사람
-아- - 나란-사람 하나만믿고같 이 살-아-온
바보같이 착한 -사-람아 오로지
나 만- -아는 - - - - 사 - 람- -아 -

남자는 여자를 귀찮게 해

양인자 작사 / 김희갑 작곡 / 문주란 노래

Disco
처 음에사랑할때 그이 는- 씩 씩한- 남자였 죠
이 제는달라졌어 그이 는- 나 보고- 다해달 래
결 혼을하고난후 그이 는- 애 기가- 돼버렸 어
할 일은해도해도 많은 데- 자 기만- 쳐다보 래
밤하늘에별도달도 따주 마- 미더 운 약속을 하더 니
애 - 기가되어버린 내사 랑- 당신
밥 - 달라사랑달라 보채 고- 둘이 서 놀기만 하재 요
웃 - 어라안아달라 조르 는- 당신
정 말미워 죽겠 네
골 치아파 죽겠 네
남 자 -는 -
여 자 -를 -
정 말 로 귀 찮게 하네
Last time Rep.
남 자 -는 -
여 자 -를
정 -말로 귀 찮게 하네 -
D.C. al Fine

남자라는 이유로

김순곤 작사 / 임종수 작곡 / 조항조 노래

Trot
누구나 웃으면서세 상 을 살면 서 도 말못할
저마다 처음인듯사 랑 을 하면 서 도 쓰라린
사연 - 숨기고- 살아 도 나역시 그런저런 슬픔을 간 직하
이별 - 숨기고- 있어 도 당신도 그런저런 과거가 있 겠지
고 당 신앞 에-멍 하니서 있 네
만 내 앞에 서-미 소를짓 - 네
언 제 한 번 가슴을열-고 소리 내 어 소리-내어 울어 -볼 날
이 남 자 라 는이 유 로 묻어두고지 낸 그 세
월 이 - 너무길 었 어 언제한 번 그런날 올 까요
가슴을열고 소리 -내어 -울어울어볼 날이- 남자라는이 유로
묻어두고지 낸 그세 월 이- 너무길 어요- -

남자다잉

양인자 작사 / 차태일 작곡 / 남진 노래

Go Go
Cm
G7
사 - 랑을보신일이 있 으십 니 까 - -
Fm
E♭
G7
어 디를찾아봐도 보이지 않아 - - -
Cm
G7
희 - 망을보신일이 있 으십 니 까 - -

Fm
G
Cm
B♭
있 다고하는말은 들 었 는데 -

E♭
Cm
B♭
Cm
안된다안된다하 고 - - 홍이야홍이야하 고 - - -

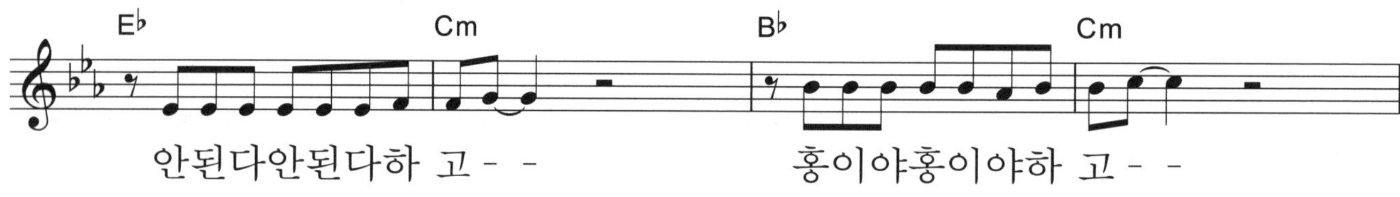

A♭
G7
그러거나말 거 나 견 디고버 - 티고

위 하 여   우리는살아있어 위 하 여
오 늘 도 살 아 있 어 위 하 여   크 게 한 번
웃 는- 거야 -   바 --람 이 불면-
떠 나 는 우리-   세상을향해다시 또한 번-
끝 까 지 살 아 내 야   남 자 다 잉 - - -
끝 까지 살 아내 야   남 자 다 잉 - - - -

남행열차

김진룡 작사 / 김진룡 작곡 / 김수희 노래

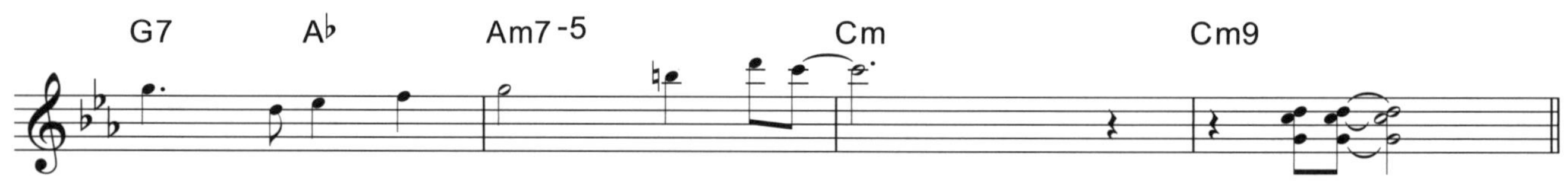

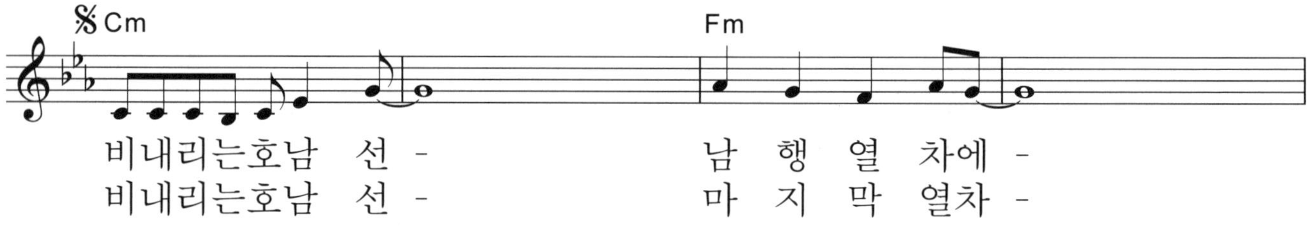

비 내리는 호남 선 - 남 행 열 차 에 -
비 내리는 호남 선 - 마 지 막 열 차 -

흔 들리는 차 창 너 머 로 -
기 적소리 슬 피 우 는 데 -

빗 물이흐르 고 - 내 - 눈물도흐르 고 -

잃 어버린 첫 - 사랑도 - 흐르네 - - 깜 빡깜 - 빡 이

- 는 - 희 미 한 기 억 속 에 -

Cm
그때만난그사 람 -
Fm
말 -이없던그사 람 -
Dm7 -5
자꾸만
Bb
멀 어 지 는데 -
Eb
-
C7
-
Fm
만 날순없어 도 -
Cm
잊지 는말아 요 -
Dm7 -5
당 -신을
G7
사 랑 했 어요 -
Cm
Cm9
D.S.
Cm
-
-
Fm
만 날순없어 도 -
Cm
잊지 는말아 요 -
Dm7 -5
당 -신을
G7
사 랑 했 어요 -
Cm
Cm
Dm7 -5
G7
Cm Bb Cm
-
-
-

낭랑 십팔세

유호 작사 / 박시춘 작곡 / 백난아 노래

Fox Trot

저 고-리고름 말아쥐고서 누구를
팔 짱-을끼고 돌부리차며 무엇을
소 쩍-궁소쩍 새가울어서 삼천리

기다리나 낭랑십팔세 버 들-잎지는
기다리나 총각이십세 송 아-지매논
이강산에 풍년이왔네 맹 세-안해도

앞개울에서 소쩍 새울때만을 기다립니다
뒷산넘어서 소쩍 새울때만을 기다립니다
새는우는데 기약 한나의님은 어이못오나

소 쩍궁 소쩍궁 - 소 쩍

궁 소쩍궁 - - 소 쩍-궁새가

울기만하면 떠나 간그리운님 오신댔어요
풍년 이온댔어요 풍년온대요
기어 코오겠다고 맹서합니다

98

내 마음 별과 같이

주일청 작사 / 박성훈, 임택수 작곡 / 현철 노래

Trot
F   Bb   C7   F   Gm   C7
F   C7   F   C7   F
F   Dm   F   C7
산노을에두 둥- - -실   홀로가는저   구름 아
강바람에두 둥- - -실   길을잃은저   구름 아
F   Dm   F
너는 알 리라 -내-마음을   부평초-같은마 음- -을
너는 알 리라 -내-갈길을   나그네-떠나갈 길- -을
Dm   F   Dm   F
한송이구름 꽃을 - 피우기위해   떠도는유랑 별처 럼
찬란한젊은 꿈을 - 피우기위해   떠도는몸이 라지 만
Dm   F   Gm   C7   F   C7   F
D.C. al Fine
내마음-별 과같이   저하늘 별이 되 어   영원히-빛 나- -리

낭만에 대하여

최백호 작사 / 최백호 작곡 / 최백호 노래

Tango

굿은 - 비 내리 는 날   그야말로 옛 날   식
밤   늦은항구 에 서   그야말로 연 락   선

다 방 에 앉 아   도라지 - 위스키 -   한   잔 에다 -
선 창 가 에 서   돌아올 - 사람은 -   없을 지 라도 -

짙 은 색소폰   소릴   들 - 어보렴
슬 픈 뱃고동   소릴   들 - 어보렴

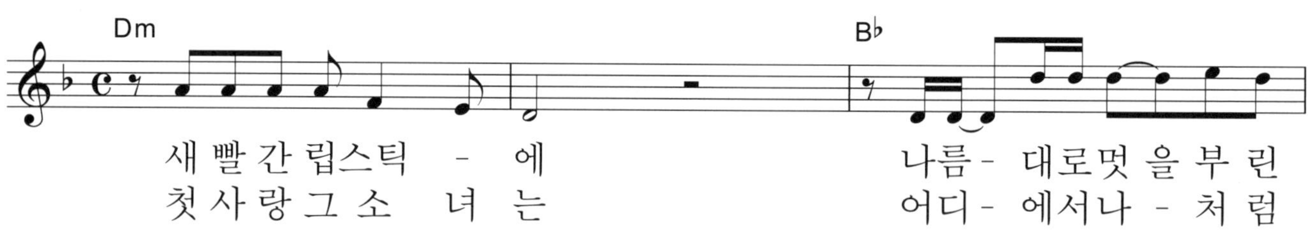

새 빨 간 립스틱 - 에   나름 - 대로멋 을 부린
첫 사 랑그 소 녀 는   어디 - 에서나 - 처 럼

마 담 에 - 게   실없이 - 던 지 는 농 담 - 사이로
늙 어 갈 - 까   가버린 - 세 월 이 서 글 - 퍼지는

짙 은 색소폰 소릴 들 - 어보렴
슬 픈 뱃고동 소릴 들 - 어보렴

이 제 와 새 삼 이 - 나이에 실연- 의 달콤함이야
이 제 와 새 삼 이 - 나이에 청 -춘의 미련 - 이야

있 겠 냐마는 왠 지 한 곳이 - 비어있 는
있 겠 냐마는

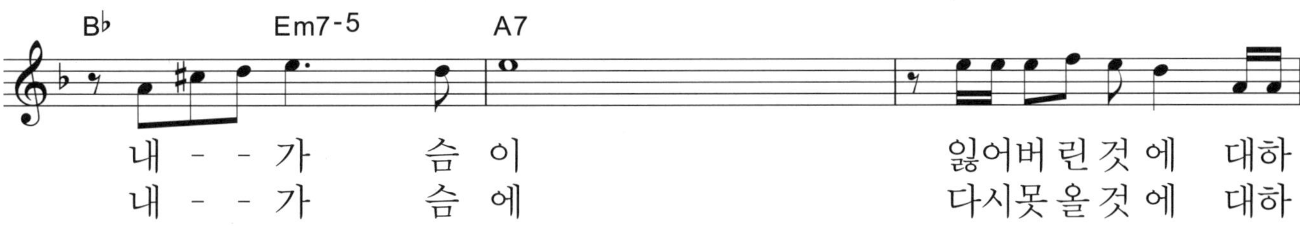

내 - - 가 슴 이 잃어버린 것에 대하
내 - - 가 슴 에 다시못올것에 대하

여 낭 - 만에 대하 여
D.C.

내 나이가 어때서

박무부 작사 / 정기수 작곡 / 오승근 노래

야   야 야-야   내나이가어 때 서
사랑 에- 나이가있 나-요
마 음은-하나- 요   느 낌도-하나- 요

Gm   E♭   F7
그대만이정 말- 내 사랑 인- 데   -

B♭   Gm   Cm   F7
눈 물이- 나네 - - 요   내나이가어 때- 서

B♭   F7   B♭
사랑 - 하기 딱 좋은 - 나인- 데

F   B♭
어느날   우 - -연히 - 거울속에비 춰 - - 진

Gm   E♭   F7
내모 - 습을- 바라 보 면- 서   -

B♭   Gm   F7
세월아비 켜 - 라 - - - - 내나이가어 - 때 서

D.C. time Rep.
Cm   F7   B♭
사랑 - 하기 - 딱 좋은 - 나인- - 데   -
D.C.

내 마음 갈 곳을 잃어

최백호 작사 / 최종혁 작곡 / 최백호 노래

Slow Go Go
Em
B7
가을 엔
가을엔 떠나지 말아요 -
낙엽지
B7
Em
면
서러움 이더 해 요
차라
E7
Am
D7
리
하 얀겨울에 떠나 요
눈길을 - 걸으며
G
B7
Em
G
Am
눈길을 - 걸으며
옛 일을 잊으리 라
거 리엔 어둠이 내 리고 안
D7
G
C
G
개
속에가로등하 나
비라 도
-우울히 내려 버리면
Am
B7
Em
내마음갈곳을잃 어
가을 엔
가을엔 떠나지
B7
말 아요 -
차라 리
하 - 얀겨울에 떠나
Em
B7
Em
요
하 - 얀 겨울에 떠나 요
D.S.

너무합니다

윤항기 작사 / 윤항기 작곡 / 김수희 노래

Slowly
Am   Dm   Am   Dm   E7
마지막한 마디 그 말-은   나를   사랑 한다- 고
조용히두 눈을 감 고-서   당신을   그려 봅니- 다

Am   E7   Am
돌아올-당 신-은   아니지만   진 실   을말 해줘 요
너무나-많 았-던   추억들을   잊 을   수가 없어 요

E7   Am   F   E7
떠날땐말 없 이   떠나가세요   날 울   리지 말아 요
떠나간당 신은   야속하지만   후 회   하지 않아 요

Am   Dm   Am   E7   Am
너무합니다   너무 합니다   당 신   은너무-합 니 다
D.C. al Fine

내 사랑

강은경, 조영수 작사 / 조영수 작곡 / 홍진영 노래

Disco
내 사랑 그대에게 줄 까 말 까 고 민 하 다 그 사람 영영 떠나
요 - - 이 것 저 것 재 지 말 고 그 사람 잡 - - 아요 -
사 랑한다는 그말 할 까 말 까 망 설 이 다 그 사람 영영 떠나 요
이 남자 다 싶을 때는 눈치코치 보지 말고 아낌없이 다 줘요 줄 까 말
까 - - - - 살짝쿵 다가 서도 모 른 척 괜시리 좋으면서
애타게 바라보는 그 심정 속타게 기다리는
아 닌 척 보일락 말 락 잡힐락 말 락 애 간장 - - 녹이 네
그 심정
애타게 바라보는 그 심정 속타게 기다리는 그 심정 - -
사 랑을 할거면 사랑을 할거면 화 끈 하게 사랑을 할거면

사랑을할거면 화 끈 하게 내사랑그대에게 까- 그대 훌-쩍
떠 나면- 눈물만훌-쩍일 텐데- 암만후 회-해
도 그땐 늦-어 요-- - 내사랑그대에게
모든걸그대에게 줄 까말 까 고 민하 다 그사람영영떠나
요-- 이 것저 것 재 지말 고 그사람잡--아요
- 사랑한다는그말 할 까말 까 망 설이 다
그사람영영떠나 요 이남자다싶을때는 눈치코치보지말고
아낌없이다 줘요 줄 까 말 까--- -

내 사랑 내 곁에

오태호 작사 / 오태호 작곡 / 김현식 노래

나 - 의모든사 랑이- 떠나가는-- 날이
시 - 간은멀어 집으- 로향해가-- 는데
당 신의- 그 웃음뒤 - 에서
약 속했- 던그 대 - 는올

함 께 하-는데- 철 -이없는욕 심에- 그많은 미 련에- -
줄 을 모-르고- 애 -써웃음지 으며- 돌아오 는길은- -

당 신이- 있는건아 닌지- 아니겠지 요
왜 그리 - 도 낯 설고-

멀기-만 한 지
저 여 린 가 지 사 이 로 - 혼
자 인 날 - 느 낄 때
이렇 게 아픈 -
그대 기억이날까
내 사랑그대 -
내 곁 에 있 어 줘 -
이
세 상 하나뿐인
오 직 그대 - - 만이
힘 겨운날에 -
너
마 저 - - 떠 나 면
비 틀 거 - 릴 내 - 가 안길곳은 - 어디에

너

서세건 작사 / 서세건 작곡 / 이종용 노래

Go Go
Am
G
F
E7
E
F
B7
E7
Am
G
F
E7 F E7
Am
G
낙 엽 지 는 그 숲 속 에 파 란 바 닷 가에
별 빛 같 은 그 눈 망 울 로 영 혼을 약 속 하며
바 - 람 에 실 려 가 고 빗소 리에 몰 - 리는
부 서 지 는 머 리 결 을 은빛 처럼 날 리 우고
F
1. E7
떨리는 손 잡 아 주던 너 -
나를위 해 기 도 하던
잊어버 린 너 의 목소 리 -
되돌아 선 너 의 옛모
2. E7
G
너 웃 음 - 지 으
습

며 - 눈 감 - 은
너 - 내 곁 을 떠 난 뒤
외 로 운 짚 시 처 럼 밤 을 태 워 버 린
숱 한 나 - 날 들 오 늘 도 추 억 속 에
맴 돌 다 지 쳐 버 린 창 백 한 나 - 의 -
넋 - 넋
D.S.
- 창 백 한 나 - 의 - 넋
-

너의 의미

김한영 작사 / 김창완 작곡 / 산울림 노래

Slow Go Go
너의 그한마디말 도 그웃음도 나에겐 - 커다 란의 미 - -
너의 그작은눈빛 도 쓸쓸한뒷모습도 나에겐 - 힘겨 운약 속 - -
너의모든것 은 내 게 로 와 풀리지않는 수수께 끼가 - 되
네 슬픔은 간이역 에 코스모스로피고 - 스쳐 불어온넌 향긋
한 - 바람 - 나이제 뭉게구름 위에성 을 짓고 - 널
향해창을내 - 리 바람 드는창을 - Fine 너의 그한마디말
도 그웃음도 나에겐 - 커다 란의 미 - - 너의 그작은눈빛
도 쓸쓸한뒷모습도 나에겐 힘겨 운약 속 - -
D.C. al Fine

녹슬은 기찻길

김관현 작사 / 홍현걸 작곡 / 나훈아 노래

Trot
Dm Gm A7 Dm
Dm A7 Dm A7 Dm
휴 전선
대 동강
Dm A7 Gm A7
달 빛 아래 녹 슬 – 은 기 찻 길
한 강 물 은 서 해 에 서 만 – 나
Dm A7 Gm Dm A7
어 이 해 서 – 피 – 빛 – 인 – – 가 말 좀 하 – – 렴 –
남 과 북 의 – 이 – 야 – 기 – – 를 주 고 받 – – 는 –
Dm A7 Gm
아
데
전해다 오 전해다 오 고향잃 은 서 러움 을
Dm A7 Dm
녹 슬 은 기 찻 길 – 아 어 버 – 이
너 처 – 럼
Dm A7 Dm
정 그 리 워 우 는 이 – 마 – – 음
내 마 음 도 울 고 있 – 단 – – 다

네박자

김동찬 작사 / 박현진 작곡 / 송대관 노래

Trot
Dm   A7   Dm
니가 기쁠 - 때   내가 -슬 플 때
나 - 그리울 때   너외 -로 울 때
Dm   Gm   A7
누구 나 부르-는 노 래   -
혼자 서 부르-는 노 래   -
Dm   Gm   C7   F
내려보는 사람 도   위를보는사 람 도
내가잘 난 사람 도   지가못난사 람 도
Dm   A7   Dm
어차 피 -쿵 짝이 라-네   -
A7   Dm
쿵 짝 쿵 짝 쿵 짜짜쿵 짝   네박-자 속-에
Gm   B♭   A7
사랑 도있 고 이별 도있 고 눈 물 도 있-네

한 구절한 고 비   꺾 어 -넘을 때
우리 네   사연 을 담 는   -
울고웃는인 생 사   연극같은세 상 사
울고있는인 생 사   소설같은인 생 사
세상 사 모두 가   네박자쿵 짝
쿵 짝 쿵 짝 쿵 짜짜쿵 짝   네박-자 속 에
사랑 도있 고 이별 도있 고 눈 물 도 있-네

누가 울어

전우 작사 / 나규호 작곡 / 배호 노래

Trot
소 리 없 이   흘 러 내-리 는   눈 물 같
하 염 없 이   흘 러 내-리 는   눈 물 같
은   이 슬 비   -   누 가 울 어--
이 한 - 밤   잊 었 던 추 억 인---- 가   -
이 한 - 밤   잊 었 던 상 처 인--- 가   -
멀   리 가 버 린   내 사 랑 은   돌   아
멀   리 떠 나 간   내 사 랑 은   기   약
올 - 길 -   없 는 데 피 - 가   -
조 - 차 -   없 는 네 애 - 가   -
맺 - 히 게 그 - 누 가 울 어 울 - 어   검   은   -
타 - 도 록
눈 을   적 시 나   -
D.C.

116

누이

이수진 작사 / 설운도 작곡 / 설운도 노래

Swing
D
언 제 나내겐 오 랜 친 구같 은   사랑 스런
D   A   G
누이 가있 어 요   보면 볼 수 록 -
D   A   D
매력 이넘 치 는 -   내가 제일   좋 아하 는 누이
D7   G   A   D
마 음 이외로 워 -   하소 연할 때도 -
G   E   A   D
사 랑으로   내게 다가 와   예 쁜미 소 로
D   A   G
- 예 쁜 눈 빛으 로 -   내 마음을   감 싸주 던
A   D
누이-   나 의 가 슴에 -   그 대향 한마 음 은
G   A   D
- 언 제   나 사랑하고있 어 요-
D   A   D
언 제   나 사랑하고있 어 요-

누나가 딱이야

배은정, 이재규 작사 / 홍정수, 이재규 작곡 / 영탁 노래

Disco
Dm Gm C F
딱 딱 이 - 야 - 딱 딱 이 - 야 - 남
Gm Dm A7sus4 A7
자 답 - 게 - 책 임 질 - 게 - 내겐 딱 딱 누나가딱 이야
Dm Gm
- 풋 내나는풋사 과 보 - 다 -
까 분다고코웃 음 치 - 곤 -
C F Dm Gm
새 빨간사과가 더 좋 - 아 - 지 독한사랑에 아 파 - 본 -
은 근슬쩍기대 는 여 - 우 - 내 눈에는너무 귀 여 - 워 -
A Dm A7 Dm Gm
누 나 라서난좋 아 어 디까지헤매 이 다 - 가 -
깨 물어주고싶은 걸 별 을따달라면 따 줄 - 게 -
C F D Gm
얼 마만큼울다 왔 는 - 지 - 과 건문지않을 테 니 - 까 -
달 을따오라면 따 올 - 게 - 어 리다고얕보 지 마 - 라 -
E7 A7sus4 A7
내 품 에편히쉬 어 누 나 가
놓 치 면후회할 걸

딱 이- 야 내품에딱 이- 야 - 오 늘부터우린
자 기- 야 - 남 자 답- 게- 책 임 질- 게-
나 만믿고따라 와 누나가딱 이- 야 내눈에
딱 이- 야 - 오 늘부터우린짝 이- 야 - 못
이 긴- 척 - 안 겨 줄- 래- 내겐딱 딱
누나가딱 이야 - - - 누나가
딱 딱 넌내가딱 이야 - -

눈물 젖은 두만강

김용호 작사 / 이시우 작곡 / 김정구 노래

Trot
두 만 - 강 - 푸 른 물 에
강 물 - 도 - 달 밤 이 면
- 노 젓 는 뱃 - 사 공 -
- 목 메 어 우 - 는 데 -
흘 러 간 그 옛 날 의 내 님 을 신 - - - 고
님 잃 은 이 사 람 도 한 숨 을 지 - - - 니
떠 나 - 던 - 그 배 - 는
추 억 - 에 - 목 메 - 인
어 디 - 로 갔 소 -
애 달 - 픈 하 소 -
그 리 운 내 님 이 - 여 -
그 리 운 내 - - 님 이 여 -
언 제 나 오 려 - - - - 나 -
D.C. al Fine

눈물의 블루스

정은이 작사 / 남국인 작곡 / 주현미 노래

Blues
A
오 색등 네온불이 --
Bm
손삭이듯나 를유 - 혹
손짓하듯나 를유 - 혹
E7
하는밤 -
A
가 슴 을휘젓듯이
내 리 는빗물처럼
F#m
흐느끼 는색소폰소리
D   E7   A
아 아-아나를울 리 네
E7   A
이 순간이지나고나면
F#m   A
떠날당-신 이기에 -
D
그대-품 에안 기-운 채
그대가 슴 에얼 굴을묻 고
E7   A
젖은눈 을감추네 아아부르스 - 부르스 -
Bm   D E7   A   E7   A
부르스연주자여 그음악 을멈추지 - 말아요-
D.C. al Fine

님 그림자

김욱 작사 / 김욱 작곡 / 노사연 노래

Slow Go Go
저
만 치 앞서가 는 님 뒤 로 그 림 자 길게드린
밤 님 의 그 림자밟으 려 하 니
서 러움 이 가슴 에 이 네 님 은 나 의마음
헤 아 릴까 별 만 헤듯걷 는 밤 휘
황 한 달빛아래 님 뒤로 긴그림자밟을날없 네
D.C.

122

님은 먼곳에

유호 작사 / 신중현 작곡 / 김추자 노래

사랑한 다 고 말할걸그랬 지 -
님이아 니 면 못산다할 것 을
사랑한 다 고 말할걸그랬 지 -
망설이 다 가 가버린 사 람
마음주 고 눈물주 고
꿈도주 고 멀어져갔 네
님은먼 - 곳 에 영원히먼곳 에 -
망설이 다 가 님은먼 - 곳 에

니가 왜 거기서 나와

구희상, 지광민, 박영탁 작사 / 구희상, 지광민, 박영탁 작곡 / 영탁 노래

근데 니가 니가왜거기서나 와 - - 니가왜거기서나
와 - 사랑을믿었었는데 발등을찍혔네 - - 그래
너 그래너 야 너니가왜거기서나 와 - -
피곤하다하길래 잘자라했는데 혹시나아픈건가 걱정도했는데 -
노는남자싫다매 술은못한다매 그것땜에나는다 끊어버렸는데 -
뭐하는데 여기서뭐하는데 - - 도대체 - - -
지금넌왜 혀가꼬이는건데 - - 도대체 - - -
너네집은연신내 난지금강남에 시끄런클럽을 무심코지나는데
근데지금니옆에 이남잔누군데 교회오빠하고 클럽은왜왔는데

이게누구십니까 - - -   -
너네집불교잖아 - - -   -
니가왜거기서나 와 - -   니가왜거기서나 와   -
내눈을의심해보 고   보고또보아 도   딱봐도너야 -   오마이 너
야니가왜거기서나 와 - -   니가왜거기서나 와   -
사랑을믿었었는 데   발등을찍혔 네 - -   그래너   그래너   야
너이런건사랑이야 나 - - -   냐 - - -   그래
D.S.
너   그래너   야 너니가왜거기서나 와 - -

님과 함께

고향 작사 / 남국인 작곡 / 남진 노래

Soul
Dm
저 푸른초원위에 -   그림같은집을짓고 -
봄 이면씨앗뿌려 -   여름이면꽃이피네 -
Gm   Dm   F   C   Dm
사랑하는우리님과 -   한 백-년살고싶어 -
가을이면풍년되어 -   겨울이-면행복하네 -
Dm   A7   Dm   A7
멋 쟁이높은빌딩 으시대지만   유행따라사는것도 제멋이지만
Dm   A7   Dm
반 딧불초가집도 님과함께면   나는좋아나는좋아 님과함께면
F   A7   Dm
님과함께같이산다 면   저 푸른초원위에 -
Dm   Gm   Dm
그림같은집을짓고 -   사랑하는우리님과 -
F   C   Dm   F   C   Dm
한 백-년살고싶어 -   한 백-년살고싶어 -
D.C.

다함께 차차차

김병걸 작사 / 이호섭 작곡 / 설운도 노래

Cha-Cha-Cha
어차 피- 잊 어야 할 사랑-이라- 면
어차 피- 돌 아서 간 사랑-이라- 면
돌아-서서- 울 지마 라 눈물을-거둬 라
다시-는-- 생 각마 라 눈물을-거둬 라
내일 은 내일-또다-시 새로 운
바람이 불 거야 - - 근 심을털어놓고 다함께차차차
슬 픔을묻어놓고 다함께차차차
차차차 차차 차 잇 자잇 자-
오 늘-만은 미련을버 리자 - 울지 말 고-
그 래그-렁 게 다 함께 차차차
D.C.

다시 만날 수 있을까

이적 작사 / 이적 작곡 / 임영웅 노래

Slowly
너 를위 - 해해- 줄것- 이하 - 나없-어-서- 보낼수밖 -에 - 없
었고 - 니가없- 이사- 는법- 을알 -지못-해-서- 순간순간 -을 - 울었
- 다 - 후회 로 가득- 한한 - 숨자 - -락이 -- - 시린
바 람처 - 럼가- 습치 - 는날 - 그언-젠가 - 우리만날수
있을까 - 다시만날 수있을까 - 그리좋 던예 전처럼 - 그 때처럼 되 돌아
갈 수있 - 을까- 다시우 리가 만나면 - 무 - 엇을 해 야만-할까- 서로를
품 에안- 고서- 하염없이 - -눈물 만 흘려- 볼까

붙잡을- 마음- 이야- 없었
- 겠냐-마-는- 그때난부 -끄 - 러 웠다 -
떳 떳하- 게일- 어나- 널다 - 시찾-아-갈- 뜨거운꿈 -만 - 꾸었
- 다 - 둘이 함 께했- 던순- 간순- 간이 - 시린
폭포처- 럼쏟- 아지- 는날 - 그언- 젠가 - 우리만날수
품 에안- 고서- 하염없 이 -눈 물 만 흘려- 볼까
- 그리운마음이- 서럽게흘- -러넘쳐 - 너에게닿- 을 때
우리 만 날수 품 에안- 고서- 하염없 이 -눈 물
만 흘려- 볼까

단장의 미아리 고개

반야월 작사 / 이재호 작곡 / 이해연 노래

Trot
Dm
미   아 - - 리 -   눈 물 고 - 개
아   빠 - - 를 -   그 리 다 - 가
A7   Gm   A7
님이넘 던 이별   고 - 개   -
어린것 은 잠 이   들 - 고   -
Dm   A7   Gm   Dm
화약연 기 - 앞 을 - 가 - 려 눈 못 뜨 고 헤매일 - 때
동지선 달 - 기 나 - 긴 - 밤 북 풍 한 설 몰아칠 - 때
Dm   Gm   Dm   A7
당 신 - 은   철사줄로두손꽁꽁 묶인채 - - 로
당 신 - 은   감옥살이그얼마나 고생 을하 - 오
Dm   A7   Dm
뒤 돌아보 - 고 또돌아보고   맨 발 로 절 며 - 절 며
십 년이가 - 도 백년이가도   살 아 만 돌 아 - 오 소
A7   Gm   Dm
끌 려 가 신 이 고 개 - 여   한 많 - -
울 고 넘 던
Dm   A7   Dm
은   미 아 리 - 고 - 개   -
D.C.

달타령

신선지 작사 / 오영원 작곡 / 김부자 노래

달아달아 - 밝은달아 - 이 태 백 이- 놀던달아 - -

정 월에 뜨는 저 - 달은 - 새 희 - - 망을 주 - 는달 -
오 월에 뜨는 저 - 달은 - 단 오 - - 그네 뛰 - 는달 -
구 월에 뜨는 저 - 달은 - 풍 년 - - 가를 부르는달 -

이 월에 뜨는 저 - 달은 - 동 동 주 를 먹 - 는달 -
유 월에 뜨는 저 - 달은 - 유 두 밀 떡 먹 - 는달 -
시 월에 뜨는 저 - 달은 - 문 풍 지 를 바르는달 -

삼 - 월에 - 뜨 는 - 달은 - 처 녀가 - 슴을
칠 - 월에 - 뜨 는 - 달은 - 견 우직 - 녀가
십일월에 - 뜨 는 - 달은 - 동 지팥 - 죽을

태 우는 달 - 사월 - 에 뜨는 달은 -
만 나는 달 - 팔월 - 에 뜨는 달은 -
먹 - 는달 - 십이월 에 뜨는 달은 -

석 가 모 니 탄생한달 - 님 그 리 워 뜨 - 는달 -
강 강 수월래 뛰 - 는달 -
님 그 리 워 뜨는 - 달 -

Last time Rep.

당돌한 여자

강은경 작사 / 임강현 작곡 / 서주경 노래

Trot
Gm
Cm
1.F
B♭
D
2.D Cm Gm B♭
D
Gm
D
Gm
Cm
F
B♭
일 부 러안웃는거 맞죠 -
그 대 는그게매력 이에요
애 인 이없다는거 맞죠 -
그 대 는그게맘에 들어 -
나에게 만차가운거 맞죠 -
관심없 는듯한말투 눈빛 -
혹시숨 겨둔건아니 겠죠 -
여자많 은듯한겉모 습에 -
Cm
Gm
E♭
1, 3. D
알아 요 - 그대마음 을 - 내게 빠질까 봐두려운거 죠
하지 만 - 그대시선 을 - 나는안보고 도느낄수있
믿어 요 - 그대의말 을 - 행여 있다해 도양보는싫 어
사실 은 - 아무에게 나 - 마음주지않 는그런남자

죠   집으로 들 어가 - 는길인 가요 -   그대의 어 깨가 - 무거워

보여 -   이런 나 - 당돌 한가 요 - 술한 잔   사 - 주실래

요   야 - 이야이야이야이 날봐 - 요 -   우 - 리마음속이지는

말아 - 요 -   날 기다 -   렸다 고 - 먼저 애기하 면손해라도

보나 요 -   야 - 이야이야이야이 말해 - 요 -   그 - 대여자되달라고

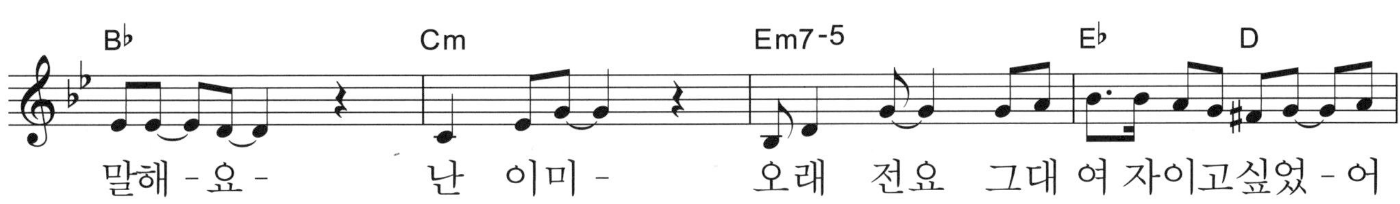

말해 - 요 -   난 이미 -   오래 전요 그대 여 자이고싶었 - 어

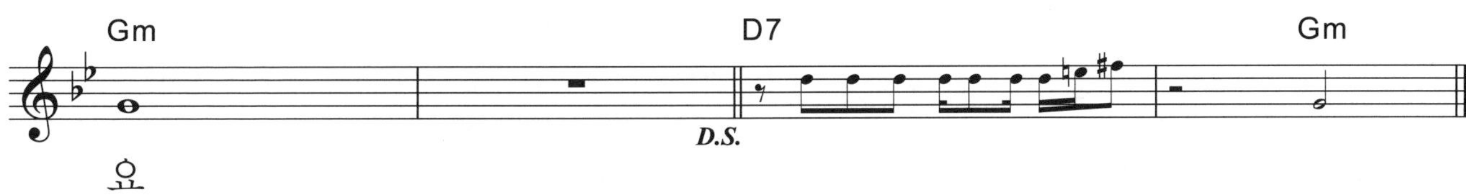

D.S.
요

당신

이성만 작사 / 김정수 작곡 / 김정수 노래

Slow Rock
Dm Gm C F A7
Dm D7 Gm A7 B♭ A7 Dm
Dm Gm7 C7 F A7 Dm D7
내 품에안 기어 곤히잠 든그 대 여 어 - 느덧 그대눈
내 가슴에 묻혀 꿈을꾸 는그 대 여 야위 어진 그댈바
Gm 1.F A7 2.F A7 Dm
가 에도 주 름이 졌 네 눈 물이 솟 네
라 보니
Dm D7 Gm C F A7
고 왔던 여자의순 정을 이못 난 내게 바쳐주고
Dm D7 Gm E7 A7
한 마디 원망도않 은채 긴 세월을- 보냈지
Dm Gm7 C7 F A7
난 맹세하 리라 고생많 은당 신 께
Dm D7 Gm E7 A7 Dm
이 생명 다하는날 까지 그 대를 사랑하리
D.S. al Fine

당신 편

최문정 작사 / 권노해만 작곡 / 장윤정 노래

Go Go
꿈을 꾸며 - 들을까몰 - 라 - 나는

항 상당신편인 걸 힘든 당 -신-은 술이 물이고 내맘

은 물도술 - 인데 - 사랑 한 당신 내 편-인당신 - -

오늘 도고생많았 네 꿈을 꾸며 - 들어주세 요 - - 나는

항 상당신 - -편이 -야 - 영원 토록 - 잊지말아 요 - - 나는
사는 내내 - 잊지말아 요 - - 나는

1. 2.
항 상 당신 - -편이 -야- 꿈을 -야 - 사랑
D.S.

- 야 - 나는 항 상 당신 - -편이 -야 -

당신은 내 사랑

최송학 작사 / 김호남 작곡 / 남진 노래

Trot
이 리 보 고 저 리 봐 도
내 사 랑   오늘보고내일봐도 좋 아 요
하 늘 에 서   맺어준 인 연
그 대 향 기   가슴에 차 면
나는당 신 짝   이 - 되 - 어 -
이 세 상 이   변한 - 다 해 도
외 로 울 땐   손잡 - 아 주 고

A   E7   A
난   오직 당 신 - 뿐이 야
아   프면 감 싸 - 줄게 요
E7   A   C#m
두 - 마음   하나 - 되어   영 - 원 토 록
A   Bm   E7
애지중 지 사 랑합 니 다 - - -
A   Bm   A
이리보고저리봐도 내 사 랑   오늘보고내일봐도 좋 아 요
A
아 - - - - 아   아 - - - - 아
A   F#m   E7   A
비가오나눈이오나   당신만 을 사랑 할 거 - - - 야
1. A   2. A
D.S. al Coda
- - -   애지중 지 사랑 합 니
A   D   E7   A
- - 다   -

대지의 항구

남해림 작사 / 이재호 작곡 / 백년설 노래

Fox Trot
버 들 잎 - 외 - 로 - - - 운   이정 - 표 밑 에
흐 르 는 - 주 - 마 - - - 등   동서 - 라 남 북
구 름 도 - 낯 - 설 - - - 은   영을 - 넘 어 서

- 말을 - 매 는 - 나 그 네 - 야   해 가 졌 - - 느 -
- 피리 - 부 는 - 나 그 네 - 야   봄 이 왔 - - 느 -
- 정처 - 없 는 - 단 봇 짐 - 에   꽃 비 가 - - 온 -

냐 -   쉬 지 말 고   쉬지를말 고   달빛에
냐 -   쉬 지 말 고   쉬지를말 고   꽃잡고
다 -   쉬 지 말 고   쉬지를말 고   바람을

길을물 - - 어   -   꿈에 - 어리 - 는   꿈에 - 어리 - 는
길을물 - - 어   -   물에 - 비치 - 는   물에 - 비치 - 는
앞세우 - - 고   -   유자 - 꽃피 - 는   유자 - 꽃피 - 는

항 구 찾 아 가 거 라   - 라 -

댄싱퀸

서비 작사 / 서비 작곡 / 박현빈 노래

Go Go
Am
새침한아 가-씨 지적인아 가-씨 말숙한아 가-씨 -
어려워마 세-요 창피해마 세-요 두려워마 세-요 -
G   C   E
사   랑할-준 비하고   모두다오 세-요 -
Am   Dm
무 -지개빛 찬 란-한 -   희망을꿈 꾸-며 - 나의
골 -치아픈 하 루-일 -   모두다잊 고-서 -
C   E7   Am   A7
정 열-에음악-에 맞 춰 춤을-춰요
Dm   Am
춤을춥 시-다 -   밤이새 도-록 -
B7   E
그 -대 의날이 랍 니다 -
Am   E7   Am
댄스댄스댄스 춤 -을춥시다 댄스댄스댄스 리 -듬에맞춰
Am   Dm   C   E7
댄스댄스댄스 내 -게오세요 그대 오늘-의섹시-한 여 자 오댄-싱
1. Am   2. Am   E7   Am
퀸   퀸   D.S.   퀸

도로남

조운파 작사 / 조운파 작곡 / 김명애 노래

Trot
남이라는글 자 - 에 점하나를지 우 -
돈이라는글 자 - 에 받침하나바 꾸 -
고 님이되어만 난 - 사 람 - - -
면 돌이되어버 리는인 생 - - -
도 님이라는글 자 -
사 정을주던사 람 -
에 점하나만찍 으 - 면
도 그마음이변 해 - 서
도로남이되는 장 - 난같은인 - 생 - 사
멍을주고가는 장 - 난같은인 - 생 - 사

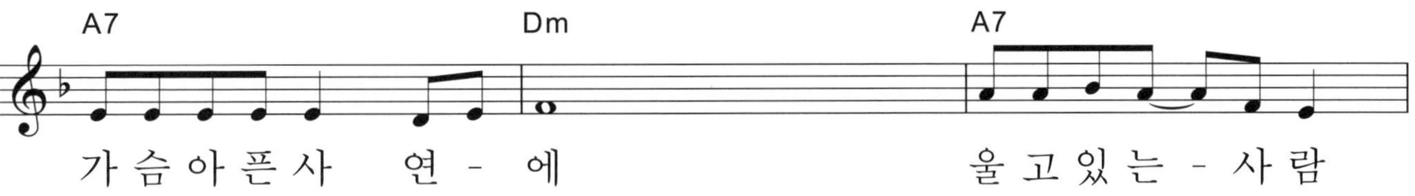

A7
Dm
A7
가 슴 아 픈 사 연 - 에   울 고 있 는 - 사 람

Dm
Gm
도   복 에 겨 워 웃 는 - 사   람 - - - -

A7
Gm
A7
Dm
도   -   점 하 나 에 울 고   웃 는 - 다
정 때 문 에 울 고   웃 는 - 다

A7
Dm
Gm
A7
Dm
점 하 나 에 울 고   웃 는 다 - 아 - 아   - - - 아 -
멍 때 문 에 울 고   웃 는 다 -

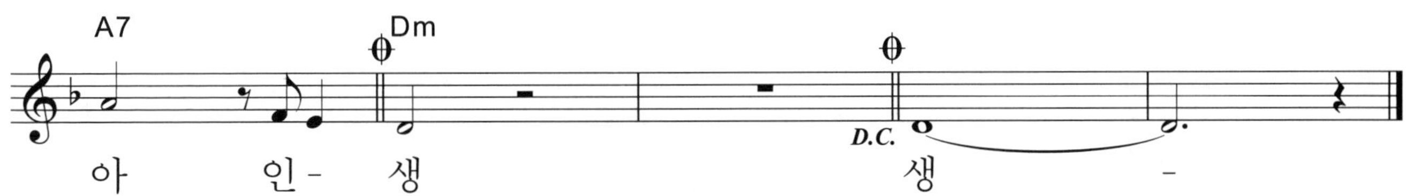

A7
Dm
아   인 - 생   생   -
D.C.

독백

윤명선, GLABINGO 작사 / 윤명선 작곡 / 정동원 노래

Slow Go Go
Em D C D Em D C
Am Bm7 CM7 Am Bm7 Em
Em Bm C
사 랑 은 잊 어 도 돼 언 젠 가 떠 날 테 니
그 모 습 잊 어 도 돼 내 곁 을 떠 날 테 니
G Em Bm
까 이 별 도 잊 어 야 해 사 랑
까 그 마 음 잊 어 야 해 이 별
C D Em G D
이 미 워 하 니 까 밤 이 오 면 -
이 아 플 테 니 까 밤 이 가 면 -
C G D C
밤 이 오 면 - 어 디 에 서 - 나 는 울 어 야 하
밤 이 가 면 -

나
나
외로울 땐 혼자 걷구요
슬퍼지면 혼자 -울-어 -요 - 지친
-저 꽃 처럼- 아픈 -저 별 처럼- 오늘도 나는혼 자 - 울어
-요 - 도 나는혼 자 울어 요 오 오
지 쳐 버 린 저 꽃 처럼 -- - 아 파 하는 저- - 별 처럼
-- - 오늘 -도 - 나는- 오늘 -도 - 나는- 혼자
-서 혼 자 서 - 울어 -요 - 혼자 -서 혼 자서 -
- 울어 -요 -

돌아가는 삼각지

배상태, 이인선 작사 / 배상태 작곡 / 배호 노래

삼각지로 타리에 굿은비는 오는-
삼각지로 타리를 헤매도는 이 발-
데- 잃어버린--- 그사랑--을
길- 떠나버린--- 그사랑--을
아쉬-워하---며- 비에 젖어-
그리-워하---며- 눈물 젖어-
한숨짓는 외로운사 나--이-가-
불러보는
서-글피 찾아-왔다-
남-몰래 찾아-왔다-
울고가는 삼각---지-
돌아가는 삼각---지-

돌아와요 부산항에

황선우 작사 / 황선우 작곡 / 조용필 노래

Go Go
Em B7 Em B7 Em B7 Em Em
꽃 피 - -
가 고 - -
B7 Em D
는 동 백 섬 - 에 봄 이 왔 건 - -
파 목 이 메 - 여 부 르 던 이 거리
G B7 Em B7 Em
만 - 형 제 떠 난 부 산 항
는 - 그 리 워 서 헤 메 이
B7 Em B7 Em
에 갈매기 만 슬 피 - 우 - 네 -
던 긴긴날 에 꿈 이 었 - 지 -
C G Am Em Am
오 륙 도 돌 아 가 는 연락선 마 - 다 목메 어
언제 나 말이없 는 저물결 들 - 도 부딪 혀
Am Em B7 Em
불 러봐 도 대답없는내 형제 여 돌 아 와 요
슬 퍼하 며 가는길을막 았었 지 돌 아 왔 다
Am Em B7 Em
부 산 항 에 그 리 운 내 형-제- 여 -
D.S. al Fine

동반자

조성현 작사 / 태진아 작곡 / 태진아 노래

Trot
당 신은 나 - 의 동 반 - 자   영 원한나 - 의 동 -반
- 자   내 생애 최 고의 선 - 물
당 신과 만- 남이-었 - 어   잘 살 고   - 못 사는 건
-        타고난 -   - 팔 자 지만 -   당 신 만을
-        사 랑 해요 -   영 원 한 -   동 반 자여
-        -   영 원 한 -   동 반자여
영 원 한 -   동 반 자여 -

동백 아가씨

한산도 작사 / 백영호 작곡 / 이미자 노래

Trot
헤   일-
동   백-
수 없-이   수 많은 밤--을   내 가슴   도려내 는
꽃 잎-에   새 겨 진 사--연   말 못할   그 사연 을
아픔에겨 워   얼   마-나   울 었던- 가
가슴에안 고   오   늘-도   기 다 리 - 는
동   백-아 가----씨   -   그 리-움 에
가 신-님 은   가 신-님 은
지 쳐서   울 다-지 쳐 서   꽃 잎-은   빨 강 -
그 언제   그 어-느 날 에   외 로-운   동 백 -
게   멍   이 들-었-소   -
꽃   찾   아 오- 려 나   -
D.S. al Fine

동숙의 노래

한산도 작사 / 백영호 작곡 / 문주란 노래

Trot
너 무나 도 그 님---을 사 랑했 기-- 에
님 을따 라 가 고---픈 마 음이 건-- 만
그 리움 이 변 해서 사 모친 미--움
그 대따 라 못 가는 서 러운 미--움
원 한 맺 힌 마음 에 잘 못 생-각 에 돌 이 킬 수 없 는 죄
저 주 받 은 운 명 이 끝 나 는-순 간 님 의 품 에 안 기 운
저 질 러 놓 고 흐 느 끼 면 서 - 울 어 도 때 는 늦 으-
짧 은 행 복 에 참 을 수 없 이 - 흐 르 는 뜨 거 운 눈-
리 음-- - 때 는 늦-으-리
물 음-- - 뜨 거 운-눈-물
D.C.

당신이 좋아

정은이 작사 / 남국인 작곡 / 남진, 장윤정 노래

Cha Cha Cha
그대 는 내 -사랑 당신도내 사랑 -
그대 는 내 운 명 당신도내 운 명 -
이세 - 상에 그무 엇 - 도 짹이안 되지 -
하늘 - 아래 누가 와 - 도
원 앙이따로있나 - 우리가원앙이지 -
그 댄 - 꽃중에 - 꽃 당신을벌 - 나비 -
환 상의해피한 원앙 이 - - - 지
꽃과 나 - 비 - 지
아 꿀 맛 같 은 그대 - 사랑 에 - -
내인 - 생을 걸 었 잖아 -
D.S. time Rep.
비가와도좋 아 눈이와도좋 아 바람불어도 좋 - 아 좋아좋아
당 신 - 이 좋 - 아 - -
D.S.

두 주먹

윤태지 작사 / 박현진 작곡 / 임영웅 노래

Go Go
두 주먹 - 두 주먹 -
짜 짜라짜라짜라 두 주 먹을 내가내가 - 꼭 안고갈 게요
- 당 신 두 손을 - 내 - 밀 어 봐요
- 내 사 랑을 당 - 신 손에 꼭 - 쥐어줄게-요 -
나 에게당 신은 - 숨 - 을쉬는공 기야 - 내 가 매일
마 시는- 소 중한물이-야 - 내가슴에집을짓고

사 - 는 당신 - 오래도록내옆에있 - 어-주 세요
- 함께가는길이 아 - 무리험 해도 -
내 가 당신 꼭 - 안고갈 게요 - 진
-짜진짜사 랑이 - 무 엇-인 가를 - 당 신 손에 꼭
- 쥐어주고 싶 -어 - 꼭 쥔 주 먹을 - 내
- 밀 어-봐요 - 두 주 먹을 내가내가 - 움 -켜쥐고갈 게요
- - - 두 주 먹을 내가내가-
꼭 안고 갈 게 - 요 두 주먹 -

둥지

김동찬 작사 / 차태일 작곡 / 남진 노래

Disco
Em
Em   D   C   B
Em   D   C   B
Em   Am
너 빈 자리 - 채워주고싶어 - 내 인 생을
Am   B   Em
- 전부주고싶어 - 이 젠 너를 -
Em   Am   G   B   D   C   F#
내곁에다앉히 고 언 제까 지나 - 사랑 할 까
B   Em   Am   G
봐 우리더이- 상 방황하지 마 - 한눈팔 지마

여기둥지를틀 어- -
지난날의아 픔은 잊어버려 - 스쳐 지나가는바람처럼 - 이
- 제너는혼 자가 아니잖아 - 사랑하는나있잖아 -
너는그냥 가 만히있어 - 다 내가해줄 게 -
현실일까꿈일까 사실일까아닐까 - 헷갈리고 - 서있지 마 우
사 랑이뭔지 - 그 동안몰랐 지 -
내 품 에 둥 지를 - 틀어 봐

딱! 풀

Famous Bro 작사/ HYMAX, 최정민, Famous Bro 작곡 / 이찬원 노래

Go Go
붙 어라 - 딱 붙 어라 - 딱 붙 어 있 어라 -   딱 딱 딱 딱
딱 붙 - 어있어 - 라 -   세월 도 - - 인 - 생 도
                                  사랑 도 - - 우 - 정 도
왔 다가는거야 -   아 등 바등   살 필요 없 어
왔 다가는거야 -   허 전 하면   채 우면 되지 -
사랑 에 - 배 신당 한   당 신 이 라도 -
꽃피 는 - 봄 이가 고   추 운겨울 와도 -
걱 정 마라   지 나갈 테니 -   아 아 아   아 아
- 외 로 워   마라 -   당 - 신 곁에붙 - 어 있 을께
- 힘 겨 워   마라 -   당 - 신 곁에붙 - 어 있 을께
- -   붙 어라 - 딱 붙 어라 - 딱 붙 어 있 어라 -
내 마 음에 붙 - 을 붙 어라 -   붙 어라 - 딱

154

붙 어라 - 딱 붙 어 있 어라 - 딱 딱 딱 딱 딱 붙 - 어있어
- 라 - - -
붙 어라 - 붙 어라 - 붙 어라 - 붙 어라 -
붙 어라 - 붙 어라 - 붙 어라 - - 붙 어라 - 딱
붙 어라 - 딱 붙 어 있 어라 - 내 마 - 음 에붙 - 을 붙 여라
- 붙 어라 - 딱 붙 어라 - 딱 붙 어 있 어라
- 딱 딱 딱 딱 딱 붙 - 어있어 -
딱 딱 딱 딱 딱 붙 - 어 있 어 - - 라 - -

땡벌

나훈아 작사 / 나훈아 작곡 / 강진 노래

Go Go
아 당신은 못믿을사람 - -
아 당신은 야속한사람 - -
아 당신은 철없는사람 - -
아 당신은 모 - 를사람 - -
아 - 무 리 달래 - 봐도 - 어 쩔순없 지만 -
밉 다 가 도돌아 - 서면 - 마 음에걸 리는 -
마 음 하 나는 - 괜찮은사 람 - -
마 음 하 나는 - 따뜻한사 람 - -

오늘 은들 국화 - 또 내 - 일은장 미꽃 -
바람 이맴 돌다 - 또 맴 - 돌다어 딘가 -
치근 치근 치근 대 - 다가 잠이들겠 지 -
기웃 기웃 기웃 대 - 다가 잠이들겠 지 -
난 이제지쳤어요 땡 벌 땡 벌 기다리다지쳤어요 땡 벌 땡 벌
혼자서는이밤이 너무너무추 - 워요 - 오 오
당 신은못말리는 땡 벌 땡 벌 당 신은날울리는 땡 벌 땡 벌
혼자서는이밤이 너무너무길 어요 -
당 신을사랑해요 땡 벌 땡 벌 당 신을좋아해요 땡 벌 땡 벌
밉 지만당 신을 너무너무 사랑해 -

또 만났네요

이건우 작사 / 김영광 작곡 / 주현미 노래

Disco
또 만났 네 또 만났 어 야속한 그사 람 약 속이 나
한 것-처 럼 또-만 났- -네- - 나도모르게
생각만해도 설레이는내 마 음 언 - 제볼까
그려만봐도 보고싶은내 마 음 몇 - 일동안
궁금했는데 또만났 네- 요 어 쩌다눈 길이
안보이더니 또만났 네- 요
마주칠때면 자 꾸만가 슴이 두근거리네 그언제 쯤
말 을붙일 까 때가되면은 때가되면은
사 랑 을고 백할 거-야 -

립스틱 짙게 바르고

양인자 작사 / 김희갑 작곡 / 임주리 노래

Slow Go Go
Cm   Cm/B♭   Cm/A♭   G7   Fm   E♭
Dm7-5   G7   Cm   Cm7/B♭   Cm/A♭   Cm/G   Cm   Cm7/B♭   Cm/A♭   G7
D.S. Time Instrument
Cm   A♭   Fm   Cm   G7
내일이면잊으리 꼭 잊 으리 - 립스틱 짙게바 - 르 - 고
Cm   Fm   G7   Cm
사랑이란길 지가- 않 더 - 라 영- 원 하지도않- -더 라
Fm   G7   Fm   E♭   G7
아침 - 에 피었다가 저녁 에지고마 - 는
Cm   Fm   Dm7-5   G7
나팔꽃 보다- 짧은사랑아 - 속절없는사 랑 아 마지
Cm   Fm   B♭   E♭   Fm   Cm   G7
막 선물 잊어 주- - 리라 립스틱 짙게 바르고
Last time Rep.
Cm   Fm   G7   Cm
별이지고이 밤 도 가 고 나 면 내- 정녕 당신을잊어주리 라
D.S.

마포 종점

정두수 작사 / 박춘석 작곡 / 은방울자매 노래

밤 깊은-마 포종 점   갈곳없 는밤-전 차   비에젖어너 도섰 고
저 멀리-당 인리 에   발전소 도 잠-든 밤   하나둘씩 불 을끄 고

갈곳없 는-나 도 섰- - -다   강 - -건 너
깊어가 는-마 포 종- - -점   여 - -의 도

영 등포-에   불빛만아련한- - 데   돌아오지 않
비 행장-엔   불빛만쓸쓸한- - 데   돌아오지 않

는 사람 기다-린 들무 엇-하 나   첫 사   랑떠나-간종
는 사람 생각-한 들무 엇-하 나   궂 은   비내리-는종

점 마 - 포   는서글-퍼 - 라

만남

박신 작사 / 최대석 작곡 / 노사연 노래

Slow Rock
우 - 리   만 남은   우연
엔   너 무한   나의
이 랑   아니 야   그것 은   우리 의   바
운명 -   이었기 에   바랄수 는   없지
램   이었어   잊-기 만   영원을   태우리   돌
아   보지 말 아   후회   하지 말 아
아   바보 같은   눈물   보 이   지 말 아   사 랑
해   사-랑 해   너를   너 를   사 랑 해
D.S. al Coda
돌 해   사 랑해   사-랑 해   너를   너
를   사랑 해

막걸리 한 잔

류선우 작사 / 류선우 작곡 / 강진 노래

Disco
Em
온 동 네 소문 났 던 천 덕 꾸러기-
아 장 아 장 아들 놈 이 어 느 새자라-
G
막 내 아들 장 가 가던날
내 모 습을 닮 아 버렸네
B7
Em
Am
-
-
앓 던 이가 빠 졌 다며 덩 실 더덩실-
오 늘 따라 아 버 지가 보 고 싶어서-
Bm7
C
Em
Am
춤 을 추던 우리 아 -버지
그 날 처럼 막걸 리 -한잔
아 버지 우리 아 들
Em
Am
G
Bm
많이-컸 지요 -
인 물은그 래도내가 낫 지요 -
Am
Em
Am
고 사 리손 으로따라 -주 는 막걸-리 한잔 -
아버지 생 각 나

네 - - - 황소 처 럼 일 만 하 셔도 -

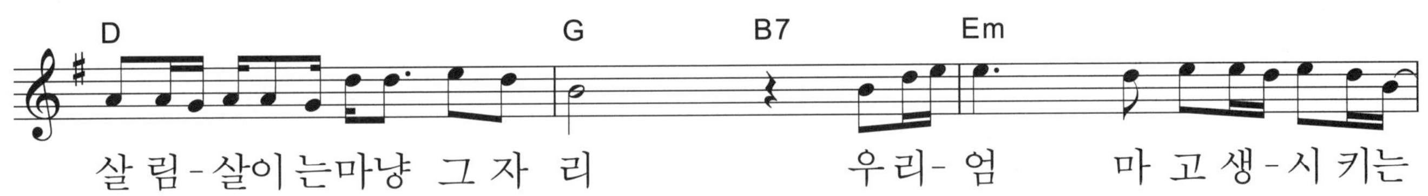

살 림 - 살 이 는 마 냥 그 자 리 우 리 - 엄 마 고 생 - 시 키 는

- 아 버 지 - 원 망 했 - 어 요 - - -

아 빠 처 럼 살 긴 싫 다며 - 가 슴 에 대 못 을 박 - - 던 -

못 난 아 들을 - 달 래 주 시며 - 따 라 주 던 막 걸 리 - 한

잔 따 라 주 던 막 걸 리 - 한 잔

만리포 사랑

반야월 작사 / 김교성 작곡 / 박경원 노래

Polka

똑 딱 선 기 적 소 리 젊은꿈을
점 찍은 작 은 섬 을 굽 이 굽 이
신 - 고 - 서 - 갈 매 기 노 래
돌 - 아 - 서 - 구 십 리 뱃 길
하 는 만 리 포 라 내 사 - 랑
위 에 은 비 늘 이 곱 구 - 나
- 그 - 립 고 안 타 까 - 워
- 그 - 대 와 마 주 앉 - 아
울 던 밤 아 안 녕 - 히 -
불 러 보 는 샹 - - 송 -
희 망 의 꽃 구 - 름 - 도 둥 실 둥 실 춤 춘
노 젓 는 뱃 사 - 공 - 도 벙 실 벙 실 웃 는
다 -
다 -

D.S. al Coda

멍에

추세호 작사 / 추세호 작곡 / 김수희 노래

Slow Go Go
Am Dm Am Dm E7
사랑의기로에서 서 슬픔을 갖지 말아 요
이별의기로에서서 미움을 갖지 말아 요
F Am E7 Am
어차피헤어져야 할 거면 - 미련을 두지 말아 요
뒤돌아아쉬움을 남 기면 - 마음만괴로 우니 까
G Am Dm
아무리아름답던추 억도 - 괴로운 - 이야기
E7 G Am
도 사랑의상 처를남 기네 -
F E7 Dm
이제는헤어졌는 데 그래도내 게는
Am G F C E7
소중했던 - 그 -날들 이
Last time Rep.
Rep.
Dm Am B7 E7 Am
한동안 떠나지 않으-리 마음이괴로울때 면
D.S.

만약에

김진룡 작사 / 김진룡 작곡 / 조항조 노래

Go Go

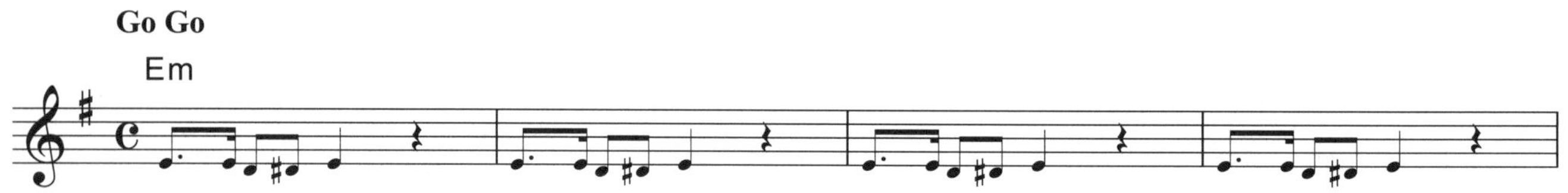

만 약 에당 - 신 이

- 그 누 구 와   사 랑 에 빠 지 면   그

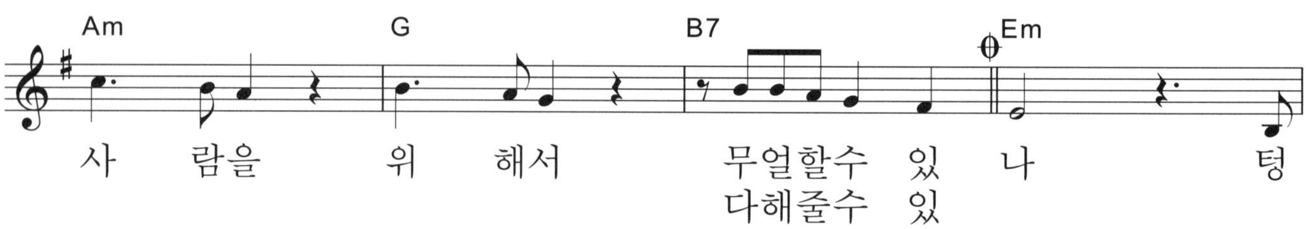

사 람 을 위 해 서   무 얼 할 수 있 나   텅
다 해 줄 수 있

빈 세 상   살 아 가 는 이 유 가 -   만 약 에 너 라 면 어 떡 하 겠 니

-    사 는 동 안   단 한 번 의 사 랑 이 -   만 약

에 너 라 면 허 락 하 겠 니 -   얼 마   나 더 많 이

외 로 워 해 야 널 끌 어 안 고 서 울 어 볼 까 이
제 는 더 이 상 지 칠 몸 조 차 비 워 둘 마 음 조- 차 없 는
데 또 다 른 이 유 로 널 못 본 다 면 나
살 아 가 는 의- 미 도 없 지 만 약 에 널 위 해 나
죽 을 수 있 다 면 날 받 아 주 겠 니 - 텅
- 만 약 에 널 위 해 나 죽 을 수 있 다 면 날
받 아 주 겠 니 - 만 나 -

167

맞짱

나훈아 작사 / 나훈아 작곡 / 나훈아 노래

세월을 -이길 -장사 - 어디있 겠 소 어느누가 세월을 -
세월을 -돈을 -주고 - 살수있 다 면 누구라도 천년을 -

막을 -수있 겠소 - 눈한 번 -깜 빡이면 벌 써이만큼
사려 -고않 겠소 - 새벽닭 -울 어대면 또 하루시작

돌아 보 면 벌 써 저 만 큼
노을꽃피면 하 루 는 안 녕

F#m   Bm7   F#m
아 사랑은 -   이제부 터 - 시 작인데   아
아 사랑은 -   끝나지 도 - 않았 는 데   아

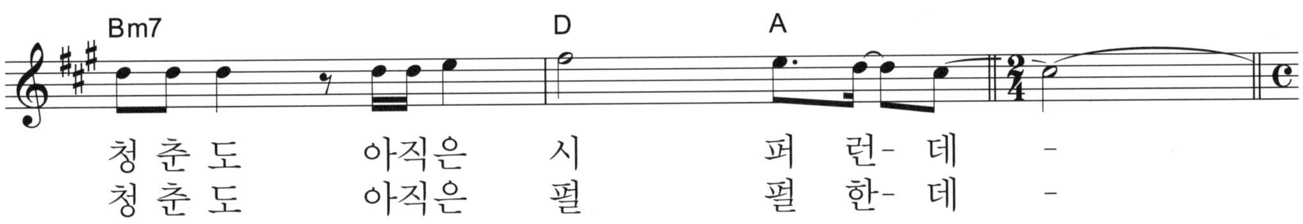

Bm7   D   A
청 춘 도   아직은 시   퍼 런- 데 -
청 춘 도   아직은 펄   펄 한- 데 -

G#m7-5   C#7   F#m   Bm7
-    아 - - 세월아 -   맞-짱 한 - 번 -뜨고 싶 다-

C#7   F#m   G#m7-5   C#7
아 - - 아 -웃 프 -다 인- 생아   아 - -

F#m   Bm7   C#7
세월아 -   맞-짱 한 - 번 -뜨고 싶 다-   아 -   아

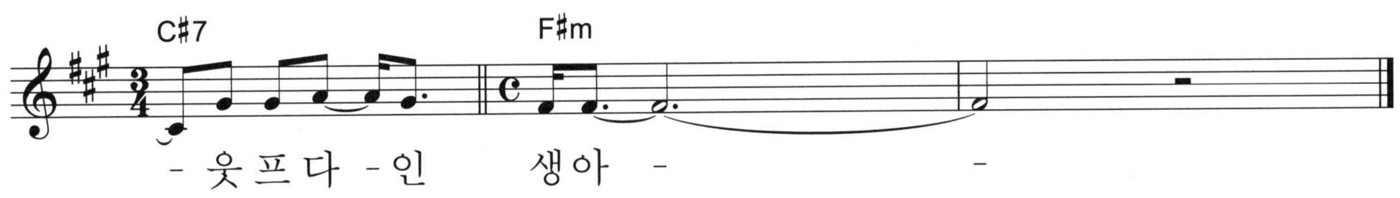

C#7   F#m
-웃프다 -인   생아 -   -

멋진 인생

장욱조 작사 / 장욱조 작곡 / 박정식 노래

Go Go
아 리아리아리 동 동
쓰 리쓰리쓰리 동 동
잘 났다 고 못났다고 - 누 가말 - 했 - 나 - -
잘 난사 람 못난사람 - 따 로있 - 더 - 냐 - -
서 로믿 고 사랑하면 - 그 것이멋진인생 -
많 고많 은 - 사람중에 - 우 리만 - 남 - 은 -
백 지장 도 - 맞들면은 - 가 볍다 - 는 - 데 -

하 늘에 서 맺어주신 - 천 생 연분일 - 세 - -
세 상살 이 힘들거든 - 함 께 살아봐 - 요 - -
아 리 - 랑 - 쓰 리 - 랑 -
아 라 리가 났 - 구 - - 나 - - -
아 리아리아리 동 동 쓰 리쓰리쓰리 동 동
아름다 운 이 세상 에 한번왔 다 가 는인 생
멋 - 지게 살 아 - 보 - - 세 -
멋 - 지게 살 아 - 보 - - 세 - 멋 진인 - 생

메밀꽃 필 무렵

불꽃남자 작사 / 고성진, PUNCH 작곡 / 이찬원 노래

내가 얼마나- 외롭게 했는-지 꿈 에한 번- 나오-질-
- 않아- 비내린 강 가-에 연 어-떼 처럼 - -
돌이킬 수 -없 는-내 사랑- - 내가 얼마- - 나 힘
들 게 했는-지 그 대울 던-모 습-만- -남아-
소란한 밤사-이 별 똥-별 처럼- - 내마음에 -콕 박-힌
당 - 신- - 새 끼 손 가락 걸 고 영 원을약속했 - 던

내 사랑은 - 지금-어디 에 슬픈 초승 달이 기울-면 하얀
메밀꽃길 -따라 서 그댈 찾아 떠나 - -가겠-소 -
처음 가는세- 상 나- 길잃을지 -모르-니 그대가꼭- 마중- 나와
- 주-- 오-
그대 떠 나던- 그 날의아 침-은 귀 뚜-라미- 마저-
조-용 해 - 떠나는 발 소-리 하 나-없 었던 - -
마지막 내 당 신-의모습- - 그대가꼭- 마중-
- 나와 -주-오 - - -

모래 알갱이

임영웅, 김수형, 황선호 작사 / 임영웅, 김수형, 황선호 작곡 / 임영웅 노래

Slowly
E   D#m7-5   G#7
나는 작은 바람에-도 흩어질 -   나는

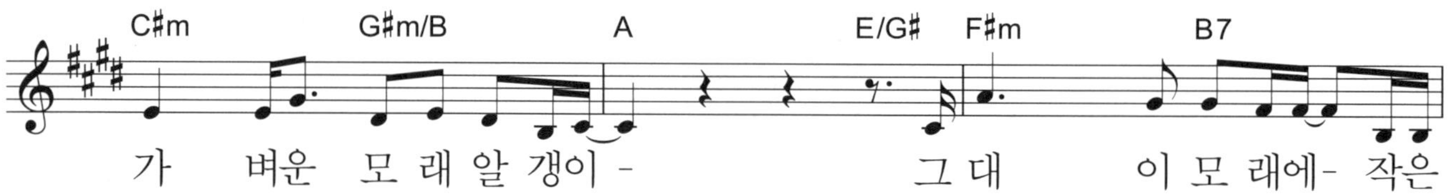

C#m   G#m/B   A   E/G# F#m   B7
가 벼운 모래 알 갱이 -   그 대   이 모 래에- 작은

G#m7   C#7   F#m7   B7sus4 B7
발 걸음- 을 내 어요- 깊게 패이지않을만큼 가 볍게   나 는

E   D#m7-5 G#7   C#m   G#m/B
작은 바람에-도 흩어질 -   나 는 가 벼운 모래 알 갱이

A   E/G# F#m7 B7   G#m7   C#7
-     그 대 이모래에-작은 발자국 -을 내어요 - 깊게

F#m7   B7sus4 B7   E   E7   A
패 이지않을만큼 가 볍게   그 대 바람이불거든

그바람에실려- 홀연히따라 걸어가요그
대 파도가치거든- 저파도에- 홀연히흘러
가-리- 그 래요- 그대여내맘에- 언제
라도그런발자국-을내-어줘요 그렇게-편한숨을쉬듯이
- 언제든 내곁에-쉬어 가-요 휘파람
언제든 내맘에-쉬어 가-요

모정의 세월

신봉승 작사 / 박정웅 작곡 / 한세일 노래

Go Go
동 지 섣 달   긴 긴 밤 이   짧 기 만
길 고 - 긴   여 름 날 이   짧 기 만
한   것 - 은   -   근 심 으로
한   것 - 은   -   언 제 - 나
지 새 우 는   어 머 - 님   마 - 음   -
분 주 - 한   어 머 - 님   마 - 음   -
흰 머 리 잔주 름은   늘 어 만 가시 는데   한 없 이
정 으 로 기른 자식   모 두 들 가버 려도   근심 으로
이 어 지는   모 정 의 세 - 월   아 -
얼 룩 지는
가 지 많은 - 나 무 에   바 람 이 일 - 듯   어 머 -
니   가 슴 에 는   물 결 - 만 높
네   -   네   -
D.C.

모란 동백

이제하 작사 / 이제하 작곡 / 조영남 노래

Slowly
모란은벌 써 지고없는-데 먼산에뻐꾸기울 면
동백은벌 써 지고없는-데 들녘에눈이내리 면
상냥한얼 굴모 - 란아가-씨 꿈속에찾 아오- 네
상냥한얼 굴동 - 백아가-씨 꿈속에웃 고오- 네
세상은바람 불고 고달파라 - - 나어느변 방- 에
세상은바람 불고 덧없어라 - - 나어느바 다- 에
떠 돌다 떠돌- 다 어 느나무 그늘- 에
떠 돌다 떠돌- 다 어 느모래 벌 - - 에
고 요히 - 고요- 히 잠든 다 해 - - 도
외 로이 - 외로- 이 잠든 다 해 - - 도
또한번모 란이필 - 때까지 나를잊지 - 말아- 요
또한번동 백이필 - 때까지 나를잊지말 아 - 요
또한번모 란이필 - 때까지 나를잊지말 아 - 요

목포의 눈물

문일석 작사 / 손목인 작곡 / 이난영 노래

사 - - 공 - 의 - - 뱃 노 - - - 래 가 -
삼 - - 백 - 년 - - 원 한 - -품 은 노 -
깊 - - 은 - 밤 - - 조 각 - -달 은 흘

물 - 거 - 리 - - 면 - 삼
적 - 봉 - 밑 - - 에 - 님
러 - 가 - 는 - - 데 - 어

학 - 도 - - - - 파 도 - 깊 - -이 -
자 - 취 - - - - 완 연 - 하 - -다
찌 - 타 - - - - 옛 상 처 - -가 -

스 며 - - - 드 는 - - 데 - 부
애 달 - - - 픈 정 - - 조 - 유
새 로 - - - 워 진 - - 가 - 못

두 의 새 - 악 - - 시 - - - - - 아 롱
달 산 바 - 람 - - 도 - - - - - 영 산
오 는 임 - 이 - - 면 - - - - - 이 마

젖 은 옷 자 - - - 락 - 이
강 을 안 으 - - - 니 - 님
음 도 보 낼 - 것 - 을 - 항

별 의 눈 물 - - 이 냐 목 포 - 의 - - 설 - - -
그 려 우 는 - - 마 음 목 포 - 의 - - 사 - - -
구 에 맺 은 - - 절 개 목 포 - 의 - - 사 - - -

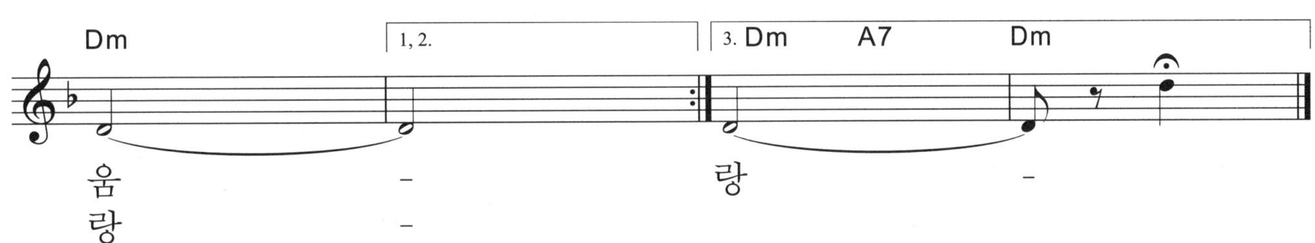

움 - 랑 -
랑 -

무명배우

윤명선 작사 / 윤명선 작곡 / 송가인 노래

사랑을하죠　멜로영화　뜨겁던그장면처 럼
인생의마 --지 막 컷이- 라 도 나는좋아요 -
사랑을했죠　대본도없이　울던무명배우처 럼
사랑을해요　멜로영화　무명배우로산대 도
당신을원--망 안 해요- 사랑 은 영화 니 까
사 랑 이 사 랑을--사랑 --하면 - 저별 처럼- 빛날
- 까요- 아름다 웠던- 추억 - 기억모 두다 -영원히

Dm
Bb
F
한방울 또한- 방울 - 눈물-이흘 러내- 리죠
F
Eb
A7
나 슬퍼서- 아냐 - 행복-해서 울죠
A7
Dm
Gm
- 안아-줘 요 나를 - 날많이사랑 하 나요
Gm
Dm
A7sus4
A7
Dm
- 당신-의품 안에-선 나는 주연-배 우 -
Dm
D.S.
Gm
요 나를 - 날많이사랑 하 -나 요-
Gm
Dm
A7sus4
A7
Dm
- 당신-의품 안에-선 나는 주연-배 우 -
Dm
A7sus4
A7
Dm
당신-의품 안에-선 나는 주연우 배 우 -

못난 놈

진성 작사 / 김도일 작곡 / 진성 노래

남속이고사 는게 - - - 그리- 좋 더 냐
두다 린 뻔 고잘 자 니 -
자 식 낳았다 고- - 미역- 국 뜨-신-
자 식 낳았다 고- - 잔치- 벌 이 -신-
애미 생 각 나지도않- 더 냐 -
애비 생 각 나지도않- 더 냐 -
부모 통 곡 들리지않- 더 냐 -

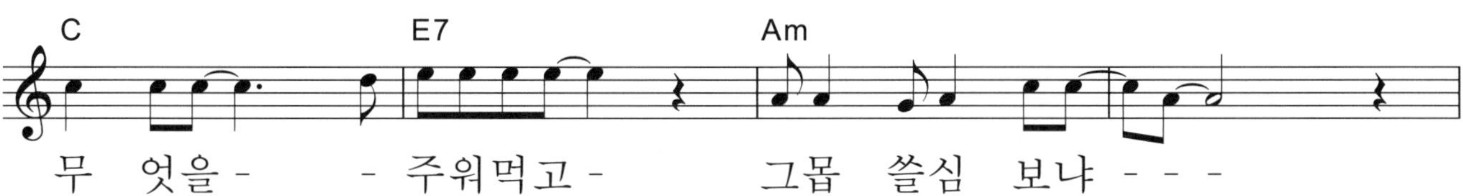

무 엇을- -주워먹고- 그몹 쓸심 보냐 - - -

숯-덩이- 같 은인 생아 - - -

일더하기일은 이 - 그리가르-쳤 건 만
올바르게살라 고 - 그리가르-쳤 건 만
올바르게살라 고 - 그리가르-쳤 건 만

구구단밤에 배 -웠더냐못 난놈 - -
소 - -귀에 경 -읽기냐못 난놈
소 - -귀에 경 -읽기냐못 난놈

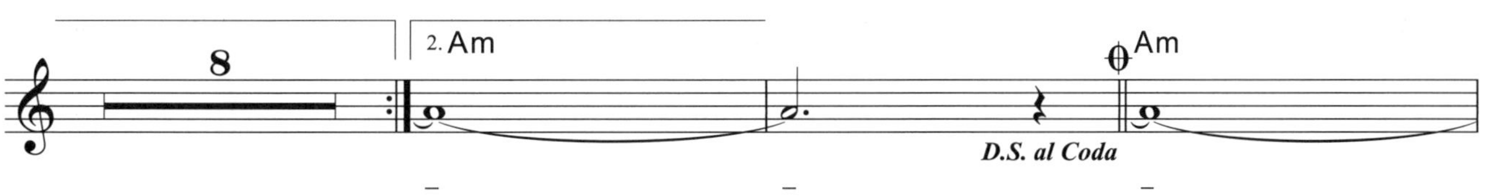

D.S. al Coda

목포행 완행열차

신유진 작사 / 임강현 작곡 / 장윤정 노래

Slow Rock
목포 행완 - 행열 차 - - - 마지막 - 기차 떠나가 고
늦은 밤홀 로외 로 이 - - - 한잔 술 - 에몸-을-기댄 -다 - 우리
의 사랑은이 제 - 여기 까 - 지가 끝인 가- 요 우리
의 짧은인 연 도 - - 여기 까 - 지가 끝 -인가 요 - - - 잘가
요 인사 는-못해 요 아직 미 - 련이 - -남아 서 - - - 언젠
가 우리 다 시만 나는그날 - 그냥 편 - 히웃 -을 -수있
-게 - 우리 -게 - 그냥
편 - 히 안-을- 수 있 게 - -

무시로

나훈아 작사 / 나훈아 작곡 / 나훈아 노래

16 Beat
Gm G7 Cm F Bb D7
Gm Cm D7 Gm
이미
Gm G7 Cm F Bb D7
와 버린 이별 인데 - 슬 퍼 도울지말아 요 이미
돌 아선 님이 라면 - 미 워 도미워말아 요 이미
Gm D7 Cm D7
때 늦은 이별 인데 - 미 련 은두지 말아요
약 속된 이별 인데 - 아 무 말하지 말아요
Gm Cm F Bb
- 눈 물 을감 추 어요 눈 물을아 껴요-
-
F Bb Eb D7 Gm
이 별 보다 더아 픈 게 외로움인 데 무 시로 무 시
Cm Am7 D7 Gm
로 - - 그리 울 때그 때 울어 요
D.S.

무정 부르스

박건호 작사 / 김영광 작곡 / 강승모 노래

Blues Rock
이제 는애원 해 도소용 없 겠지 변해버 린 당신 이기
자꾸 만바라 보 면미워 지 겠지 믿어왔 던 당신 이기
에
에
내곁 에있 어달 라말 도못 하고
쏟아 져흐 른눈 물가 슴에 안고
떠나 야할 - 이마음 추억 같은 불빛 들이
돌아 서는 - 이발길 사랑 했던 기억 들이
흐느 껴우 는-이밤 에 상 처만남겨두고
갈길 을막 아-서지 만 추 억이아름답게
떠나 갈길을 무엇 하러 - 왔 던가
남아 있을때 미련 없이 - 가 야지

물안개

석미경 작사 / 석미경 작곡 / 석미경 노래

Slow Go Go
하 얗게피어나 는   물안개   처 럼
당 신은 내가 슴 속에 -   살며시 - 피어났 죠
조 용히   밀려드는   물안개   처 럼
우 리의   속삭임도   그 러했 는 - - 데
하 얗게 지새 운 밤을-   당신은 잊었나 - 요 -
그 날의   기억들도   당신은 잊었나 요   -
기 다림에   지쳐버린 -   이내 - 작은영혼 -   온밤
을   꼬박 - 세 워 -   널 위해 - 기도하리 -
D.S.

무조건

박현진, 한솔 작사 / 박현진 작곡 / 박상철 노래

Trot
짜라짜라짜 짜- 짜 -
짜라짜라짜 짜- 짜 -
무조건 무조건이 야 - -
짜짜라짜라짜짜 짠 짠 짠 내
-가필요할 땐나 -를불러줘 - 언 -제든지달려갈게 - 낮
- 에도좋아 밤 --에도좋아 언 -제든지달려갈게 - 다
-른사람들 이나 -를부르면- 한 - 참을생 각해 보겠지만 - 당

신이나를 불 - 러준다 - 면 무 조건달려갈거 야 - -
짜짜 라짜라짜라 짠 짠 짠 당 - 신을향한 나 - 의사랑은 무
- 조건무조건이 - 야 - 당 - 신을향한 나 - 의사랑은 특
- 급 사랑이야 - - 태 - 평양을건너 대
-서양을건너 인 - 도양을건너서라 - 도 - 당 - 신이부르면
달려갈거 - 야 - 무조건 달려갈 - 거야 - - 짜짜라짜라짜라
짠 짠 짠 짠 짠 짠 당 - 거야 - - - -
무조건무조건이 야 - 야 짜짜라짜라짜라 짠 짠 짠

무지개

멧돼지, 김시온 작사 / 멧돼지, 김시온 작곡 / 임영웅 노래

오 늘 하 루 어-땠 었 나 요- 많 이 힘 들 었-나 요
힘 껏 살 다 보-니 무 더 져- 헝 클 어 진 머-리 도
- - - 쉬 지 않 고 달-려 왔 - 던 길-에 서- 나와
- - - 괜 찮 다 며 그-댈 안 - 아 줄-사 람- 바로
함 께 쉬 어 가-요 예- 그냥 아 무 런 준 비 도 없 이-
그 대 곁 에 있-죠 예- 까만 선 글 라 스 하 나 챙 겨 서-
떠 나 볼-까 요- 평 범 해 도 - 좋 으 니 까- - - - -우리
함 께 가 요 뚜 뚜 루-뚜 뚜- 행 복 가 득 담 은
배 낭 하 나-메 고 서 답 답 했 던 일 상 과 도 심 을-벗 어-나-

Db   Ab/C   Bbm7   Eb7   Ab   Ab7
뚜 뚜루-뚜뚜- 뚜루-뚜   떠 나볼-래요 -

Ab7
헤이!   오!

Ab7   Ebsus4
빠라 빠라 빠라-빠라 빠 빠   빠 빠-빠-바 빠-빠바 빠

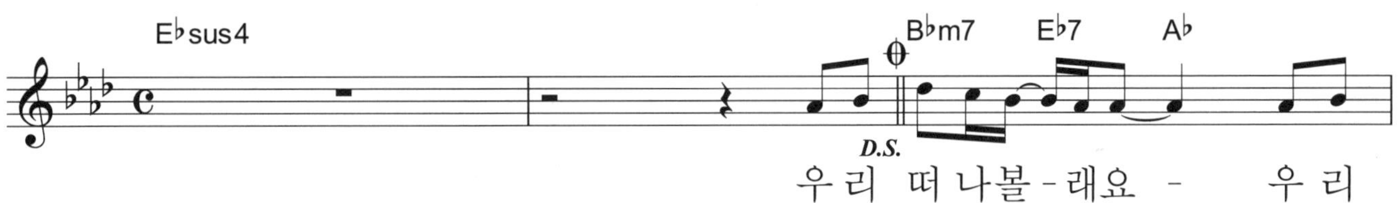

Ebsus4   Bbm7   Eb7   Ab
D.S.
우리 떠 나볼-래요 -   우리

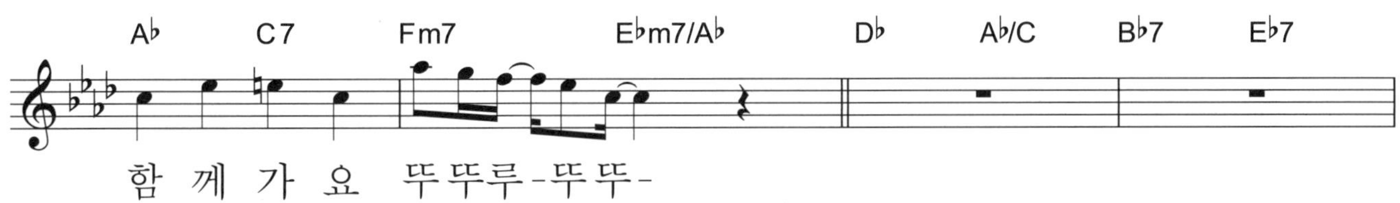

Ab   C7   Fm7   Ebm7/Ab   Db   Ab/C   Bb7   Eb7
함 께 가 요 뚜뚜루-뚜뚜-

Ab   C7   Fm7   Ebm7   Ab   Db   Ab/C
뚜 뚜루-뚜뚜- 뚜루-뚜

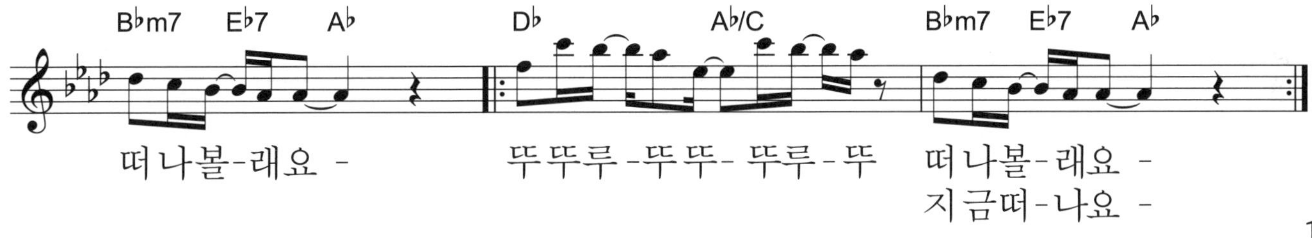

Bbm7   Eb7   Ab   Db   Ab/C   Bbm7   Eb7   Ab
떠 나볼-래요 -   뚜뚜루-뚜뚜- 뚜루-뚜   떠 나볼-래요 -
지 금떠-나요 -

물음표만 남기고

김병걸 작사 / 김영호 작곡 / 홍준보 노래

물음표만남기 고 - 그 사 - 람 가네
- 잊어 야하는 지 기다려야 - 하 는
보내 야하는 지 붙잡아야 - 하 는
지 아무 런 - 말없 이 눈
지 아무 말 - 못하 고 뒷
- 물짓고 - 떠 나 - 네 - 물 음표만 -
- 모습만 - 보 았 - 네 - 물 음표만 -
남 기 고가 네 -
남 겨 둔채 로 -
바 람 같은 추 억 만 - 차 창 - 에그 려 - 놓
바 람 같은 사 랑 만 - 가 슴 - 에남 겨 - 놓

고
하

비 - 마 저 - 내리 는 - 밤
에

빗 소리너머 로
사 - 라져간 - 그 사 람

내마
음 을 알 고갔 을까 - - 기
- 적소리남기 고 - 그 사 람 가네
-
물 음표만 남 기 고 가
네
-

미운 사랑

진미령, 송광호 작사 / 송광호 작곡 / 진미령 노래

Slow Go Go
남몰래기다리다 가 가슴만태우는사- 랑 어제
는 기다림에 오 늘은외-로-움 그리 움 에 적 셔진긴-세-
월 이렇게살 라고 인 연을맺-었-나
차라리 저멀리둘- 걸 미워졌다고 갈수있나-
요 행여나 찾아올까- 봐 가슴이사랑을-잊
지 못-해 이별로끝난다해- 도 그끈을놓을순없
어 너와난-운명인-거- -야-
D.S. al Coda
그끈을놓을순없 어 너와난-운명인-거- -야-

미워도 다시 한 번

김진경 작사 / 이재현 작곡 / 남진 노래

Slow Rock
이생명 다바쳐 서 죽도록 사랑했 고 순정
지난날 아픈가 슴 오늘의 슬픔이 여 여자
을 다바쳐 서 믿 고또 믿었건 만 영 원
의 숙명인 가 운 명의 장난인 가 나 만
히 그사람 을 사랑해 선 안될사 람 말 없
이 가야하 는 그사랑 의 길이기 에 울 면
이 가는길 에 미 워도 다시한 번 아 -
서 돌아설 때
아 안 녕
D.C.

바다가 육지라면

정귀문 작사 / 이인권 작곡 / 조미미 노래

Trot
얼 마 나 - 멀 - 고 - 먼 - 지
어 제 온 - 연 - 락 - 선 - 은
그리 - - 운 서 울 - 은 -
육지 - - 로 가 는 - 데 -
파 도 - - 가 - 길 - 을 막 아
할 말 - - 이 - 하 - 도 많 아
가고파 도 못 갑 - 니 - 다 -
목이매 도 못 합 - 니 - 다 -
바다 가 육 지 - 라 면 바다 가 육 지 - 라 면
이몸 이 철 새 - 라 면 이몸 이 철 새 - 라 면
배 떠 난 부 두 에 서 울고있지않을것 을 아 -
뱃 길 에 훨 훨날 아 어데론지가련만 은 아 -
아 아 바 다 가 육 지 라 - - 면 이
아 아 바 다 가 육 지 라 - - 면 눈
별 은 없 었을 - 것 을 -
물 은 없 었을 - 것 을 -

바닷가의 추억

김희갑 작사 / 김희갑 작곡 / 키보이스 노래

Slow Rock
D   A7   D   A7
D.S. Time Instrument
D   G   A7   Bm
바   닷-가에   모   래알 처--럼
파   도-위에   물   거품 처--럼
G   Em   F#m   Bm   1.D   Em
수   많은   사람중에   만   난그   사 람
왔   다가   사라져간
2.D   A7   D   G   F#m
못   잊을 그-대 여   저   하늘 끝-까 지
G   F#m   G   F#m
저   바다 끝-까지   단   둘이 가-자던   파 -
G   Em   A7   D
란   꿈 은   사라지 고   바   람이불 면
G   A7   Bm   G   Em
행   여나 그님인 가   살   며시
F#m   Bm   D   A7   D
돌아서면   쓸   쓸 한 파도소 리
D.S.

바람 바람 바람

김범룡 작사 / 김범룡 작곡 / 김범룡 노래

Go Go
문밖에는귀뚜라미 울고 - 산새들지저귀는 데
창가에 - 우두커니 앉아 - 어둔창밖바라보 면
내님은오시지는 않고 - 어둠만이 - 짙어가 네
힘없는내손잡아 주던 - 님은곧오 - 실것같 아
저멀리엔 - 기타 소리 - 귓가에들려오는 데
저멀리엔 - 교회종 소리 -
언제님은 오시 려나 - 바람만횅하니부 네
내님은바람이련 가 - - 스치고 지나가는 바람 -
오늘도잠못이루 고 - - 어둠속에 - 잠기 네
그대이름은바람 바람 바람 - 왔다가 사라지는 바람 -
그대이름은바람바람 바람 - 날울려놓고가는 바람 -
F.O.
D.C. & F.O.

배신자

이인섭 작사 / 김광빈 작곡 / 도성 노래

Trot
얄밉게떠 난님 아
얄 밉 게 떠 난-님 아
내 청 춘 내 순정 을
내 청 춘 내 행복 을
뺏어버- -리고
짓밟아- -놓고
얄 밉 게 떠 난-님 아
얄 밉 게 떠 난-님 아
더 벅 머 리 사 나 이 에 상처를 주고 너 혼 자 미 련없 이
떠날수가있-을 까 배신자 여 배신자 여 사랑의
돌아 - 서가-는 가
D.S.
배 --신 자 - 여

바람의 소원

김석근 작사 / 송광수 작곡 / 채희 노래

Slow Go Go

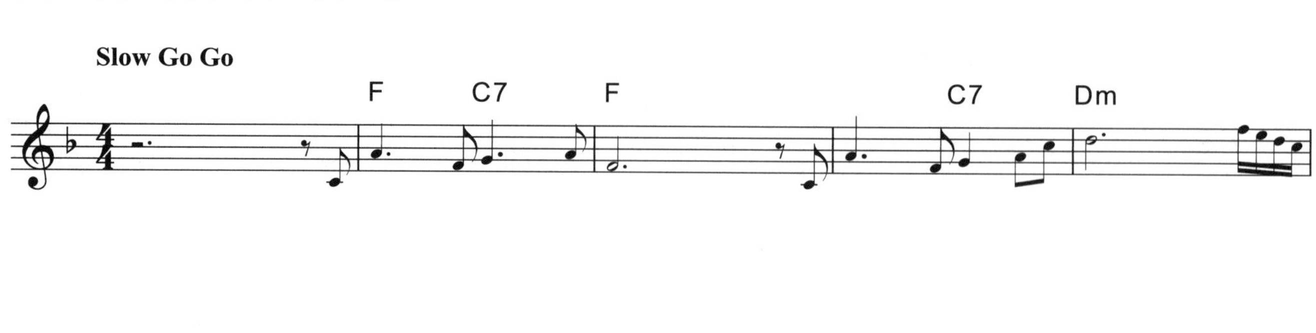

바람

이 또붑 니 다   사랑이 또 떠 나 네요

- 다시 는 보지못할까봐 - 안녕이 란 말을 못 했죠

Instrument solo
- 이렇 게 또 보 내 네요 - 눈앞

이 희미 하네 요- - - 참 으 려 고 애를 써 봐도

- 하염 없 이 눈 물 이 나 요   보고

프 면어떡하나-요 눈물나 면어떡하나
요 지금 은참으럽니-다 보고
픈 날이많을테니까 - 뜨거운 눈물 흘러
내 려-요- 미치도 록보고픈걸요 - 어느
순 간또 바람이붑니다- 그대정 말 보고-싶어
- 요 - 정 말 보고-싶어
- 요 - 그대정 말 사랑-합니-다--

바램

김종환 작사 / 김종환 작곡 / 노사연 노래
Slow Go Go
내손
에 잡은 것이 많 아서 손 이 아픕니다 - 등
에 짊어진 삶의무게가 온- 몸을 - 아프게하 고 매
일 해결해야 하는일 땜에 내시 간 도- 없이 살다가 - 평
생 바쁘게 걸어 왔 으니 다리도 아픕 니 다 내가
힘 들고 - 외로워 질- 때 내 애길 조금만 들어준- 다
면 어느날 갑 자기 - 세월의 한 복 판에- 덩그
러니 혼자있 진 않 겠죠 큰 것 도 아 니고- 아주

작은 한 마디- 지친 나를 안 아 주-면 서
사 랑 한 다 -정- 말 사랑한- 다는- 그 말을 해준다
면 나 는 사막을 걷는다 해도 꽃 길 이라- 생각할겁 니
다 우 린 늙어가는 것이아 니라 조금 씩 익어가는겁 니
다
내가 다 우 린 늙어가는 것이아니라 조금
씩 익어가는겁니 다 저 높 은 곳에- 함
께 가 야할 사- 람 그대- 뿐 입- 니 다

벤치

김병걸 작사 / 임종수, 후본 작곡 / 서주경 노래

내무릎 - - -에 -털 썩 -앉 아 봐

언제나 너의 벤 - 치로 - 살- - -거

야 아무 - 때라 도 허 전 -하

면 내가 -슴 - 에다 - 기대 - 봐

가 다 가 길 가 다 가 -

피곤해 -지 -면 내게 -와

너 만 이 나 의 주인 -이잖아 -

너 만 -쉬어 가도록 너올 -때 - 까 지

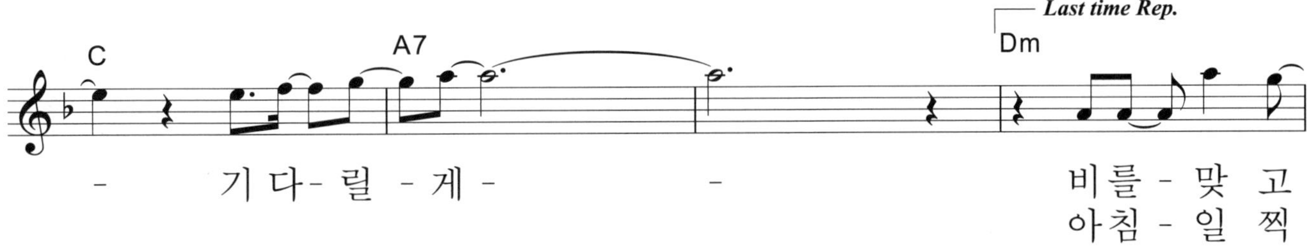

Last time Rep.
- 기 다-릴 -게 - -
비를 -맞 고
아침 -일 찍

- 와 도 돼 술취 -해 서 - 와 도 돼 나 는 야 너
- 와 도 돼 저녁 -늦 게 - 와 도 돼

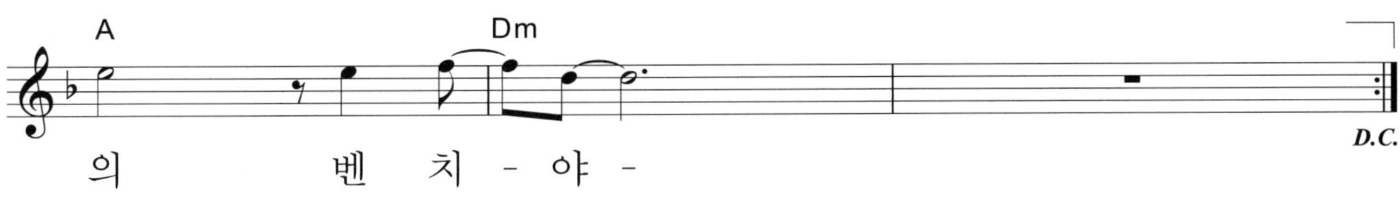

의 벤 치 -야 -
D.C.

백년의 약속

김종환 작사 / 김종환 작곡 / 김종환 노래

내가 선택한 사랑의 끈에 나의 청춘을 묶었
내 - 가슴에 못질을 하는 현실 의무게 속에
다 당신 께드려야 할 손에 꼭쥔 사랑을 이
도 우리 가 - - 잡은 사랑의 향기 속에 눈
제 서야 보낸 다 물도 이젠끝났 다 세
상이힘들때 너를 만나 - 잘 해 주지도 못하 고 사
십년쯤지나 내사 랑이 - 많이 약해져 있을 때 영
는게바빠서 단 한번도 - 고맙 다는 말도못했 다 백
혼을태워서 당신앞에 - 나의 -사 랑을심겠 다 백

넌 도우-린   살지못하고-   언 젠 가 헤 어 지 지만
(D.S.) 세   - 상-에   너를만나서-   짧 은 세 상 을 살 지만

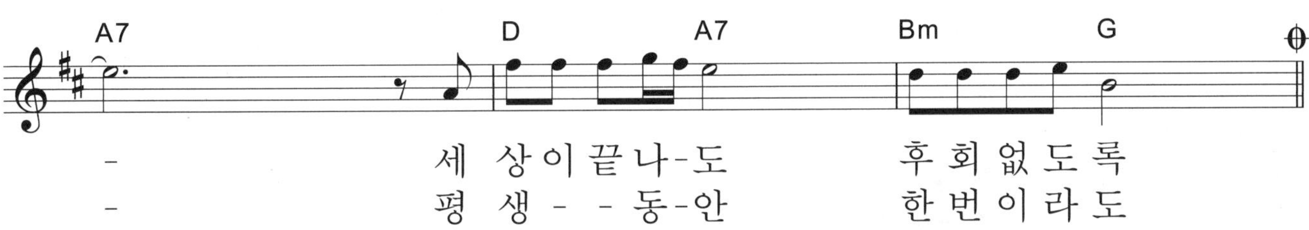

-      세 상 이끝나-도   후 회 없 도록
-      평 생 - - 동-안   한 번 이 라 도

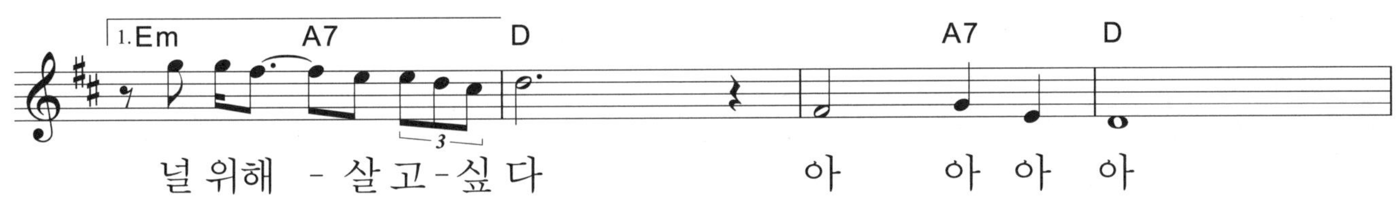

널 위해 - 살고-싶 다   아   아 아 아

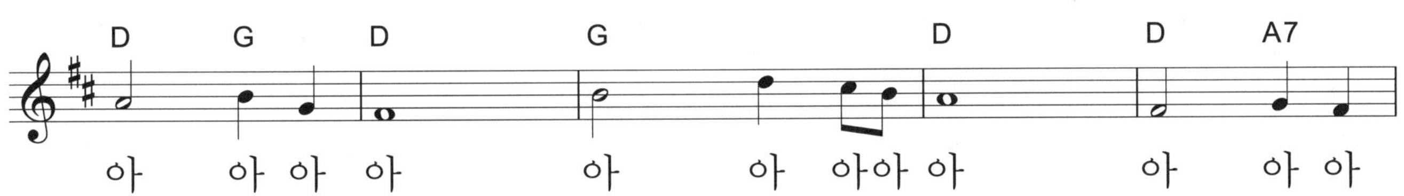

아   아 아 아   아   아 아아 아   아   아 아

아   삼   널위해 - 살고-싶 다   이   널위해 - 살고-싶

다   널위해 - 살고싶 다   -

백세 인생

김종완 작사 / 김종완 작곡 / 이애란 노래

C
Am
육 십세에 - 저세-상 에서- 날 데리 러오 거
G
Am
든 - - - 아 직은 - - 젊 어 - 서
F
C
C
못 간다고 전해 - 라
칠 십세에 -
팔 십세에 -
C
Am
G
저세-상 에서- 날 데리 러오 거든 - - -
저세-상 에서- 또 데리 러오 거든 - - -
Am
F
할 일이 - - 아 직남 - 아 못 간다고 - 전해 -
자존 -심 - - 상 -해 -서 못 간다고 - 전해 -
C
라
팔 십세에 -
저세-상 에서-
라
구 십세에 -
저세-상 에서-
Am
G
Am
날 데리 러오 거든 - - - 아 직은 - -
또 데리 러오 거든 - - - 알 아서 - -
Am
F
C
쓸 만해 -서 못 간다고 - 전해 - 라
갈 -텐 -데 또 왔냐고 - 전해 - 라

구 십세에 - 저세-상 에서- 날 데리 러오 거
백 -세에 - 저세-상 에서- 또 데리 러오 거
든 - - - 알 -아서 - - 갈 테 -니
든 - - - 극락왕생 - - 할 날 -을
재 촉말라 -전해 -라 백 -세에 -
찾 고있다 -전해 -라 백 오십에 -
저세 -상 에서 - 날 데리 러오 거든 - - -
저세 -상 에서 - 또 데리 러오 거든 - - -
좋 은날 - - 좋 은시 -에 간 -다고 전해 -라
나 는이 -미 극 락세 -계 와 있 다고 전해 -라
아 - 리랑- 아 - 리랑- 아 라 - 리 -요 - - -
아 - 리랑- 고 -개 -를- 또 넘어 간- -다 -
우리 모두 - - 건 강하 -게 살 아- 가 -요 - -

별빛 같은 나의 사랑아

설운도 작사 /설운도 작곡 / 임영웅 노래

Slow Rock
당 - 신이 얼마나 내게 - 소 - 중한 사람 인지
세 - 월이 흐-르고 보니 - 이 - 제알것 - 같아요
당 - 신이 얼마나 내게 - 필 - 요한사람-인지
세 - 월이 흐-르고 보니 - 이 - 제알 것 - 같아 요

밤 - 하늘 에 - 빛 - 나는 별 - 빛같 은 - 나의
사 - 랑아 당신 은 - 나 - 의 영 -
원 한 사 랑 사랑해 요 사랑 해
요 - - - 날민 - 고따 라 - 준사 람 고
마 - 워요 행복합니 - 다 - 왜 - 이 - 리눈 물 - 이나
요 요 왜 - 이 - 리눈 물 - 이
- 나 요 -

보금자리

박진복 작사 / 박상철 작곡 / 임영웅 노래

당 신만 있 으-면- -돼-
그 대 -사랑이 -나였음-좋 겠 -다-
아무것 도- -필요-없-- -어 요
든든 한 품-에-안 겨 잠들고싶 어 -라
내사 -랑의 보 금-자- -리-
아무것도 -바라지않 아 -요 당 신만있으면-

되 한 눈 팔 지 않 고 사 랑 할 래 요
돈 도 필 요 없 어
백 도 필 요 없 어 당 신 만
있 으 면 되
당 신 만
있 으 면 되
D.S. al Coda

보라빛 엽서

김연일 작사 / 설운도 작곡 / 설운도 노래

Slow Rock
보 - 라빛 -엽서 에   실 -려온 향-기는

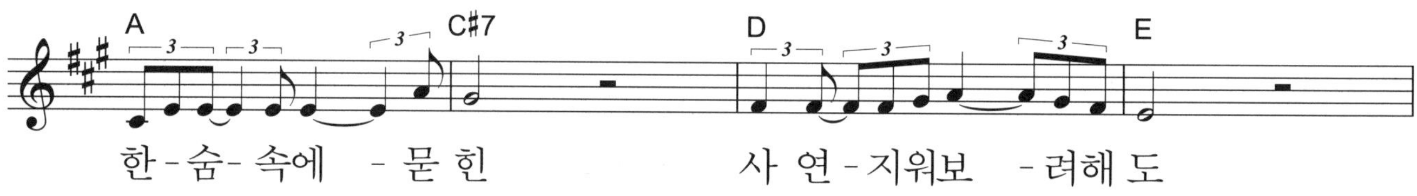
당 -신의   눈물-인가   이 -별의 마음인 가 -음-

한 -숨-속에 -묻 힌   사 연 -지워보 -려해도

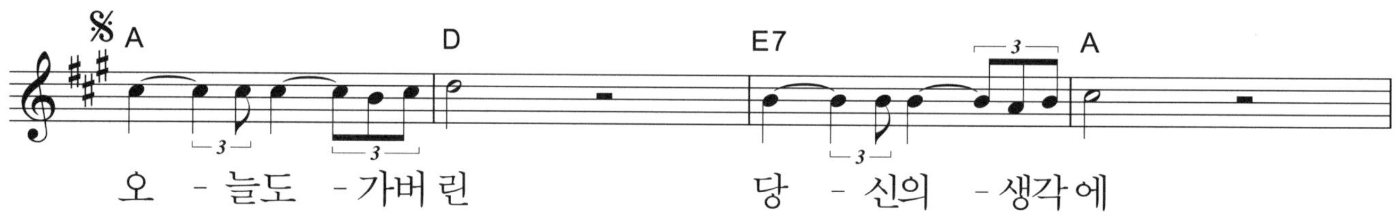
떠나 - 버린   당신 - 마음   붙 잡 -을 수 -없-네

오 - 늘도 -가버 린   당 - 신의 -생각에

눈 - 물로 써-내려 간   얼 -룩진일 -기 장엔 -   다시

못 - 올- 그대모습   기 다 -리는 -사 연

보릿고개

진성 작사 / 김도일 작곡 / 진성 노래

아야 뛰지마 라
아야 우지마 라
배 -- 꺼질 -라-
가슴시린
보릿고 - 갯 -길 -
주린 배잡 고 물한 바가 지
배 채우 시던 -
그 세월을 어 찌 -사셨 소
초 -- 근 -목 -피에 그 -- 시 -절 -
바람 -결에 지 워 -- 져갈 -때-
- 어 -- 머
님 -설움 잊 고 -살았 던
한 많은 -- 보릿 고 개여
- -- 풀 -피리 꺾 어불던 슬픈 -곡 조
는 어 머 님의 한 숨 이었 소 - -
어 머 님의 통 곡 이었 소 - -

보약 같은 친구

진시몬 작사 / 진시몬 작곡 / 진시몬 노래

Go Go
아 - 침에눈을 - 뜨면 제일먼저생각 - 나는
자네는 - 좋은친구 - 야
피한방울섞이지않 - 은 우리두 - - 사 -
언제갈지모르는인 - 생 우리둘 - - 이 -
람 전 - 생에 - 인연 - 일거 -
서 웃 - 으며 - 살아 - 가보 -
야 자식 - 보다 자네가좋 고
자
돈보다자네가좋 - 아 자네와 난 -
D.S. time Rep.

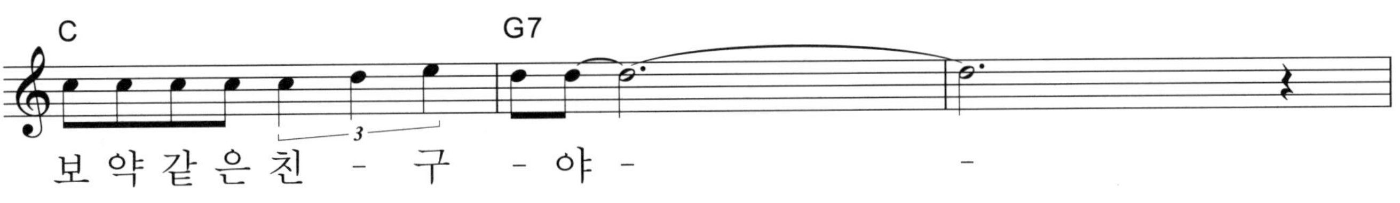

C   G7
보 약 같 은 친 - 구 - 야 -   -

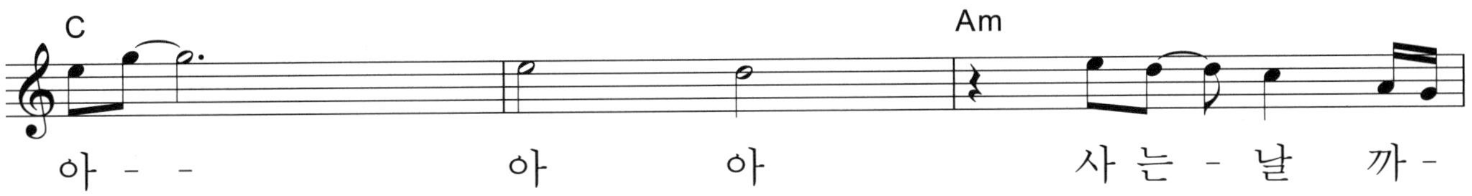

C   Am
아 - -   아   아   사 는 - 날 까 -

G7   Dm   G7
지   같 이 가 세 -   보 약 같 은 - 친 구

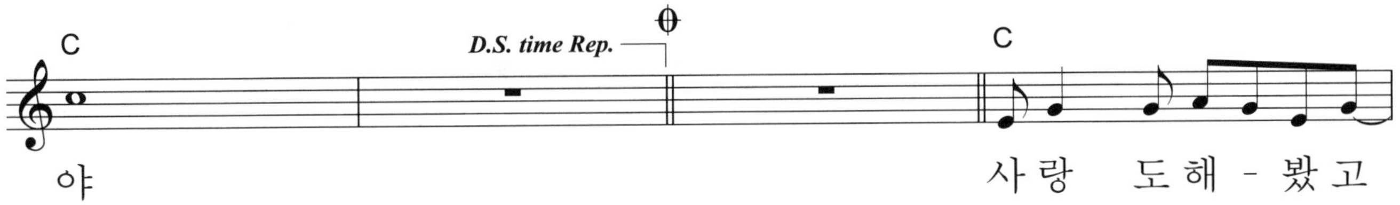

C   D.S. time Rep.   C
야   사 랑 도 해 - 봤 고

C   F   C   Am
-          이 별 도 - 해봤 지   사 는 거 -

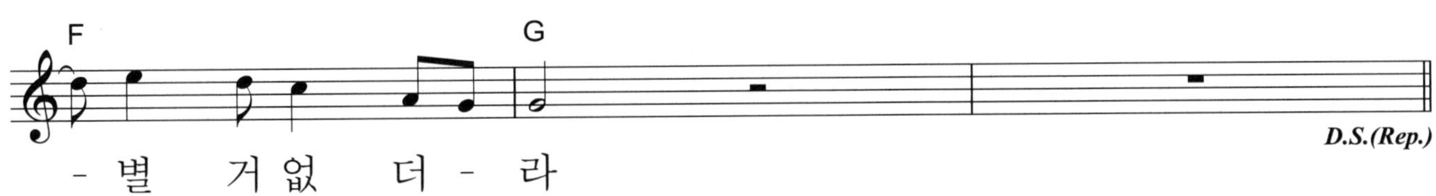

F   G
- 별 거 없 더 - 라   D.S.(Rep.)

Dm   G   C
같 이 가 세 -   보 약 같 은 - 친 구 - 야 -   -

봄날은 간다

손로원 작사 / 박시춘 작곡 / 백설희 노래

Bluse
Cm
G7
Fm
연 분 홍치마 가 봄바 람에 휘날 -리 더 --
새 파 란풀잎 이 물에 떠서 흘러 -가 더 --
열 아 홉시절 은 황혼 속에 슬퍼 -지 더 --

G7
Cm
G7
라 오늘 도웃고 름 씹어 가며
라 오늘 도꽃편 지 내던 지며
라 오늘 도양가 슴 두드 리며

Cm
G7
산 제 비넘 나드 는성 황당 길에 꽃이피 면 같이웃
청 노 새짤 랑대 는역 마차 길에 별이뜨 면 서로웃
뜬 구 름흘 러가 는신 작로 길에 새가날 면 따로웃

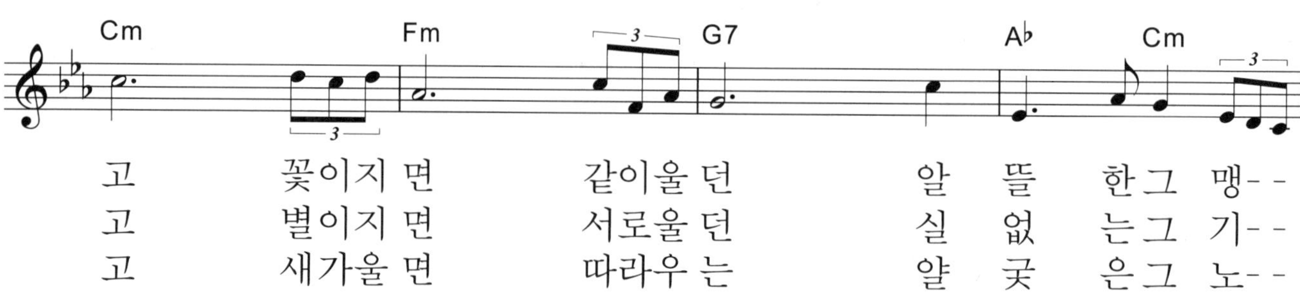
Cm
Fm
G7
Ab
Cm
고 꽃이지 면 같이울 던 알 뜰 한그 맹 --
고 별이지 면 서로울 던 실 없 는그 기 --
고 새가울 면 따라우 는 얄 궂 은그 노 --

Fm
C7
Cm
G7
Cm
세 -에 봄 -날 ----은 간 -- 다
약 -에
래 -에

봉선화 연정

김동찬 작사 / 박현진 작곡 / 현철 노래

Trot
손 - 대면 톡 - 하 고 터질것만같은그 대

봉 선화라 부 르 - 리 더이 상

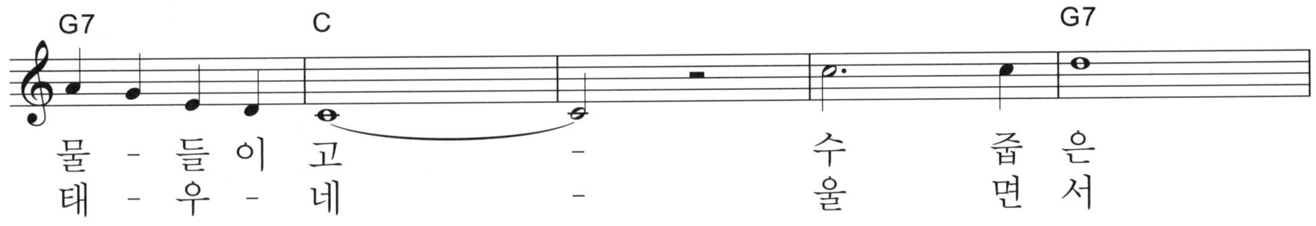

참 지못 할 그 - 리 - 움 을 가슴 - 깊이
참 지못 할 외 - 로 - 움 에 젖은 - 가슴

물 - 들 이 고 - 수 줍 은
태 - 우 - 네 - 울 면 서

너의 - 고백 에 내가 - 슴이 뜨 - 거 - 워
혼자 - 울면 서 사랑 - 한다 말 - 해 - 도

터지 는 - 화산 처럼 막을수 없 - 는
무정 한 - 너는 너는 알지못 하 - 네

Last time Rep.
봉 선 화 - 연 - - - - 정 -

부산 갈매기

김중순 작사 / 김중순 작곡 / 문성재 노래

Go Go
Cm
지 금은 그 어디서 - 내 생-
지 금은 그 어디서 - 내 모-
Cm G7 Cm Fm
각 잊었는가 - 꽃처럼 -어여쁜 그이름
습
G7 Cm G7 Cm
도 - 고왔던 순이 순이 야 -
Cm G7 Cm
파 도치-부 부 두가-엔 지나 간일들이
그 리움-이 물 결치-면 오늘 도못잊어
A♭ Fm G7 Cm
가슴 에남았는데 - 부산 갈 매 기 부 산
내이 름부르는데 -
Fm Cm G7 A♭ G7
갈 매 기 너는 정 녕-나를 잊-었-
벌 써-
Cm Cm G7 Cm
나 - 나 - 부산 갈 매 기 부 산
D.C.
Fm Cm G7 A♭ G7 Cm
갈 매 기 너는 벌 써-나를 잊-었-나 -

부초 같은 인생

상준, 소산 작사 / 공정식 작곡 / 김용임 노래

Trot
내인 생 고 달프 다 울어본 다 고 누가 - 내맘 -
한걸 음 길 을걷 다 돌아다 보 니 보 - - 랏빛 -
알 리 - - 요 - 어차 피 - 내 가택 한
내 인 - - 생 - 웃으 며 - 걸 어왔 던
길이아 니 냐 웃으면 서 - 살아 - 가 보 자
길이아 니 냐 후회없 이 - 살아 - 가 보 자
천 년 을 - 살 - 리 - 요 -
몇백 - 년을 살 다 - 가 리 - 요 - 세상 은가만있는
데 우리 만변하는구 려 아아아아 - 아 - - 아아아아
- 아 - - 부초 - 같은 - 우 리 - 네 인 생
- 아 - 아 - 아 - 아아 - 우 리네 인 - - 생 - -

블링블링

이건우 작사 / 윤일상 작곡 / 김연자 노래

Go Go
Cm
G7
Cm
만 남-은인 -연의시작   추 억 - 은세 - 월의흔적   결 혼-은연
Cm   G7
Cm   G7   Cm
-애의선물   행 복-은지 - 금이순간   입술아
Cm
G7
어서말을해나없이 못산다고 -   나만을사랑-한다 고   이렇게
G7
Cm
애원할때가눈앞에 있 을 때 까지 -   따뜻한봄날인거 야   거울아
Cm
Fm
어서말을해내가젤 예쁘다고 -   내가젤매력있다 고 - -   혹시나
샘을내지마비결이 무어냐고 -   내나이안보인다 고 - -   그전에
Cm
G7
Cm
해보지만 - 역시나 기대만큼 -   원 - 한말을들을수없 어   이세상사가
몰랐지만 - 앞으로 사는동안 -   너 - 를의식하지않을 래
Fm
Cm
다 - 그래 -   간절히원할때는 더 - 디고 -   마음을비우니까

어 - 느새 -   눈처럼녹아들잖 아   오늘은파티파티
한 번뿐인인 생 - -   나를더 사랑하며살 거 야 더많이많이
행 복하고싶 어 - -   이렇게 하루하루블링블링 -   오예
블링블
링   세월아
-   오늘은 파티파티 - 청춘은 다시다시 -   뭐 든생각하기
나름이지 행복은 많이많이 사랑도 많이많이 -   이 렇게오늘도
블 링 블 링 -   블 링 블 링

붓

류선우 작사 / 류선우 작곡 / 강진 노래

Trot
힘 겨 운 세 월 을- 버 티 고 보 니 오 늘 같 은 날 도 있 구
나 그 설- 움- 어 찌 다- 말 할 까- - 이 리 오 게 고 생 많 았-
-네 - 칠 십- 년 세 월 그- 까 짓 게 무 슨- 대 수 요- 함 께 산 건 오 천- 년- 인-
데 잊- 어 버 리 자 다 용 서 하 자- - 우 린 함 께 살 아 야 한-
-다 백 두 산 - 천 지 를- 먹 물 삼 아 - 한 줄 한 줄 적 어- 나 가
한 라 산 - 구 름 을- 화 폭 삼 아 - 한 점 한 점 찍 어- 나 가
-세 - 여 보 게 - 친 구 여 붓 을 하 나 줄- 수 있 겠
나 붓 을- 하 나 줄 수- 있- 겠- 나- 힘 겨
겠- 나 붓 을- 하 나 줄 수 - 있- 겠- 나-

비 내리는 영동교
정은이 작사 / 남국인 작곡 / 주현미 노래
Waltz
밤비내리는 영동교 - 를 홀로걷는이마 음 그사람 - 은
밤비내리는 영동교 - 를 헤매도는이마 음
모를꺼야 - 모 르-실거 야 비에젖어 - 슬픔에젖어
눈물에 젖 - 어 하염없이 - 걷고있 네 밤 비-내리는 영 -동
아픔에 젖 - 어 하염없이 - 헤메이 네 밤 비-내리는 영 -동
교 잊어야지 - 하면 서 도 못잊는 것 은
교 생각말자 - 하면 서 도 생각하 는 건
미 련 미 련 미 련 때 문 인 가 봐 -
D.C.

비 내리는 고모령

유호 작사 / 박시춘 작곡 / 현인 노래

Trot
어 머-님 의 손 을 - 놓---고
맨 드-라 미 피 고 - 지---고
돌 아 - 설 때 --엔
몇 해 - 이 던 --가
부 엉 - 새 도 울 었 - 다 오 --
물 방 - 앗 간 뒷 전 - 에 서 --
나 도 울 었---오
맺 은 사 랑---아

가 랑 - 잎 이 휘 날 리 - - - 는
어 이 해 서 못 잊 느 - - - 냐

산 마 - 루 턱 - - - 을 - - - - - - -
망 향 - 초 신 - - - 세 - - - - - - -

넘 어 - 오 - 던 - 그 날 - 밤 - - 이
비 내 - 리 - 던 - 고 모 - 령 - - 을

그 리 - 웁 고 - - - 나 -
언 제 - 넘 느 - - -

냐 -

비 내리는 호남선

손로원 작사 / 박춘석 작곡 / 손인호 노래

Trot
Guitar Solo
목 이 메 인 이-별-가 -를 불 -
다 시 못 올 그-날-짜 -를 믿 -
러 야 옳 -으 --- 냐 -
어 야 옳 -으 --- 냐 -
돌 아-서 서 피 -눈-물-을 흘 -
속 을-줄 을 알 -면-서-도 속 -

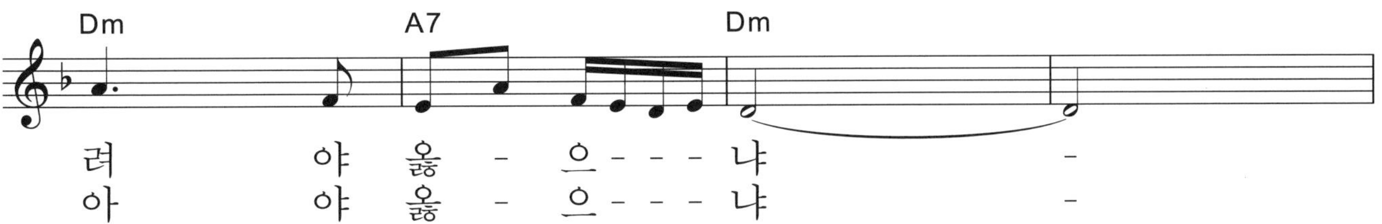

Dm   A7   Dm
려   야 옹 - 으 - - - 냐   -
아   야 옹 - 으 - - - 냐   -

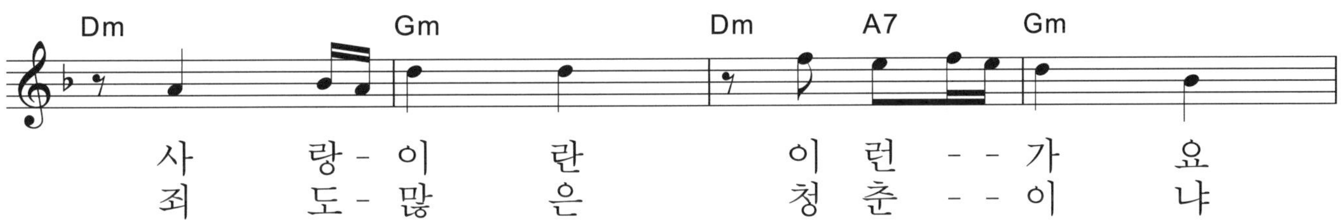

Dm   Gm   Dm   A7   Gm
사   랑 - 이 란   이 런 - - 가   요
죄   도 - 많 은   청 춘 - - 이   냐

Dm   3   Gm
비 내 - - 리는호 남 선 - - - 에   -   헤
비 내 - - 리는호 남 선 - - - 에   -   떠

A7   Dm   Gm   A7   Dm
어   - - 지 - - 던   그   인 사 - 가   야 -
나   - - 가 - - 는   열   차 마 - 다   원 -

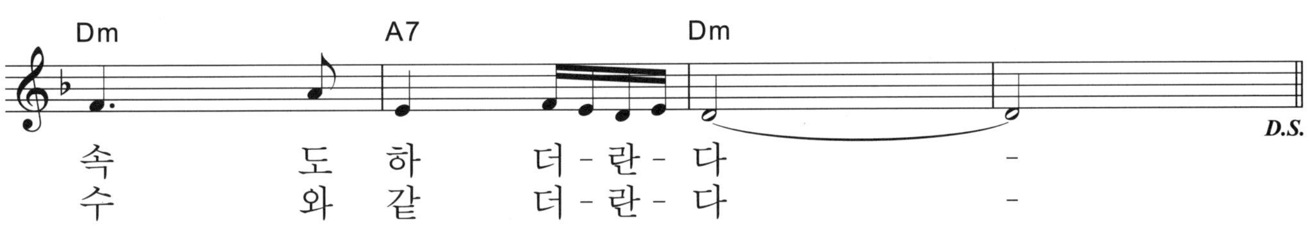

Dm   A7   Dm   D.S.
속   도 하   더 - 란 - 다   -
수   와 같   더 - 란 - 다   -

Dm   A7   Gm   Dm

비나리

심수봉 작사 / 심수봉 작곡 / 심수봉 노래

Slow Go Go
큐 피 트 화 살 이 가 슴 을 뚫 - 고 사 랑 이 시 작 된 날
예 기 치 못 했 던 운 명 의 그 시 간 당 신 을 만 나 던 날

또 다 시 운 명 의 페 이 지 는 넘 어 가 - 네   나 당 신   사 랑 해 도 될 -
드 러 난 내 상 처 어 느 새 싸 매 졌 - - 네   나 만 을   사 랑 하 면 안 될

까 요 -   말 - 도   - 못 - 하 고   한 없 이
까 요 -   마 음 만   - 달 아 올 라   오 늘 도

애 타 는 - 나 - 의 눈 짓 들 -   세 상 이 온 - 통 그 대 - 하 나 로
애 타 는 - 나 - 의 몸 짓 들 -   따 사 로 운 그 대 눈 빛 따 라 도 는

- 변 - 해 버 - 렸 어   우 리 사 랑   연 습 도
- 해 바 라 기 처 - 럼   사 랑 이 란   작 은 배

없이 - 벌써 무대로 올려졌 - 네 생각
하나 - 이미 바다로 띄워졌 - 네 생각
하면 덧없는꿈일 지도몰 - 라 - 꿈일 지도 - 몰 -
하면 허무한꿈일 지도몰 - 라 - 꿈일 지도 - 몰 -
라 하늘이여 - 저 사람 언 -제 - 또갈라
라 하늘이여 - 이 사랑 다 시또 - 눈물이
놓을거요 하늘이여 - 간절한 이 소망 - -
면안돼요 하늘이여 - 저사람 영 원히 - -
- 또외면 - 할 - - - 거 - -요 줘 - -요
- 사랑하 - 게 -해 -
D.C.
아 사랑하게해 - 줘 요 - -

비바 라 비다

갓떼리C, 조영수 작사 / 이유진, 조영수 작곡 / 홍진영 노래

Disco
매일똑같은하루 하 루 의미 없 이 또지나가네 -요-
오늘은이만좀쉴게 요 그냥 신 나 게즐겨볼래 -요-
내일또후회하긴 싫 어 그래 행복이별거겠 어 -
누가뭐라해도안 들 려 그래 행복이별거겠 어 -
야 이야 이 야 날따라와요 야 이야 이 야
손끝에스치는이 바 람 정말 세상을다가진기 분
코끝에
눈 부 신태양보다 뜨겁 게 - 그깟눈물저 멀리bye bye bye bye
빛 나 는별빛보다 환하 게 - 반짝이는내 인생비 바 라 --비

다 - - - - 라 라라라-라 라 라 라라라-라
라 라 라라 라-라 - 다 오 늘 만살것처럼
즐겨 봐 - 괜한걱정저 멀리 bye bye bye bye 마 지 막인것처럼
사랑 - 해 - 아름다운내 인생비 바 라 비 다 - - -
- 라 라라 라-라 라 라 라라 라-라
라 라 라라 라-라 - 라 라라 라-라
눈 부신 태-양보다 빛 나 는별-빛보다
아 름다운-내인 -생-

빈대떡 신사

한영순 작사 / 양원배 작곡 / 한복남 노래

Polka
양 복 입 은 신 - 사 - 가   요 리집 문앞에서
아 버 지 가 모 - 아 - 준   아 까운 전재산을
매 를 맞 는 데   왜 맞 을 까   왜 맞 을
다 털 어 먹 고   마 지 막 엔   마 지 막
까   원 인 은   한 가 지 돈 이 없 어
엔   차 비 도   없 어서 덜 렁덜 렁
들 어갈땐 폼 을내어 들 어가더 니   나 올적 엔
겉 으로는 의 젓하신 신 사같지 만   주 머 니 엔

돈 이없어 쩔 쩔매 다 가 뒷 문으로 살 금살 금
한 푼없 는 새 빨간건 달 요 리먹고 술 마실땐
도 망 치다 가 매를 - 맞 누 나 매를맞 - 누나
기 분좋지 만 매맞 는 꼴 이 야 매맞는꼴 이 야
으 하하 하 우 습 다 이 히히 히 우 습 다 하 하하 하 우 습 다
호 호호호 우 습 다 으 하하 하 하하하 하우 습 다
돈 없 으 면 집에 가-서 빈 대떡 이나
부 쳐 먹지 - 한 푼없 는 건 - 달 -
이 요 리집이무 -어-냐 기 생 집
이 -무어 냐 - 나 -
D.C.

빙글빙글

박건호 작사 / 김명곤 작곡 / 나미 노래

Disco
그저 - 바라만보 고 있 지 - -
그저 - 눈치만보 고 있 지 - -
그저 - 속만태우 고 있 지 - -
늘 - 속 - 삭이면 서도 - 사랑한
늘 - 가 - 깝지도 않고 - 멀지도
다는 - 그말을 못 해 - -
않은 -
우리두 사람 - - 그 리 워 지는

A   F♯m   A
- 길목에서 서   -   마 음 만 흠뻑 -   젖어가
B7   E
네   어떻게하 - 나 -   우 리만 - 남은
E   B7   C♯m
빙 글빙 - 글돌 고   여 울져 가는 - 저 세월 속에 -   좋
B7   1.   C♯m
- 아하는우리사이 멀어질까두려 워 -   어떻게하
2.B7   E   E
멀어질까두려 워 -   -   -   어떻게하
D.C.(No Rep.)
E   B7
- 나 -   우 리만 - 남은 빙 글빙 - 글돌 고   여 울져
C♯m   B7   1.
가는 - 저 세월 속에 -   좋 - 아하는우리사이 멀어질까두려 워
C♯m   2.   E
-    어떻게하 멀어질까두려 워 -   -

빙빙빙

박정란 작사 / 공정식 작곡 / 김용임 노래

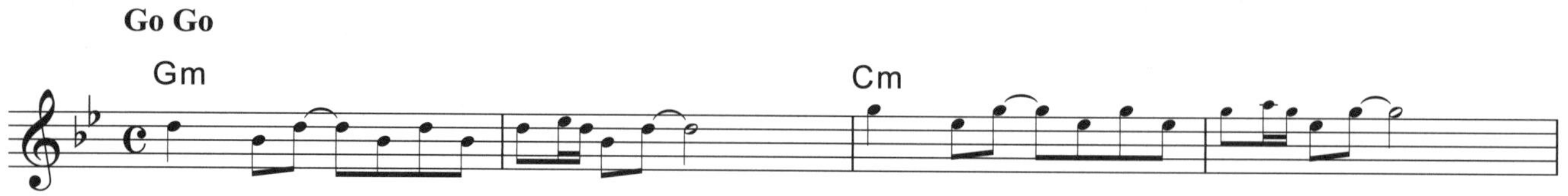

Go Go
Gm
Cm

Gm
Cm
빙 빙 빙
빙 빙 빙

Gm
Cm
D
먼 길을돌아   먼 길을돌아   돌 아-올 거 야

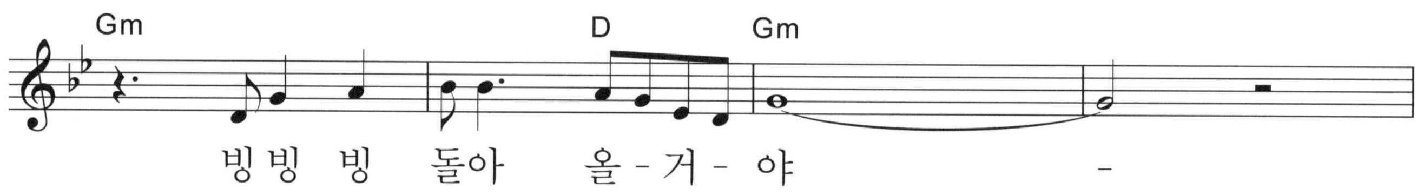

Gm
D
Gm
빙빙 빙 돌아 올-거- 야   -

Gm
Cm
D
Gm
바   람이불   면   바 람-을-타-고
그   대의향   기   바 람-을-타-고

Gm
E♭
D
빙빙 빙   돌아-올 거- -야-   -
솔솔 솔   불어-올 거- -야-   -

당 신 - 은 내 - - - 사 - - 랑
손 가 - 락 걸 며 - 맹 - 세 - 한

나는나는나는나는 잊을 - - 수없 - - - 어 -
나를나를나를나를 잊어 - - 버렸 - - - 나 -

스쳐 - 지나 간 지난 - 일 들을
함께 - 웃었 고 함께 - 울 었 던

차창 - 가에 날려 - 버리 고 -
그세 - 월이 너무 - 정 다 워 -

먼 길을돌아 먼 길을돌아 돌 아 - 올 거 - 야

빙빙 빙 돌아 올 - 거 - 야 -

뿐이고

박현진, 한아름, 한솔 작사 / 박현진 작곡 / 박구윤 노래

Disco
뿐 이고 - 뿐 이고 - 뿐 이고 -
내 사 랑은 당 신 뿐 - 이다 -
여기 에있 어도 - 당 신 뿐 이고 -
저기 에있어도당 - 신 뿐 이고 -
이 넓 은 세상 - 어 - 느곳에있 어도 -
내 사 랑은 당 신 뿐 - 이다 - -

힘 든 날은 두 - 어 깨를 기 - 대 - 고 가고 -
좋 은 날은 마 주 - 보고 가고 - - 비 - 바 람 불면
- 당 신 두 손을 - 내가 내가 붙 잡 고 - 가고
- - 돈 없 어도 - 당 신뿐 이고 - 돈
- 많 아도 당 신 뿐 이고 -
이 넓 은 세상 - 어 - 느곳에있 어도 -
내 사 랑은 당 신 뿐 - 이다 - - 뿐 이고 -
뿐 이고 - 뿐 이고 - - 당신뿐이 다

빈잔

조운파 작사 / 박춘석 작곡 / 남진 노래

Slow Rock
Gm Cm Gm Cm Gm
Gm F Eb D7 Gm Cm D7
그대의싸늘한눈가에고이는 이슬이아름다워 하염없
Gm D7 Cm D7
이 바라보 네 내마음 도 따라우 네 가 여
Gm D7 Gm Eb D7 Gm
운 나의 여인이 여 외 로운 사람끼 리 아
Cm D7 Gm
만나서그렇게또 정이들 고 어-차 피 인-생 은 빈술
Cm Eb D7 Gm Cm
잔 들고 취하는 것 그 대여 나머지 설 움은 나 의
D7 Gm Gm
빈 잔 에 채워- 주 주 나 의
D.S. al Coda
D7 Gm Cm D7 Gm
빈 잔 에 채워- 주

비와 당신

방준석 작사 / 방준석 작곡 / 럼블피쉬 노래

이젠당신이- 그립지않죠 보고싶은마음도- 없 죠
사 랑 한 것도- 잊 혀 가 네요- 조 용 하 -게
알수없는건- 그 런내맘이- 비가오면눈물이나 요
아련해지는- 빛 바 랜추억- 그얼마나사무친건 지
아 주 오 래전- 당 신 떠 나던- 그 날 처 -럼
미 운 당 신을- 아 직 도 나는- 그리워 하 -네
이 젠 괜찮은- 데 사랑따윈저버 렸 는 데 음-
바 보 같 은나- 눈물-이 날 -까 -
다 신 안 올텐- 데 잊지못할내가 싫 은 데 음-
이 젠 괜 찮은- 데 사랑따윈저버 렸 는 데 음-
언 제 까 지나- 맘은-아 플 -까 -
바 보 같 은나- 눈물-이 날 -까 -

사내

나훈아 작사 / 나훈아 작곡 / 나훈아 노래

16 Beat
A
큰 소 리 로 울 면 - 서 -
벌 거 벗 은 몸 으 - 로 -
이 세 상 에 태 어
이 세 상 에 태 어

D
D
E7
나
나
가 진 것 은 없 어 도 -
자 랑 할 건 없 어 도 -

E7
A
비 굴 하 진 않 았 - 다 -
부 끄 럽 지 도 않 - 아 -
때 론 사 랑 에 빠
한 때 철 없 던 시

A
D
져
절
비 틀 댄 적 있 지 만
방 황 한 적 있 지 만

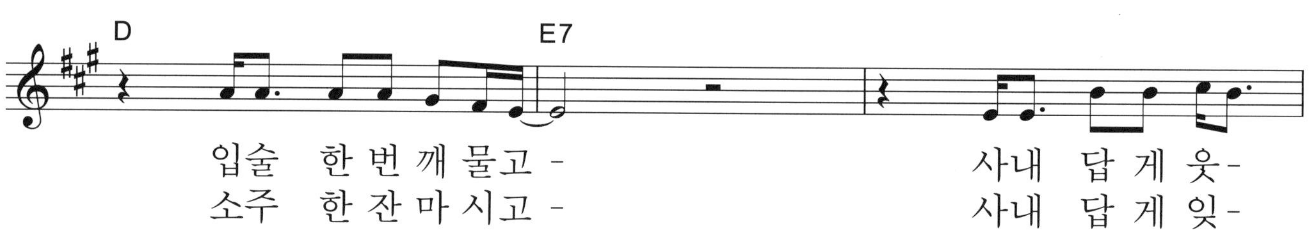

D
E7
입 술 한 번 깨 물 고 -
소 주 한 잔 마 시 고 -
사 내 답 게 웃 -
사 내 답 게 잊 -

A
D
었 다 -
었 다 -
긴 가 민 가 하면 서

D
A
조 마 조-마 하 면 - 서 -
설 마 설 마 하면

D
B7
E7
서 - - - - 부대 끼며 살-아 온

E7
A
이세 상을 믿-었 - 다 -
(D.S.) 미련 같은 건-없 - 다 -
나는 나를 믿 었
후회 역 시 도 없

D
E7
다
다
추 억 묻 은 친 구야 -
사 내 답 게 살 다가 -

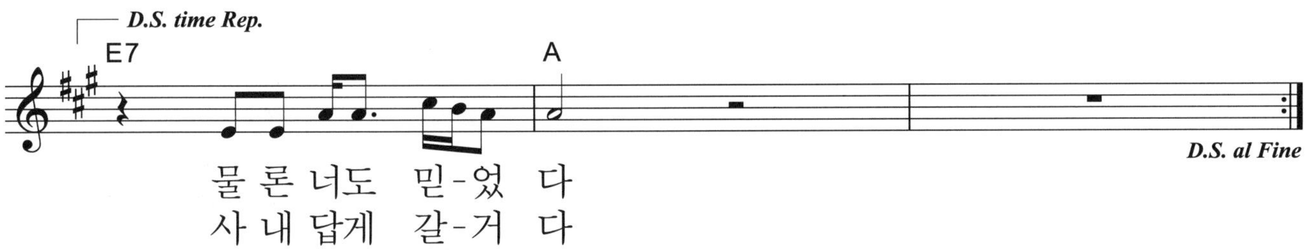
D.S. time Rep.
E7
A
D.S. al Fine
물 론 너도 믿-었 다
사 내 답게 갈-거 다

사는 맛

강은경 작사 / 조영수 작곡 / 양지은 노래

Waltz
에 헤 라 에 헤 라 사 는 맛 좋 - 구 나 -
참 많 이 힘 든 가 요 괜 히 눈 물 도 나 시 나 - 요
천 금 을 준 다 해 도 살 수 없 는 게 지 금 이 - 야
시 계 추 같 은 하 - 루 무 슨 낙 에 사 시 나 - 요 오 -
행 복 이 거 저 오 - 나 아 픈 날 도 있 어 야 - 지 오 -
힘 겨 운 고 생 끝 에 - 웃 을 날 온 다 는 - 데 오 -
세 월 에 늙 어 지 면 - 추 억 에 산 다 는 - 데 오 -
다 잘 될 거 - 야 살 아 내 느 라 애 쓴 그 대 - - 살 아
내 생 애 봄 - 날 그 때 가 바 로 오 늘 이 야 - -
가 다 보 - 면 또 지 나 가 - 고 지 나 면 이 것 도 추 억 인 - 데

에헤라에헤라 사 는맛좋 - 구- 나 그래사 는 거- 야
야 ---- 어허야 허어어 떠야 -떠야허 어어
- - 사 는 게 그런 거-죠 -그대 걱 정마-요 견
디 다보-면 내일은좋은날 올 테니 까-- 찬 겨울지 나면
꽃 피는 봄이 오-고 웃을날 올 거-야 - 에헤라에헤라
사 는맛 좋- 구-나- -다 시 사 는-거 -
야-- -

사랑

나훈아 작사 / 나훈아 작곡 / 나훈아 노래

Slow Rock
G D7 C D7 C G
D7 G Time Instrument G Am
이 세상 에 하나밖 에 둘도없
D7 G Am
는 내여인 아 보고또 보고 - 또 쳐다 봐도 - 싫지않
D7 G G7 C G
은 내사람 아 비내 리는 여름 날엔
행여 당신 외로 울땐
D7 G G7 C G
내가슴 은 - 우산이 - 되 고 눈내 리는 겨울 날엔
내가당 신 - 친구가 - 되 고 행여 당신 우울 할땐
D7 G Am
내가슴 은 - 불이- 되리 라 온세상 을 다준대 도 바꿀수
내가당 신 - 웃음- 주리 라 이세상 에 하나밖 에 둘도없
D G Am
없는- 내여인 아 잠시라 도 떨어져 선 못살것
는- - 내여인 아 보고또보고 또쳐다봐도 싫지않
D7 G
같은 - 내사람 아 D.S.
D7 G
은 내사람 아

사랑

이건우 작사 / 김범룡 작곡 / 노사연 노래

그때 는 사랑을 몰 랐죠 당신이 힘든것 조
운 밤이지 나 가고 새벽이 오는것 처
차 받으려 고만했 었 던날 그런세 월-만 -갔
럼 오직나 위한그 마 음을 이제야 느낄수 -있
-죠 어두 -죠 고 마 워 요 오랜그 시 간 끝없
는 당신의 사 랑 이 제 다시꿈을 꾸 어 요 모든
걸- -드릴 게 요 하 루 하루 당신을볼때마다- 난
다 시태어 나-죠-- 천 번 만번 하 -고싶은말 -
듣고있 나 요 사 랑 해 요--- 고
요 하 요 사 랑 해 요--- -

사랑 참

신유진 작사 / 임강현 작곡 / 장윤정 노래

Slow Go Go

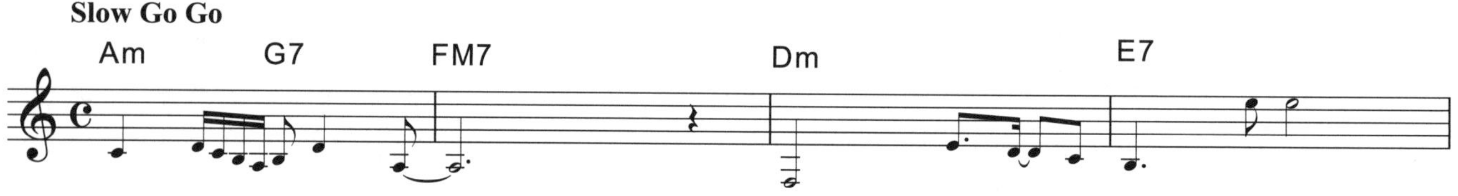

잡 힐 듯 잡 히지 - 않 는
보 일 듯 보 이지 - 않 는

사 랑 이 너 무 아 - 쉬 워 - -   다   가 가 면 -
사 랑 이 너 무 아 - 파 서 - -   시   린 가 슴 -

더 멀 어 지 는 -   사 랑 참 힘 드 네 - 요
애 써 달 래 도 -

참 을 만 - 해 - 요   괜 찮 - - 아 - 요   힘 들 면 좀 어   때 -

CM
Dm
Am
요 - - - 사 랑 을 - 잃 은 - 아 픔 보 다 -

F
Bm7 -5
E
참 는 게 더 쉬 워 요 - - 들 리 - - 나

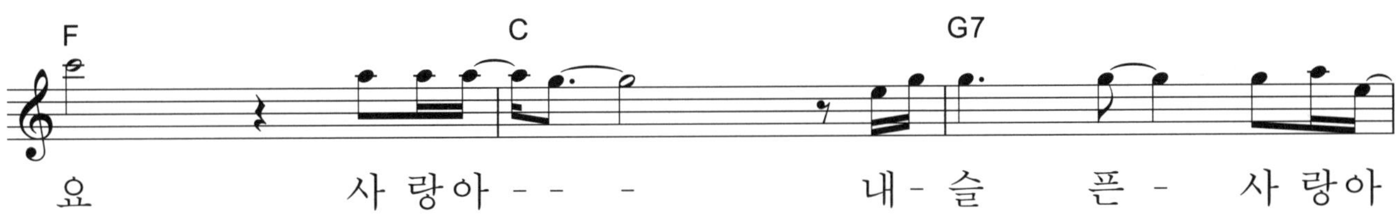

F
C
G7
요 사 랑 아 - - - 내 - 슬 픈 - 사 랑 아

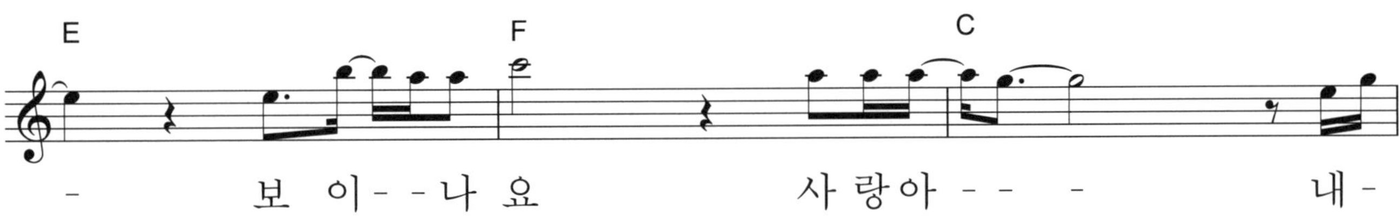

E
F
C
- 보 이 - - 나 요 사 랑 아 - - - 내 -

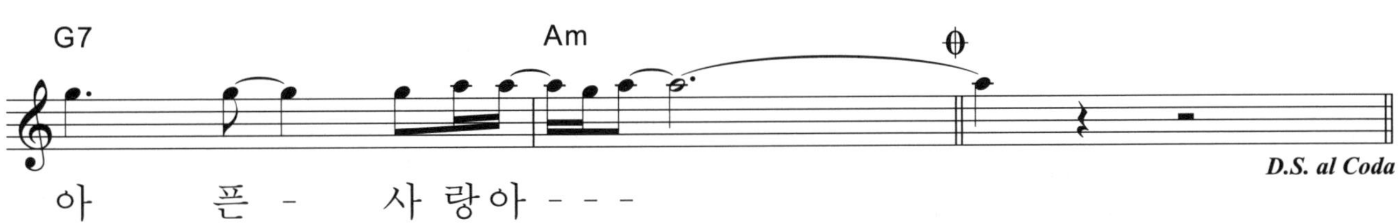

G7
Am
D.S. al Coda
아 픈 - 사 랑 아 - - -

E
Dm7
Em7
Am
- 사 랑 참 힘 드 네 - 요 -

사랑님

공정식 작사 / 공정식 작곡 / 김용임 노래

Cha Cha Cha
Am
몇 굽----이 돌고돌--아
Am   C   E7
사랑-님을-보 았을 까 -
Dm   C
새벽-안 개 이 슬되-어
Dm   G
알알이 맺 혔-구-나 -
E7   Am
한올 한올 타는-가 슴 어디에둘 까
Dm   G   C   E7
그리운 맘 사랑에 젖-네 - 아 아아

Am
G
C
E7
아 - 아 아아 아 -

Am
G
Am
안타 - 까운 - 내 님 이 - 여 -

C
Am
저구름에몸을실어 - 둥실둥실띄워볼까 -

Am
E7
저 바람 은 내 - - 맘 알 까 -

Am
G
C
먹물 같 은 - - 이 내 - 심 정

Dm
G
Am
D.C.
사랑 - 님은 아 시 - 려 - 나 -

Am
G
Am
G Am
우리 - 님은 - 아 시 려 - - 나 - - -

사랑밖엔 난 몰라

심수봉 작사 / 심수봉 작곡 / 심수봉 노래

그 대내 곁에 선-순-간
무 심히 버려 진-날위 해
그 눈빛 이너 무좋 아
울 어주 던단 한사 람
어제는 - 울 었지 만오늘은 - 당 신땜 에
커다란 - 어 깨위 에기대고 - 싶 은꿈 을
내일은 - 행복할거 야 -
당신은 - 깨지말아 요 -
얼굴도 - - 아니 멋
이날은 - - 언제 나
도 아니아니 부드러 운사랑 만 이필요 -했어요 지나
기 다렸어요 서-러 운세월 만 큼안아 -주세요 그리
간 - 세월모두 잊 - 어버 리게
움 - 바람처럼 사 - 라질 까봐
당 신없 이아 무것 도이 젠- 할수없어
사 랑하 다헤 어지 면다 시- 보고싶고
사랑밖엔 난몰 라 -
당신이너 무좋 아 -
D.C.

사랑아

임강현, 최승진 작사 / 임강현 작곡 / 장윤정 노래

Disco
안돼요안 돼날 - 두고떠 - 나면안 - 돼
그렇겐못 해난 - 절대보 - 낼순없 - 어   갈테면가 봐모
- 든걸잊 - 고떠나 - 봐   그 땐뒤 - 돌 아 - 서 후 - 회를할
- 거야   희미 한 -   기 - 억 속에 너 - 의이름불 - 러도
-       다신볼 수 없던 사 - 랑 한 사람 -   아 -   사 랑아 -
나를 두 - 고떠나 가지 마   나만 두 - 고가려 거든 다 - 신   나 를 찾 지마
- - -   아 - 아 -   언 젠가 -   그대 나 - 를찾는 다해 도 -
그땐 내 - 가먼저 뒤돌 아 - 서 -   그 댈 볼 - 수없 - 으니
D.C. al Fine

사랑역

박정란 작사 / 박용진 작곡 / 임영웅 노래

돌 고- 돌 아   사 랑 - 역
돌 고- 돌 아   사 랑 - 역
다 시 한 번 내 - 렸 - 네   아 픔 만 - 두 고
다 시 한 번 내 - 렸 - 네   상 처 만 - 두 고
떠 나   가 는   저 기 차 는 말 이 없 는 - 데
이 리 갈 까 - 저 리 갈 까   몇 번 을 물 어 보 아 도
돌 아   온 대 답 은 멀 - 어 지 는   멀 어 지 는 기 적 소 리

-뿐 아 - 아 아아 사랑 - 역 나
에 겐눈 - 물 - -역 -
남 은 짐 - 구겨넣고 돌아서는내 - 모습
-이 - 마 주 친대합 실창 - 너머로
쓸 쓸 히웃음짓는 -다 아 - 아 아아 사랑 - 역 나
에 겐눈 - 물 - -역- -역- 나
에 겐눈 - 물 - -역- -

사랑은 나비인가봐

박성훈 작사 / 박성훈 작곡 / 현철 노래

Go Go
D A7 D Em
A7 D D
고요 - 한
D Bm A7
내가슴-에 나비-처럼 날 -아와 서 -
D Bm D
사랑 - 을 심어 놓-고 나비-처럼
A7 D
날아 간-사-람 - 내가 슴 에
D D Em A7
지울수 없 는 그리움 주 고간-사 람 -
D Bm A7 D
그리운 내 사연을- 뜬구름아전해다 오 아-아 - 아---
A7 D A7 D
아 - 사 랑 은- 얄 미운나비인가 봐 -
D.C.

사랑은 눈물의 씨앗

남국인 작사 / 김영광 작곡 / 나훈아 노래

Trot
Em   B7   Em   Am
Am   B7   Em   B7   Em
Em   Am   Em
사랑 이 무어냐고 물으신 다 면 눈물 의 씨 앗이라고
이별 이 무어냐고 물으신 다 면 눈물 의 씨 앗이라고
Bm   Em   B7   Em
말하겠 어 요 먼훗 날 당 신-이-나 -를 버
대답할 래 요
Em   Am   B7   Em
리 지-않 겠 지 요 서로 가 헤 어지 면
Em   B7   Em   B7   Em
모두가괴로워 서 울 테 -니 까---요

사랑은 늘 도망가

강태규 작사 / 홍진영 작곡 / 임영웅 노래

Slow Go Go
C   G/B   Am7   G   F   C/E
눈물이 난 -다   이 길을 걸으면-   그 사람 손길이-   자꾸
Dm7   Gsus4   C   G/B   Am7   G
생 각 이 난 다-   붙 잡 지 못 하 고   가 슴 만 떨었 지-   내
F   F/G   C   F/C   F/G   C   G/B
아 름 답 던 사   람 -아   사 랑 이 란 -게   참
이 분 -다   웃
Am7   G   F   C/E   Dm7   Gsus4
쓰 린 거더 라-   잡 으 려 할 수록-   더 멀 어 지더 라-   이 별
깃 을 세 워 도-   차 가 운 이별 에-   눈 물 이 차올 라-   잊 지
C   G/B   Am7   G   F   Dm   G7
이 란 -게   참 쉬 운 거더 라-   내 잊 지 못 할 사   람
못 해 -서   가 슴 에 사무 친-   내 소 중 했 던 사   람
C   F/C   C   %   F   C   Am7   G
아   사랑- 아 왜 도망 가-   수줍- 은 아이 -처 -럼-   행여

F   C/E   Dm7   F/G G   C   G/B
놓 아 버릴 까- 봐   꼭 움 켜 쥐지 만-   그 리 움   이 쫓-아 사 랑

Am7   C/G   F   Dm7   G7sus4   1.C
은 늘 도망 가-   잠 시 쉬 어 가 면 좋 을 텐- - 데- -

F/C   F/G   2.C F/C C   G/B   Am   G
바 람 - 데- -   기 다림도-   애 태-움 도- 다

F   C   Dm7   Gsus4
버 려 야하 는데   무얼 찾 아 이길 을- 서 성일 까 -   무 얼 찾-

Gsus4   G   D.S. al Coda
아 - -   여 기 있- 나- -   사 랑-

C   F/C C   F   G7sus4   G7
- 데- -   잠 시 쉬 어가면   좋을- 텐-데- - -

사랑은 아무나 하나

이건우, 태진아 작사 / 작곡자 미상 / 태진아 노래

Trot
사랑 은 아 - 무나하 나 사랑 은 아 무나 하
나 - 사 랑 은 - 아 무나 하나
눈 이 라도 마 주쳐 야 지 -
흔 히 하는 애기 가아 니 지 -
만 남의 기 쁨 - 도 이별 의아 품도 -
만 나고 만 나 - 도 느끼 지못 하면 -
두사 - 람이 만 - 드 는 걸
외로 - 운건 마 찬가 지 야
어느세 - 월 - 에 너와내가 만 나 점 하 -
나 를 - 찍을 - 까 - 사랑 은 아 - 무나하 나
어느 - 누가 쉽 다고 했 나 - -
D.S.

사랑은 안개

윤도영 작사 / 공정식 작곡 / 천동아 노래

사랑-은 안 개-라면 서 모를-듯한

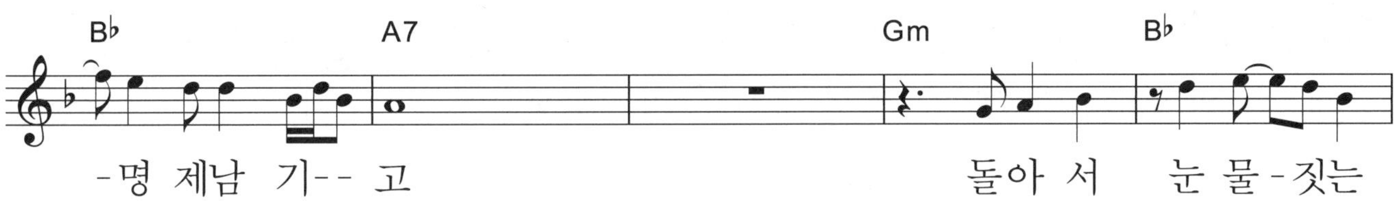
-명 제남 기-- 고 돌아 서 눈 물-짓는

당--신- 을 당 신 을- 어 찌합 니 까 -

사랑했 나 요-- 진정인 가- -요- 나없 인-

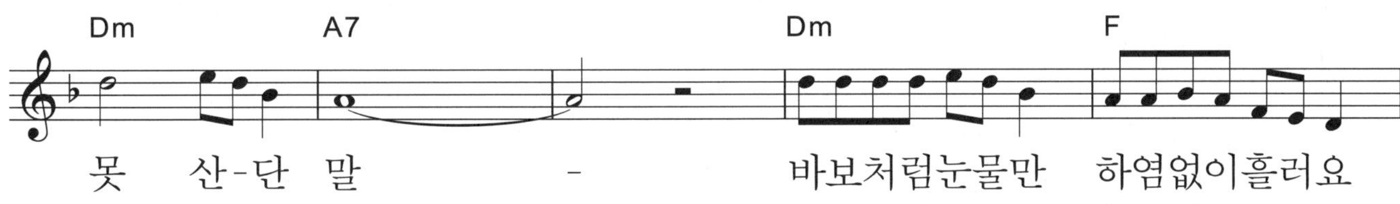
못 산-단 말 - 바보처럼눈물만 하염없이흘러요

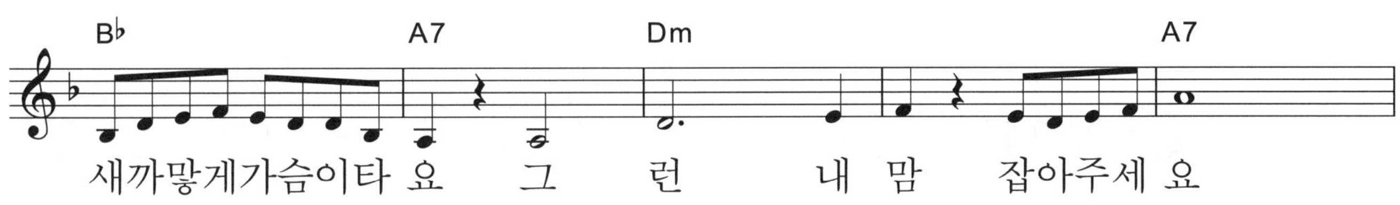
새까맣게가슴이타 요 그 런 내 맘 잡아주세 요

내 사 랑- -영원 -하니 까 -

사랑을 위하여

김종환 작사 / 김종환 작곡 / 김종환 노래

Slow Go Go
C Am F G
이른아 침에 잠에서 깨어 너를바 라볼수있다 면 물안
C Am F G C
개 피는 강가에 서서 작은미 소로 너를 부르리 - 하루
C Am F
를 살아도 - 행복할 수있다면 - 나는 그 길을 택하고- 싶
아플 때보다 - 네가아 파할때가 - 내가슴 을- 철들게- 했
G7 C Am
다 세상이 우리를- 힘들게 하여도- 우리
고 너의사 랑앞에- 나는옷 을 벗었다- 거짓
F G C G C
둘 은 변하지- 않아 너를 사랑하기에 저- 하 늘끝에 마지
의 옷을벗 어버- 렸 다
F D/F# G7 C Am
막 남은진실하나로 - 오래두 어도 진정 변하지않는 사랑
F G7 1. C 2. C
으 로남게 -해주오 내가 오 너를 오 사랑
D.S.
F G7 C Am C/G F G7 C
으 로남게 해주 오 -

사랑의 거리

정은이 작사 / 남국인 작곡 / 문희옥 노래

(D.S.) 여 기 는- 남서울영동 사랑-의 거-리
여 기 는- 남서울영동 연인-의 거-리
사 계-절 모두봄봄봄 웃 음꽃이피-니- 까
사 계-절 모두뜨거운 바 람이있으-니- 까
외 롭거-나- 쓸쓸할때는 누구라도한번쯤은
외 로움-에- 지친사람들 누구라도한번쯤은
찾아오세요 아- 아 여기 는 사- 랑 을-꽃피우는
걸어보세요
남서울영동 사 랑 -의 거-리 리

사랑의 미로

지명길 작사 / 김희갑 작곡 / 최진희 노래

Slow Go Go
Am D7 Em C D7
Am D7 Em C D G D7 G
Fine
그토
G C G D7
록 다짐을하건 만 사 랑 은알수없어 요 사랑
는 눈물은없어 도 가 슴 은젖어버리 고 두려
는 쓰라린이별 도 쓸 쓸 히맞이하면 서 그리
G Am D7 G
으 로눈먼가슴 은 진실 하 나에 울지 요 그대
움 에떨리는것 은 사랑 의 기쁨 인가 요
움 만태우는것 이 사랑 의 진실 인가 요
G Am Em
작 은 가 슴에- 심 어준 - 사 랑 이여- 상 처를 - 주 지 마오- 영 원히
D7 G Am D7
- 끝 도 시 작 도없이- 아득한 - 사 랑 의 미 로
3
1, 2. G
여 - 흐 르 여
때로
3. G C G
D.C. al Fine

사랑의 트위스트

이수진 작사 / 설운도 작곡 / 설운도 노래

Twist
G   C   D   D7
G   C7   G   Am   D7   G
G   C7   G
학창시절에 -   함 - 께추었던 -   잊 지 못할 샹하이트위스트 -
그녀와함께 -   신 - 나게추던 -   잊 지 못할 샹하이트위스트 -
C   G   D   G
나팔바지에 -   빵 집을누비 던 -   추억속의 사 랑의트위스트 -
단발머리에 -   미 소가예뻤 던 -   추억속의 사 랑의트위스트 -
C   G   Am   D
샹하이샹하이샹 하이   트위스트추면서 -   난 - 생처음 그녀를알았 고
C   G   C   A/C#   D7
샹하이샹하이샹 하이   트위스트추면서 -   온동네를 주름잡았 던
그녀에게 빠져버렸 던
Last time Rep.
G   C   D   G
사 랑 했던 모든 사 람들 - -   잊 지 못 할 추억 의트위스트 -
터 질 것 만 같은 이 가슴 - 은   잊 지 못 할 사랑 의트위스트 -

사랑의 밧줄

김상길 작사 / 박성훈 작곡 / 김용임 노래

Swing
Gm
Cm
D7
밧 줄로꽁 꽁 밧 줄로꽁 꽁 단 단히묶 어 라

Gm
D7
Gm
내 사랑 이 떠날 수 없 게

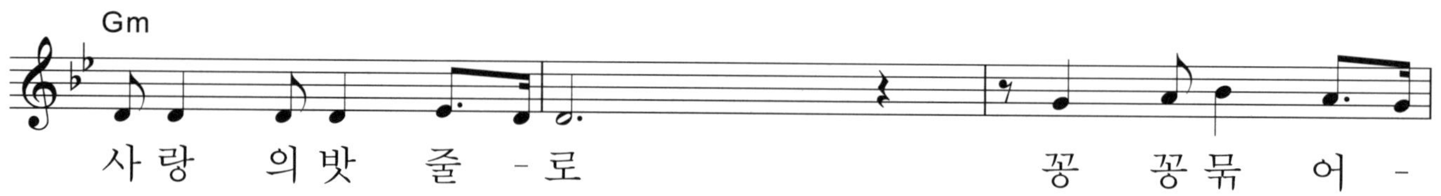

Gm
사랑 의밧 줄 -로
꽁 꽁묶 어 -

Gm
Eb
라
내 사랑 이 떠날 수 없
그 사랑 이 떠날 수 없

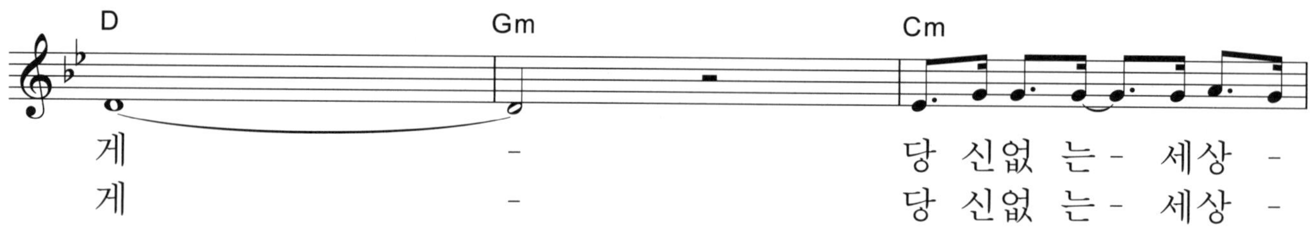

D
Gm
Cm
게
게
당 신없 는- 세상 -
당 신없 는- 세상 -

Gm
D
은
은
단 - - -하 루 도
나 - - -혼 자 서

Gm   D7   Gm
나 혼자 서   살 수가 없 네
아 무것 도   할 수가 없 네
Gm   D   Cm
바 보같 이떠난 다 니   바 보같 이떠난 다
나 를두 고떠난 다 니   나 를두 고떠난 다

D7   Gm
니   나 는나 는 - 어 떡하 - 라
니   정 말정 말 - 믿 을수 -없

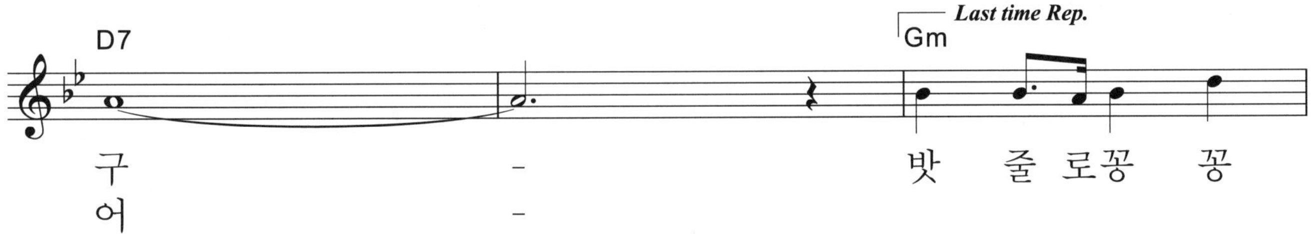

D7   Last time Rep.
                          Gm
구   -   밧 줄 로꽁 꽁
어   -

Gm   Cm   D7
밧 줄 로꽁 꽁 단 단 히묶 어 라

Gm   D7 Gm   Rep.
내 사랑 이 떠날 수 없 -게   -
그 사람 이 떠날 수 없 -게   -

사랑의 배터리

강은경 작사 / 조영수 작곡 / 홍진영 노래

Go Go
나를 사랑으로채워줘요
- 사랑의 배터리가다됐나봐 -요- 당신 없인못살아 정말
나는못살-아 당신은나의배터-리- 얼짱이아 니라도
좋아요 몸 짱이아 니라도 좋아요 나만을 위 해줄
당신이바로 내 겐-짱이-랍니 다 한번더나 를안아
사랑을가 득넣어
주세요 가슴이터지도록 안 아주세요 사랑의약 발이
주세요 가슴에넘치도록 넣 어주세요 사랑의약 발이
떨 어졌나 봐 당신-이필요-해 요 나를 사랑으로채워줘요
떨 어졌나 봐 나지-금외로-워 요 나를 사랑으로채워줘요
- 사랑의 배터리가다됐나봐 -요- 당신 없인못살아 정말

나는못살 -아 당신은나의배터 -리 - 내겐 당신만이전부예 --
요 당신이 너무좋아완전좋아 -요 - 하나 뿐인내사랑 둘도
없는내사 -랑 당신이짱이랍니 -다 - 아무리 힘든 날 에도
당신만 있다 면 힘들지않아 나는 슬프지않아
당신곁 이 라 면 아 -- 아 - 내겐
당신만이전부예요 - 당신이 너무좋아완전좋아 -요 - 하나
뿐 인 내 사 랑 둘 도 없 는 내 사 - 랑 당 신 이 짱 이 랍 니
-다 - 당신이짱이랍 - 니 다

271

사랑의 신호등

Black Edition, BUll$EYE, 소유찬 작사 / Keepintouch, Black Edition, BUll$EYE, 소유찬 작곡 / 정다경 노래

Disco
그댄 나의사-랑의 신 호등이야
다른남자모두 빨간불이야 아 오 직너에게만
지난일은모두 빨간불이야 아 너 와함께라면
초록불이야 우 리사랑이제 출 발할거야
초록불이야 영 원토록너와 달 려갈거야
반 복 돼 매일똑같은하루- 내겐-뭔 가특별한게
지 겨 워 매번똑같은이별- 나는-항 상퇴근길에
부족한거야 필 요 해 초록 불같은사람- 주월
걸린것같아
- 둘 러봐도나는 너하나뿐야 더 이-상 은

C Dm E
멈 추 기 싫 어 나 를 위 한 불 빛 이 되 어 줄 래
G C Dm E7
다 른 - 길 은 생 각 안 할 게 이 제 너 만 - 바 라 볼 게
E7 Dm G7
- 그 댄 나 의 사 - 랑 의 신 호 등 이 야 다 른 남 자 모 두
C E Am Dm E
빨 간 불 이 야 아 오 직 너 에 게 만 초 록 불 이 야 우 리 사 랑 이 제
Am E7 Am Dm G7
출 발 할 거 야 나 의 사 - 랑 의 신 호 등 이 야 지 난 일 은 모 두
C E Am Dm
빨 간 불 이 야 아 너 와 함 께 라 면 초 록 불 이 야
E Am E7 Am
영 원 토 록 너 와 달 려 갈 거 야
Fine   D.S. al Fine

사랑의 재개발

김이나 작사 / 조영수 작곡 / 유산슬 노래

Disco
싹 다 갈아엎어 - 주 - - - 세요 - - - - 머리
부 터 발끝까지 - - 모조리 싹 다 - 싹 다
갈아엎어 - 주 - - - 세요 - - - - 나비 하나날지않던 나
- - - 의 가 슴에 - 재개발해주 세요 - 내맘을 -
그냥 - 두지 말 아 줘요 - 금싸라기 - 같 은 내 맘을
내맘에 - 전 철역 - 을 내 어 줘요 -
그대만이 내 - - 릴 수 있는 - 오 오
- 그대맘을 - 심 으면 - 뭐 든 피 어나 - - 팥도나고 콩

- 도 날 텐데 - - 모조리 -
라 라라라라라 라 라라라라 - 내맘에 -
이정- 표를 세 워 줘요 - 딱집어서- 그 대 거 라고
- 내맘에- 박 자를-좀 넣 어 줘요-
쿵찍으면 딱- 을 할 게요 - 오 오
- 그대맘을- 심 으면-뭐 든 피 어나 - - 팥도나고 콩
- 도 날 텐데 - - 모조리 - 라 라라라라라
라 라라라라 - 하 사랑의재 개 - 발

사랑이 이런건 가요

이수진 작사 / 설운도 작곡 / 설운도 노래

Funky
A
E7
사랑이이런 건-가 요
가슴이떨- 려 오-네요 -
D
E7
A
나 그대 생- 각하면은 -
자 꾸만가-슴이 뛰-네요 -
A
E7
어 쩌다이- 렇게-멋 진
그 대를 만-나게 됐-는지 -
D
E7
A
아 무리생- 각 해도난 -
행운의남- 자 인가봐 -
A7
D
B7
E7
난이제 하루하-루가 -
그대있어너무 행 복 해- -
C#m
D
B7
E7
그깊은사 랑에 빠져
도대체 헤어나올수 가   없어
A
E7
사랑이이런 건-가 요
가슴이떨- 려 오-네요 -
Last time Rep.
D
E7
A
나그대생- 각하 - 면은
자꾸만가-슴이 뛰- 네요 -
D.S.

사모

나훈아 작사 / 심형섭 작곡 / 나훈아 노래

Slow Go Go
오소서 님이여 님 이시여 촉 촉히 젖은입 술
선 바람 그대모 습
로 - 바람에 업 히고 구름에 실 - -
로 - 푸서리 길 말고 꽃길 을따라
살 짝이오 - 소 서
낙 수 물에 - 머리를감 - 고 달 빛에 - - 머리를 - 빗
고 - 님이 오 시는 길 목 - 에서서
사 모 하는 가 슴 앓이 아 신 다면 은 오소 서 님이여
Last time Rep.
님 - 이 시여 살 - 짝이오 - - - 소 - - 서
잽 - 싸게오 - - - 소 - - 서
D.S.

사랑하기 좋은 날

추가열 작사 / 추가열 작곡 / 최진희 노래

주룩 주룩 비가 내린 다 - - 빗 소 리 는 음악 이 된
사랑 하기 좋은 날 이 야 - - 춤 이 라 도 추고 싶 구
다 - - 바 람 에 떨 어 지 는 낙 엽 은
나 - - 이 - 제 내 - 가 - 무 얼 바 랄 까
외로운 가 슴 에 눈 물 이 여 라 두근 두근 가 슴 이 뛴
죽 더 라 도 - 원 이 없 겠 네
다 - - 내가 이래도 되 는 것 인 지 - - 멈 춰버 - 린
사 랑 의 역 에 고동 치 듯 들 어 오는 사 랑
내 나 이 - 에 무 슨 - 사 랑 생 각 지 도 못 - 한 인

A   C#7   Bm   F#m
연 - -   꿈 속에 서 - 가끔보았던

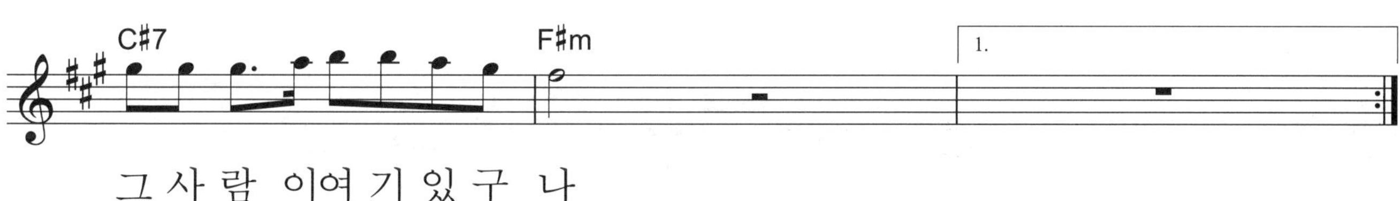

C#7   F#m   1.
그 사 람 이 여 기 있 구 나

2. C#7   F#m   Bm   A   C#7
왜 이제 - 야 오셨습니까   조금만더일찍오시 지 - -

Bm   F#m   C#7
푸 른청 춘 - 다 간 시 절 에   빠 듯 하 게 오 셨 나 -

F#m   Bm   F#m
요   꿈 속에 서 - 가 끔 보 았 던

C#7   A#   F#m
그 사람 이 여 기   -   있 구 - 나   -

사랑해요 그대를

설운도 작사 / 설운도 작곡 / 임영웅 노래

Go Go
너 무나 고- 마 운 사람
너 무나 따- 뜻 한 사 - 람 -
한 번 도 잊 어 본 적 없 는-
내 맘 속에 그-사람
나 그대 생- 각 만 해도 -
가 슴이 뭉- 클 해 지 - 고 -
그런당 신 내 곁 에

있-어 - 나 는행복한사람 -
그 대는나- 만의사랑 - 그 대 는 나만의 - 행 복
세 월가도영- 원 히 당 - 신은나 만 의 사랑-
사 랑해요 그-대를 - 사 랑해요 그-대를 -
이 생명 다할 - 때 까지 당 - 신은- 내사 랑
당 - 신은- 내-사 랑 - -

사랑했어요

김현식 작사 / 김현식 작곡 / 김현식 노래

돌아서 눈감으면 잊을까 - 정든 님 떠나가면
이제와 생각하면 당신은 - 내마음 깊은 곳에
어이해 - 발길에 부딪히는 사랑의 추억
찾아와 - 사랑의 기쁨보다 아픔인 것을
두 눈에 맺혀지는 눈물이여 죠 사랑
나에게 심어주었
했어요 - 그땐 몰랐지만 이마음 다 바쳐서

E7   Dm   Am
당 신 을 사랑했 어 요   이젠알 아 요   사랑이무언 지
G   E7   Am
마 음 이아프 다는걸   -   돌아서눈감으면
Dm   G   C
잊을까 -   정 든 님 떠 나 가 면 어이해 -
Dm   Am   G   E7
발 길 에부딪 히 는   사랑의추 억   두 눈 에맺 혀 지 는
Am   Dm   G
눈 물 이여
C   Dm   Am   G   E7   Am
D.S. al Coda
사 랑
Dm   Am   G   E7
발 길 에부딪 히 는   사랑의추 억   두 눈 에맺 혀 지 는
Am   Dm   Am   F   E7   Am
눈 물 이여

사모곡

이덕상 작사 / 서승일 작곡 / 태진아 노래

Slow Go Go
앞 산 노 을 / 질-때 까 지 / 호 미 자 루 벗- 을- 삼 아
무 명 치 마 / 졸-라 메 고 / 새 벽 이 슬 맞- 으- 시 며
- / 화 전 - 밭 / 일 구 시 고 흙 에
- / 한 평 - 생 / 모 진 가 난 참 아
살 던 어 - 머 - 에 / 땀 에 찌 든 삼 베 - 적 삼
내 신 어 - 머 - 니 / (D.S.) 자 나 깨 나 자 식 - 위 해
기 워 입 고 살 으 시 다 - / 소 쩍 새 울 음 따 라 하 늘 가 신 - 어 머 -
신 령 님 께 빌 고 빌 어 - / 학 처 럼 선 녀 처 럼 살 다 가 신 - 어 머 -
니 / 그 모 - 습 / 그 리 워 - 서
니 / 이 제 - 는 / 눈 물 말 - 고
이 한 밤 을 - 지 - 셉 니 다 / 까
그 무 엇 을 - 바 - 치 리
D.S.

상사화

안예은 작사 / 안예은 작곡 / 안예은 노래

Waltz
사 랑이 왜 이 리 고 된 가 요 이게 맞 는 가 요 나만
사 랑이 왜 이 리 아 픈 가 요 이게 맞 는 가 요 나만
이 런 가 요 고 운얼 굴 한 번 못 보 고-서 이리
이 런 가 요 하 얀손 한 번 을 못 잡 고-서 이리
보 낼수 없 는 데 - 다시돌아 올수없는 그
험 한 길 위 에 어찌 하 다 오 르 셨 소 내가가야
만 했 었 던 그 험 한 길 위 에 그 대 가 왜 오 르 셨
소 - 기 다 리 던 - 봄 이 오 고 있 는 데
이 리 나를 떠 나-오 긴 긴 겨 울 - 이
모두 지났 는 데 왜나를-- 떠나 가오 -

산다는 건

강은경 작사 / 조영수 작곡 / 홍진영 노래

16 Beat

산다는

건 다그런거래 - 요 힘들고 아픈날도많지만 산다는

건 참좋은거래 요 오늘도 수고많 으셨 - 어-요

어 떻게지내셨나 요 오늘도 한잔걸치셨네 - 요
옆 집이부러운가 요 친구가 요즘잘나가나 - 요

뜻 대로되는일없 - 어 한숨이 나도슬퍼마세 - 요 어느
남 들은다좋아보 - 여 속상해 져도슬퍼마세 - 요 사람

구 름속 에 비가 - 들 었 는지누가알 - 아 살다
마 다알 고 보면 - 말 못 할사연도많 - 아 인생
보 면나 - -에 게도 - 좋 은날이온답니 - 다 산다는
이 별거 - -있 나요 - 거 기 서거기인거 - 지
건 다그 런거래 - 요 힘들 고 아픈날도많 지만 산다는
(D.S.) 세상 일 이란 알수없 지만 산다는
건 참좋 은거래 요 오늘 도 수고많 으셨 - 어-요 라라
건 참멋 진거래 요 모두 가 내일도 힘내 - 세-요
- 라 - 라라 - - 라 -
- 어-요 산다는 오늘 도 수고많 으셨 - 어-요
D.S. al Coda

샤방 샤방

김지환, 임영 작사 / 김지환 작곡 / 박현빈 노래

샤방샤방 -
샤방샤방 -
샤방샤방 -
샤방샤방 -
아주그냥 -
죽 여줘 요 -
샤방샤방 -
누구나 사 - 랑 하는 매력적인 - 내 가 -
모든게 준 - 비 가된 잘나가는 - 내 가 -
한여자 를 - 찍 - 었 지 -
아름다 운 - 그 녀모 습 -
눈이부 신 - 그 녀모 습 -

너-무-나 - 섹 시해 샤방샤방 -
얼굴 도 샤방샤방 - 몸매 도
샤방샤방 - 모든것이 - 샤 - 방 샤
- 방 샤방샤방 - 얼굴 은 브이라인 -
몸매 는 에스라인 - 아주그냥 -
죽 여줘 요 - 샤방샤방 -
아주그냥 - 죽 여줘 요 - 샤방샤방 -

서울 가 살자

임창정 작사 / 임창정 작곡 / 금잔디 노래

Slow Go Go
C#m
G#m
C#m   G#7   C#m

C#m
G#m
A
그 이-불 솜   베게 다   버리-고   우리 이 제- 서-울 가서 살
그 다- 짐과   처음 약   속들-고   우리 이 제- 서-울 가서 살

E
A
E
자   그대 야 가-말-한   -천번에 약   -속-은-   괜찮
자   그대 야 가-흘-린   -미안한 눈   -물-은-   괜찮

F#m   G#   C#m   %A
으니 - 서울 가 살 자   저 달이 건너가 -   먼저
으니 - 서울 가 살 자   별빛이 뜨고도 -   해가

- 비춘다니-   우리무슨어-떤-걱정- - 있 을 까요- -   그
- 있 - 다는-   그곳에서어- 떤-행복- -기다릴까요- -   그

댈   -원망하진않아요 -   이 -젠- -   그래서 또살- 아보-는
댈   -원망하진않아요 -   아 -마- -   내-가 더원- 했었-던

- 세월일건 데 - - -   미련없이버리 고 서 -울 가살 자- - -
- 사랑일 테 니 - - -

D.S. al Coda
그대 도놓-지 말아 요   오   저 달 이

미련없 이 버리 고서 -울 가 살 자- - -   -

서울 탱고

소산 작사 / 방기남 작곡 / 방실이 노래

Tango
2x Instrument Solo
내나이묻 지 - 마 세요   내이름도묻지마-세 요
고향도묻 지 - 마 세요   아무것도묻지마-세 요
이 리저-리   나부끼며   살아-온인생입니
서 울이-란   낯선곳에   살아가는인생입니
다   다   세상의인간사야모   두가
모두가부질 없는 것   덧없이왔 다가떠   나는
인생은구름 같은 것   그냥 쉬었다가   세요
술이나한잔하-면 서   세 상살-이   온갖시름
모두다잊으시구 려   모두다잊으시구 려

소양강 처녀

반야월 작사 / 이호 작곡 / 김태희 노래

해 저 -문 소 -양 강-에 황 혼
동 백 -꽃 피 -고 지-는 계 절

이 지- -면 - 외 로 -운
이 오- -면 - 돌 아 -와

갈 대-밭 -에 슬 피우 는-두 -견 새 야
주 신-다 - 고 맹 세하 고-떠 -나 셨 죠

- 열 여 덟딸 기같 은 어 린 내 순 정
- 이 렇 게기 다 리 다 멍 든 가 슴 에

너 마 저 몰 라-주 면 나는나는어 -쩌 나 아 -
떠 나 고 안 오-시 면

그 리 워 서 애 -만 태-우 는 소

양 - - - - -강 처 - - - 녀 -

서울 대전 대구 부산

정의송 작사 / 정의송 작곡 / 김혜연 노래

서울대전대구부산 찍고
서울대전광주목포 찍고
서울대전대구부산 찍고
서울대전광주목포 찍고
내 님은어디에 있나 서울에 있나 -
대전에 있나 -
광주에 있나 -
대구에 있나 -
목포에 있나 - -
부 산 에 있나 - -
나 홀 로 남겨두고 - 어 데 로 갔나 -

Cm   B♭   Am7 -5   D7
봄이오면 - 돌아온다던 그 사-람인데

Gm   Cm   F7   B♭   D7
아 무 리 기다려도 - 소 식 도 없어 -

Cm   B♭   D7   Gm
그리움에 - 눈물이맺혀 어 느 새 글 썽

Gm   D7   E♭   F7   B♭   D7
그 님 을 만 나러 - 서울대전대구부산 찾아봤지만
그 님 을 만 나러 - 서울대전광주목포 찾아봤지만

Gm   D7   Gm   E♭   A7
아무데도간 곳이 없 더라 - 헛 수 고 - 더 라

Last TIme Rep.
Gm   Cm   E♭   D7   Gm
나는그만 - 주저앉아 - 울 고 말 았 네---
D.S. al Fine

서울의 달

이건우, 알고보니 혼수상태, 김지환 작사 / 이건우, 알고보니 혼수상태, 김지환 작곡 / 송가인 노래

Slow Go Go
Am D7 F
서 울 살 이 타 향 살 이 고 달 픈 날에- 울 엄 마 가 생 각 이 난다
서 울 살 이 타 향 살 이 외 로 운 날에- 울 엄 마 가 보 고 싶 구나
E Am D7
- - - 조 물 조 물 무쳐 주신 나 물 반 찬에-
- - - 차 창 가 에 부딪 치는 달 빛 을 보며-
F E7 Am F
된 장 찌 개 먹 고 싶 구나 - 겁 도 없 이 떠나 온-
엄 마 소 원 빌 어 도 본다 - 겁 도 없 이 떠나 온-
C F E7
머 나 먼 길에 - 보고 싶은 내고향- 눈 에밟힌다- - 언젠가
머 나 먼 길에 - 남쪽 바다 내고향-
Am F G
서 울 에가 서 성 공 을해 서 돌 아온 다 약 속 했 는데
E Am D F E7
- 세 상에 울 고 웃다가 바쁘 다 보니 - 꿈에서 나 갈수 있 구나

Am   F   E7   Am
D.C.
서울의달바라보면 서 - -
Am   F
언 젠 가 서 울 에가 서   성 공 을해 서
G   E   Am
돌아온 다 약 속 했 는데 -   손 편 지 한 장 갖고 는 -
D   F   E7   Am
너무모 자 란 -   내인생 의 일기를쓴 다
F   E7   Am
서 울 의 달 바라보 면 서 - -   우 우 - - -
D   F   E
우 - 우 - 우 우 우   우 - - -   바 라보 - 면
Am   D   E7   Am
서 - -   아 - -   아

세월아

정인, 신유진 작사 / 임강현 작곡 / 장윤정 노래

Trot
가려-거-든 먼저가--거-라 쉬-
엄 ---쉬엄 쉬 었다--가--게
세 -월-아- 가지말 어--라
가려-거든--혼 자서--가-지

Am
Dm
Am
애 - 꽃은 - 이 내몸 은 - - 어이하 - - 라 - 구 세 -
F
E7
Am
월 - - - 아 - 야속도하 - - 구 - 나
E7
Am
C
찬 바 람 도 - - - - - 비바 - - - 람 도
Dm
F
B7
E7
견 디 온 - - 내 - - 청춘 - 아 -
Am
그 누 - 가알아주 - - 나 - - - - - 그 누 - 가알아주 - - - 나 -
Am
F
E7
속 절 - 없 이 - 살아 - 온 세 - 월 -
Am
Dm
Am
가 려 - - - 거 - 든 - 먼저가 - - 거 - 라 쉬 -
F
E7
Am
엄 - - - 쉬엄 쉬 었다 - - 가 - - 게 -
D.S.

손이 참 곱던 그대

김현우, 이승호, 명승원, GLODY 작사 / 김현우, 이승호, 명승원, GLODY 작곡 / 임영웅 노래

Slow Rock
손 이 참
곱 던 그대 어 느 새이렇게- 내 맘깊 - 숙이 스
며 들었나요- 나 그대의 그 미소에 맘 이떨려한순간그 대때 문
에 음 흠-그 대 여- 음 흠-
날받 아주 세요 나
날받 아준 다면 다
그 대에게안길 게요 한순간에 일초만에당장 너에게 달려갈게
그 대에게바칠 게요 내하루의 일분일초까지 당신만 생각할게
저 붉 은태 양보 다그 대 만- 저 푸 른하 늘보 다
저 지 는노 을보 다그 대 만- 저 우 주별 빛보 다

그 대 만- 사랑해 너무사랑해 세상 그무엇보다밝게 날비-추
네 음 흠 그대여- 음 흠-
대여- 음 흠-
네 음 흠 그대여- 유후- 네 음 흠 그
대여- 음 흠- 손 이 참
곱 던 그대 내 맘깊 -숙-이
나 그대의 그 미소에- 음 흠-
D.S. al Coda

송인

신유진 작사 / 임강현 작곡 / 장윤정 노래

바 람에 날 리는 저 꽃잎 보며 동 그라미그 려보다
옷 깃에 가 려진 저 달빛 처럼 기 약없이기 다리다
가 - 오 -늘밤꿈 속에-날 -찾을까 시린
가 - 밤 -새워흐 르는-눈 -물조차 행여
가 슴만 애 태우 죠 - 바 람아바 람아-
짐 될까 감 추었 죠 -
닿 을수없는 그 길 따 라가 다 -
고 -달픈걸 음에 눈 물고이면 몰래나 대신 훔 쳐다
오 - 이 마음 전 해다 오 -

송학사

김태곤 작사 / 김태곤 작곡 / 김태곤 노래

Slow Go Go

D.S. Time Instrument solo
산모퉁이 바로돌아
송 학 사 있-거늘 -
무얼 그리 갈래갈래
깊 은-산 속-헤매 나 -
밤벌레의 울음계곡 별빛곱게
내려앉나 니 - 그리운맘
님에게로 어 서-달려-가보세
- 어 서-달려-가보세 -

수은등

유수태 작사 / 김호남 작곡 / 김연자 노래

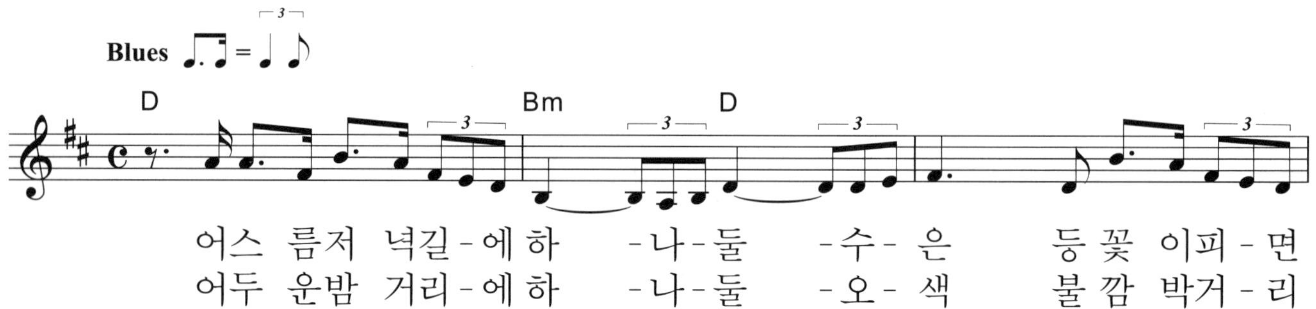
어스 름저 녁길-에하 -나-둘 -수-은 등꽃 이피-면
어두 운밤 거리-에하 -나-둘 -오-색 불깜 박거-리

은 그대 와단 둘이-서거 - 닐-던 이 -
면 그대 의웃 음소-리들려 올-듯 내가

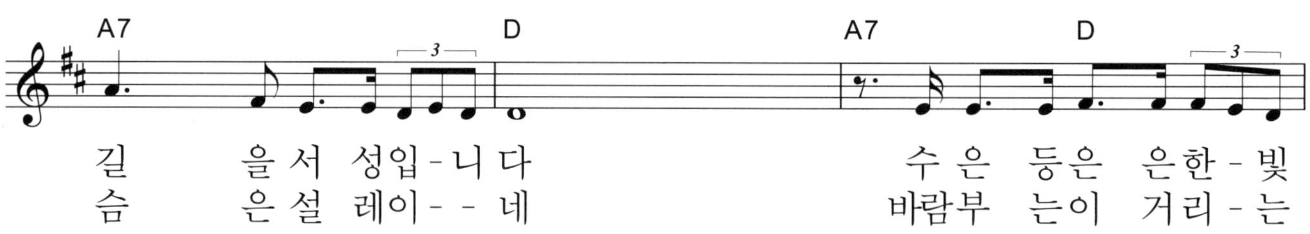
길 을서 성입-니다 수은 등은 은한-빛
슴 은설 레이- -네 바람부 는이 거리-는

변함은 -없어도 당신 은변 했구 려보이지-않-네 아- -
변함이 -없건만

아 아아 수은등불 빛아래 이 발길 은떠 날줄-몰라
아 아아 오색불깜 는이는 이 거리 를잊 으셨-구 료

숨어 우는 바람소리

김지평 작사 / 김민우 작곡 / 이정옥 노래

Slow Go Go
갈대 밭 이보이는언 덕 통나 무집 창가에 길
나 는차 - 한잔 을 마주 하고 앉으 면 그
떠 난소 - 녀같 이 하 얗 게밤을 새우 네 김이
사 람목 - 소린 가 숨어
우 는바 람소 리 둘이서걷 던 갈대밭길에 -
달 은지고 있는 데 잊는다하 고 무슨이유 로
눈물이날 - 까 요 아무 아 아 - 길잃은 사슴 처 럼 그리
움 이돌아 오 면 쓸 - 쓸 한갈 - 대숲에 숨어
우 는바 - 람소 리 우 는바 람소리
D.S.

시계바늘

신웅 작사 / 신웅 작곡 / 신유 노래

Disco
F   Dm
Dm   F   C7   F
사 는
돈 이
F
게   뭐 별 거 있 더 냐   욕 안
좋   아 여 자 가 좋 아   술 이
Dm   F
먹   고 살 면 되는거 지
좋   아 친 구 가 - 좋 아
B♭   F   B♭   F
술   한 - - 잔 에 -   시름을 털 고
싫   다 - - 하 는 -   사람은 없 어
Dm   F   C   F
너 털 웃 음 한 번   웃어보자 - 세 상 - 아 -
너 도 한 번 해 보 고   나도한번 - 해 본 - 다 -

시 계 - - 바 늘 - 처럼 돌 고 돌 - 다 가
가 는 길 을 잃 은 - 사 - 람 아 -
미 련 따 윈 없 는 거 - 야 후회 도없는 - 거 야 아 아
아 아 아 - 아 - 아 - - -
세상 - 살이 - 뭐 다 그런 - 거지 - 뭐
나나 나 나나나 나나나 나 - 나나나
나 나나나 나나나 나 뭐
세상 - 살이 - 뭐 다 그런 - 거지 - 뭐

시절인연

김지환, 알고보니 혼수상태 작사 / 김지환, 알고보니 혼수상태 작곡 / 이찬원 노래

Slowly
사 람 이 떠 나 간 다 -
고   그대 여   울지마 세 - - 요   오고 - 감   때가있으 -
니   미 련 - 일   랑두지 마 세 - - 요 -   좋았던날
생각을 - 하 - 고   고마 - 운맘   간직을 - 하 - 며 아 - 아   살아 -
가야지 -   바람처럼물 처 - 럼   - 가는
인연   잡지를 말 - 고   오는 인연   막지마 세 - 요   때 가

D   Bm   Em   A   D
되면 - 찾아올거 - 야   새로 -운 -   시절 - 인-연 -

D   D   F#m
-              친구가멀어진다- 고   그 대

G   D   Em   Bm
여   울지마세 -요-   영원 -한   것은없으- 니   이별-

Em   A7   D   Bm
에   도웃어주세 - - 요-   D.S.   - 인-연   새로

Em   A7   D   Bm
-운-   -   시 절 - 인 - -   연

D
-              사람이떠나간다-

F#m   G   D
고   그대 여   울지-마 -세-요 -

신사답게

지광민, 박영탁 작사 / 지광민, 박영탁 작곡 / 영탁 노래

16 Beat
살 랑 살 랑 춤 을 춰 봐
이 것 저 것 재 지 말 고
신 사 답 게 껄 렁 껄 렁 대 지 말 고 젠 틀 하 게
남 자 답 게 왔 다 갔 다 하 지 말 고 뚝 심 있 게
입 가 에 언 제 나 점 잖 은 미 소 - 어 디 서 나 I got my
약 속 은 언 제 나 칼 같 이 지 켜 - La - dy 를 위 한 나 의
at - ti - tu - de 오 남 녀 노 소 모 두 에 게 매 너 있 게
hand - ker - chief
잘 났 거 나 못 났 거 나 상 관 없 - 네 - - 허 세 같 은 말 은 어 울
리 지 않 는 남 자 - 오 늘 도 난 길 을 나 서 네 - - 신 사 답
게 - Man - ners make - th man________

Gm
A7sus4
멘 탈이외모라면 나는Tom Har-dy ___ 수트밑에감춰진My
A7
Dm
bod-y 신사답 게 - Man-ners make-th
B♭
Gm
man ___ 언 제나변함없는Class-ic 의 가 치 -
A7sus4
1.A7
Dm
이시대의멋진젊은 이 신사답 게 - - - -
B♭
A7
2.A7
Dm
- 이 티하나만걸 쳐도
Dm
B♭
태가나는남 자 얼굴보단실 - 력이핸 - 섬한남 자-
Gm
A7
어제보단오늘이더빛 - 나는남 자- 편하지만쉽지않은
A7
A7
Dm
D.S. al Coda
남자 신사답 이 신사답 게 -

신토불이

김동찬 작사 / 박현진 작곡 / 배일호 노래

Swing
D
Bm
E7
A7

D
A7
Em7
A7
D

A7
D
Bm
너 는 누구냐- - 나 는 누구냐-

Bm
D
Em
D
- 이땅에태어난 우 리모 두신 토불 이신 토불 이-

A7
G
A7
D
신 토불 이- 신 토불 -이야 - 압 -구정-

Em
A7
D
강 남거 리- 여기는어 -디 냐 순- 이- 는-

D   Em7   A7   D   A7
어디가고- 미 쓰리 만있 -느냐- 쏘- 윈도 의
Bm   D   A7   D
마 네킹 이- 외 제품 에춤 을추 네- 쌀 -이 야-
Em   E7   A7   D
보 -리야- 콩 이야팥 -이 야 우- 리몸 엔
Bm   Em7   A7   D
우 리껀 데- 남 의것 을왜 찾느 냐- 고 추장 에된 장-
A7   D   Bm   D
김 치 에깍 두기 잊 지마 라잇 지마 너 와나 는한 국인 신 토불 이-
D   Bm   Last Time Rep. Em7   A7   D
- 신 토불 이- 신 토불 -이 야이
D.C.

313

신사동 그 사람
정은이 작사 / 남국인 작곡 / 주현미 노래
Trot
A   F#m   A
희 - - - 미한 불빛 사이로   마주치는 그 눈길
희 - - - 미한 불빛 사이로   오고가는 그 눈길
E7   A   D
피할 수 없어   나 도몰 - 래 - 사 - 랑을 느끼며
어쩔 수 없어   나 도몰 - 래 - 마 - 음을 주면서
E7   A   E7   A
만 났던 - - 그 사 람   행 여오 늘도 다시 만 - 날까
사 랑한 - - 그 사 람   오 늘밤 도 - 행여 만 - 날까
A   D   E7   A
그날밤 그 자리에 기다리는 데   그 사람 오지 않고
그날밤 그 자리에 기다리는 데   그 사람 기다려도
E7   A   E7
나를 울리네   시간은 자정 넘어 새벽으로 가는 데
오지를 않네   자정은 벌써 지나 새벽으로 가는 데
A   E7   A
아 - 그 날밤 만났던 사람 -   나 를 잊으셨나 - 봐 -
아 - 내 마음 가져 간 사람 -   신 사동 - 그 사 - 람 -

싫다 싫어

이호섭 작사 / 박성훈 작곡 / 현철 노래

Go Go
아 닌- -다른사람 도   얼마 든 지많고많-은 데
왜하필당신만-을 사랑 하고 이렇 게   도애를태우 나
왜하필당신만-을 사랑 하고 괴로 움   에눈물흘리 나
싫 다싫어 - 꿈도사랑도   싫다싫어생각을말 자
싫 다싫어 - 꿈도사랑도   싫다싫어모 - 든것 이
당 신의거미줄에 묶인줄-도모르고   철없이보내버린 내가너-무미워서
세 가닥거미줄에
아 차해 도   뉘우쳐도   모두가 지난이- 야- 기

10분 내로

이병오 작사 / 이호섭 작곡 / 김연자 노래

Go Go
그래요믿어줄게 요
나만사랑한 다 - 면
딱한가지 만   약속해줘 요   내 가전화할 때
딱한가지 만   약속해줘 요   세 상끝나도 록
늦어 도   십분 내로   내게 로 달려 와요
바람 이 분다 해도   눈보 라 친다 해도
꾸물대지말고 핑 - 계대지말고   옆길로새지도말 - 고 -
나만사랑한다 나 - 만생각한다   그렇게약속해줘 - 요 -
여   자 는   꽃 이랍 니 다
당   신 은   나 만의 남 자

G Em Am D7
혼 자 - 두지 - - 말아 - - 요 -
나 는 - 당신 - 의 - 여 - - 자 -
G Em G
당 신 - 가 슴에 - - 영원히지지않 - 는
언 제 - 나 멋 - 진 - 당 - 신가슴에안 겨
Am Em D7 G
꽃이 될 - - 래요십 - - - 분 내 로 -
G B7 Em C
여 자 는 꽃 이랍 니 다
G Em Am D7
혼 자 - 두지 - - 말아 - - 요 -
G Em G
당 신 - 가 슴에 - - 영원히지지않 - 는
Last Time Rep.
Am Em D7 G
꽃이 될 - - 래요십 분 내 로 -

18세 순이

나훈아 작사 / 나훈아 작곡 / 나훈아 노래

2x time Instrument solo
살구 꽃 이-필 때-면 돌아 온다-던 내사 랑- 순 이-는 돌
-아올줄모-르고 - 서쪽 하 늘-문틈 -새 를 새어 드 는
바람 에- 떨-어진- 꽃 냄 새가 나를 울-리 네 -
가야 해- 가야 해- 나는 가 야해 - 순 이
찾아 가야-해 - 가야 해- 가야 해-
나는 가 야해 - 순 이 찾아 가야 해 - 음-
음 누가 이런- 사 람-을 본 적 있나
Last time Rep.
요 나 이 는- 십 팔 세- 이름 은-순 이

쌈바의 여인

이수진 작사 / 이영춘 작곡 / 설운도 노래

Samba
Em
내 마음을 사로잡는 그대-
D
쌈바춤을 추고있는 그대-
Em
화려한 불빛-
Am
음 - 악에 젖어-
Bm7
사랑에
Em
취해버린 그대-
Em
사 랑사랑한다고 -
Am
D
좋 아좋아한다고 -
G
B7
Am
눈빛 하나로-
젖은머 리결-
Em
몸짓하나로-
젖은눈동자-
C
내 맘 사로 잡는밤 -
내 맘 사로 잡는밤 -
B7
Em
쌈 바쌈바쌈바 쌈 바-
Am
D
춤 을추고 있는 그 대-
G
B7
Em
쌈 바쌈바쌈바 쌈 바-
Am
F#m7-5
사 랑스런 나의 그 대-
B7
Am
이 밤 그 대는-
Em
불 타 오 르는-
C
영 원 한
B7
나 만 의 사랑
1.Em
2.Em
Em
D.S.
Fine

쓰러집니다

장대성 작사 / 김진룡 작곡 / 서주경 노래

Go Go
F#m   C#7   F#m C#7 F#m
쓰러집니다   쓰러집니다   쓰러집니다 올때
F#m   C#7   F#m   C#7   F#m   Bm
는 내 게예고없이 다가왔다가- 이제 와 서날 떠나요
F#m   C#7   Fm   C#7   F#m
말도- -안될- 펑계어쩌면- 잘갖 다 붙여 뻔 뻔하게도 - 차라
F#m   C#7   F#m   C#7   F#m   C#7
리 내가싫어-졌다 말을한다면- 잡을 나 도아니겠지만 -
가 멀다나를-찾던 그대사랑은- 모두 연 극이란말이죠 -
F#m   C#7   F#m   C#7   F#m
사랑 --해 서- 떠난다는말- 지금 뭐 하자는겁니까 -
나없 --으 면- 못산다는말- 없던 걸 로하잔말이죠 -
C#7   F#m   Bm7   E7   A   C#7
쓰러 집니다- 쓰러 집니다- 그대말을 듣고있 으면 -

뭐가어때때 서 그런건가요- 사 랑 이장난인가요 -
가던길그냥떠나지- 왜 돌려요- 이제는그만-날 - 놀려요 -
가던 길그 냥 떠 나지 - 왜 돌 려요- 가던 길 - 그 냥
떠나지- 하루 가던길그냥떠나지- 왜 돌려요
이제 는그만 -날 - 놀 려요 - 가던 길돌 려 왔 다가-
다 시 가면 - 나 정 말 - 쓰러- 집 니다 -
쓰러집니다 쓰러집니다 쓰러집니다

아름다운 강산

신중현 작사 / 신중현 작곡 / 이선희 노래

Rock 16 Beat
하늘은 파랗게 - 구름은 하얗게 - 실바람도불어
나뭇잎 푸르게 - 강물도 푸르게 - 아름다운이곳
와 부풀- 은 내마- 음 손잡고 가보자 달 려보
에 네가있 고 내가있 네
자 저광- 야로 우리들 모여 서 말 해보자 새희- 망을
하늘은 파랗게 - 구름은 하얗 게 - 실바람도불어
와 부풀- 은 내마- 음 우리는 이땅위에
우리는 태어나고 아름다운이곳 에 자랑스런이곳
에 살 리 라 - 찬란하 게빛나 는 붉은
태 양이 비추 고 하얀물 결넘치 는 저바 다 와함 께있 네

Cm   Eb   Gm
그 얼마나 좋은 가   우리사 는이 - 곳 에   사랑하 는그대

Ab   Gm Ab F Bb   Gm
와   노 래 하리   밤 밤바바밤 바 바밤   바

Gm   F7   Bb   Cm
바밤 밤 바 바라바바바바밤   오   오   오

Gm   F7   Bb   Eb
오늘도 너를 만 나러 가야 지   말해야 - 지 -

Eb   Dm   Eb   Dm   Gm
먼 훗 날에   너와나 살 고지 고   영원 한   이곳

Dm   Gm   Dm   Eb   Gm
에   우리의   새꿈을   만들어   - 보 고 파

Gm   Cm   Gm
-        봄 여름이지나 면   가을겨울이온다 네

Bb   F7   Eb
아 름다 운강 산   -   너의 마 - 음나의마음   나 의
                                영원 히영원히 -   사 랑

Eb   Bb   1.F7
마 - 음너의마음   너 와 나 는 한마음   너와 나   우리
영원 히영원히 -   우 리 모두다모 두다   끝 없

2.F7   D7   Gm
이   다 정 해 - - - - - -   -

아빠의 청춘

반야월 작사 / 손목인 작곡 / 오기택 노래

Swing
Am
Dm
이 세 상 의부모마음 - 다 같 은 마 -
세 상 구 경서울구경 - 참 좋 다 마 -
E7
Am
음 아 들 딸 이 잘 되라 고 -
는 돈 있 어 야 제 일이 지 -
Dm E7 Am
E7 Am
행 복 하 라 고 마 음 으 로 빌어주는 -
없 으 면 산 통 마 음 착 한 며느리를 -
E7
Am E7 Am
박 영 감 - 인 - 데 노 랭이 라비 웃으며욕 하지 마라 -
내 몰 라 - 보 - 고 황 소고 집부 리다가큰 코다 쳤네 -
Am
E7 Am
나 에 게 도 아 직까지 - 청 춘 은 있 다 -
나 에 게 도 아 직까지 - 꿈 이 야 있 다 -
Am E7 Am Dm E7
원 더 풀 - 원 더 풀 - 아 빠 의 청 춘
Am
E7 Am
부라보 - 부라보 - 아 빠 의 인 생

애모

유영건 작사 / 유영건 작곡 / 김수희 노래

Slow Go Go
그대가슴에- 얼굴을묻고- 오늘은울고싶라- -
얼 - 만 - 큼- 나더살아야- 그대를잊을수있나 -
세월의 강 너머 우리사랑은- 눈물속에흔들리는 데
한마디 말 이-
모자라서- 다가 설수 없는사람 아 그대 - 앞에만
서-면 - 나 - 는 왜작아지 는가 - 그대 - 등뒤에
서면 - 내- 눈 은젖어드는 데 사랑때문에-
침묵해 야할 - 나 는당신의여자 - 그리고추 억이
있 는- 한 당 - 신은 나의남자 요
요 당- 신 - 은- 나의남자 요
D.S.

아모르 파티

이건우, 신철 작사 / 윤일상 작곡 / 김연자 노래

Disco
산다는 게 다그런 거지 - 누구나 빈 손 으 로
란 붓을들 고서 - 무엇을 그 려 야 할
와 소설같 은 한 - 편의애 기 들 을 세
지 고민하고 방 - 황하던 시 간 이 없
상 에뿌리며살 지 자신에 게 실 - 망 하
다 면거짓말이 지 말해뭐 해 쏜 - 화 살
지 마 - 모든걸 잘 할 순 없 어 오 늘보
처 럼 - 사랑도 지 나 갔 지 만 그 추 억
다 더 나은내일 이 면 돼 인 생 - 은지금 - 이
들 눈 - 이부시면 서 도 슬 펐 - 던행복 - 이
야 - 아모 르파
티
아모 르파티 인생이

나 이 는 숫자 마음이 진짜 가슴이 뛰는 대로 가면
돼 이제는 더 이-상슬픔이여 안 녕- 왔다갈 한 번- 의인 생- 아
- 연 애 는 필수- 결혼은 선택- 가슴이 뛰는- 대로 하면
돼 눈물은 이 별- 의거 품- 일 뿐-이야 다가올 사랑 은두렵 지
않아 - - 아모 르파 티
아모 르파 티
말해뭐 해 쏜-화 살 처럼 사랑도
지 나 갔 지 만 그추억 들 눈- 이부시 면 서 도
슬펐-던행복-이 야 나 이 는 아모 르파 티

아버지

우지민 작사 / 우지민 작곡 / 임영웅 노래

Slow Go Go
하얀
머 리 뽑아 달 라며 - 한 개 백 원 이 라던
- 그 시 절 다 지나가 고 이 젠 흰 눈 만 남았 -
네 그렇 게 도 힘 이 드 냐며 - 나
를 위로하시다 - 어느 새 잠들어버 린 주름
만 남 은 내 아 버 -지 - 세 상이 - 아무 리 힘들어
- 도 당신 있 으면 견딜것-같 아 오 래

오래 - 날지 키-며-- 그냥곁 에만 있어 주세요
- - - 활 짝 웃는 모습이 -
어린 애같-아 보여도 - 아프다 - 말도못하는
- - 사람 이제는내가 지켜줄게 어린
아이로 - 돌아가버 -린 - 사랑하 는내 아버
지
사랑해 요내 아버지 -
오래
지

아파트

윤수일 작사 / 윤수일 작곡 / 윤수일 노래

Go Go
C
G
1. Am
Em
2. Am
Em
Am
Am
E7
별 빛이흐르 는 - 다리를건 너
그 리운마음 에 - 전화를하 면
Am
Dm
바람 부는 갈 대 숲을지나 -
아름 다운 너 의 목 - 소리 -
C
G
언 제나 나를 -
언 제나 내게 -
언 제나 나를 -
언 제나 내게 -
Am
Em
Am
기 다 리던 너의 아 파 트
속 삭 이던 너의 목 소 리

흘 러 가 는 강 물 처 -럼 -
흘 러 가 는 구 름 처 -럼 -
머 물 지못 해 - 떠 나 가 버 린 -
너 를 못 잊 어 어
오늘도바보처럼 - 미련때문에
다 시 - 또 찾 아 왔 지만 -
아 무 도 없 는 아 무 도 없 는 -
쓸 쓸 -한 너의 아 파 트 -

안동역에서

김병걸 작사 / 최강산 작곡 / 진성 노래

바람 - 에
어차 - 피
날 - - 려 버린
지 - - 워 야 할
허무 한 맹 세 였
사랑 은 꿈 이 었
나 -
첫눈 이 내리 - 는 날
안동역앞 에서 -
만나자 고 약 속한 사람
-
새벽 부 터

오는 눈이 무 릎 까 지 덮 는
데 - 안오는 건지 -
못오는 건지 - 오 지 않 는 사 람
대 답 없 는 사 람
아 - 안타 - 까운 내마 음 만
아 - 기다 - 리는 내마 음 만
녹고 - 녹 는 다 기적소 리 끊어 - - 진 밤
녹고 - 녹 는 다 밤이깊 은 안동 - - 역에
에 - 서 -
기다 - 리는 내마 음 만 녹고 - 녹 는 다
밤이깊 은 안 동 - 역에 서 -

애수의 소야곡

이부풍 작사 / 박시춘 작곡 / 남인수 노래

운다 고 옛사 랑 이 오 리---
차라 리 잊으리 라 맹 세---
요 만 은 - 눈 물 - 로
하 건 만 - 못 생 - 긴
달 래 보 는 구 슬 - 픈---이 -
미 련 인 가 생 각 - 하---는 -
밤 - 고 --요 히 - 창을 열 --
밤 - 가 --슴 에 - 손을 얹 --
고 별 빛 - 을 - 보 면 -
고 눈을 - 감 - 으 면 -
그 --누 가 - -불 러 주 나 휘 파 -
애 --타 는 - -숨 결마 저 싸 늘 -
람 - 소--리 - 나 -
하 - 구-- 나 -

야래향

LEE CHING KWANG 작사 / LEE CHING KWANG 작곡 / 주현미 노래

Beguine

꿈처럼아름답던 날   그날에날담아보 네
언젠가잊혀지겠 지   그런게인생인거 야
가만히뒤돌아보 니   우리가걷던그길 엔
되돌아갈순없겠 지   그런게인생인거 야

언제나내맘속에 그   림처   럼숨쉬 - 는   꽃잎 의향 - 기같
아련한기억속에 묻   - 어   둔시 - 처럼
꽃잎은피고지고 계   - 절   은또 바뀌고   내모 습도바뀌었
지금난행복하네 꿈   꿔오   던향 기 - 가

아   자꾸 만흐 - 려지 네   예 라이 샹
네   내앞 에춤 - 을추 네

바 람에 실 려   예라이 샹 - -   꽃 잎에 담

아   아 아 아 닿을 수있 - 겠 - 지   꿈 결같던 그

때로 -   예 라이 - 샹 -   예 라이 - 샹 -

예 라이 - 샹 -

애인이 되어줄게요

알고보니 혼수상태 작사 / 알고보니 혼수상태 작곡 / 김호중 노래

내 가
당 신 애 인이되어줄게 - 요 -
누 가 누가 - 당 신 맘 을 외 롭게합 니 - 까
사 연 없는 - 사 람 있 나 아 픔이없 을 - 까
누 가 누가 - 당 신 맘 에 눈 물을 - 주나 - - 요 -
우 연 처럼 - 만 나 는 게 사 랑이 - 란것 - - 을 -

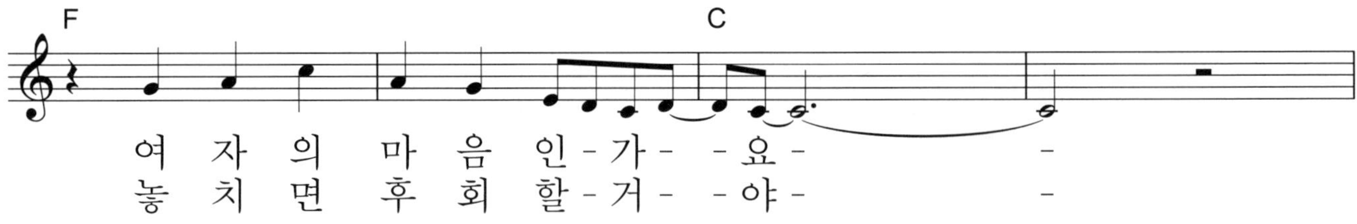

바 람 결 - 에 떨 어지는꽃 잎 이
반 했 어 - 요 마 - 음을열 어 요
여 자 의 마 음 인 - 가 - - 요 -
놓 치 면 후 회 할 - 거 - - 야 -

G7
C
G/B
내 품에 안겨 - 걱 정을 - 말아 요
Am
F
G7
영 - 원히 - - 지 - 켜줄 게요 -
C
Dm
애 인이되어줄게 요 애 인이되어줄게 요
F
D7/F#
G
내가 - 내가 - 잘 해줄 게 - 요 -
C
Dm
F
사 랑이되어줄게 요 사 랑이되어줄게 요 - 내 가
Dm
1.G7
C
당 신 애 인이되어줄 - 게 - 요 - -
2.G7
C
Am
Dm
애 인이되어줄게 - 요 내 가 당 신
G7
C
애 인 이 되 어 줄 게 요 -

얄미운 사람

전영록 작사 / 전영록 작곡 / 김지애 노래

사랑만남겨놓 고 떠나 가느냐   얄 미운 - 사 - 람
미련만남겨놓 고 돌아 가느냐   얄 미운 - 사 - 람

슬 픈음악처럼   이마음울려놓고   저멀리떠나 간사 람
미 련때문인가   멍들은이내가슴   아픔만주고 간사 람

정주고마음주고 사랑도줬지만   지금은남이되어 떠나가느냐

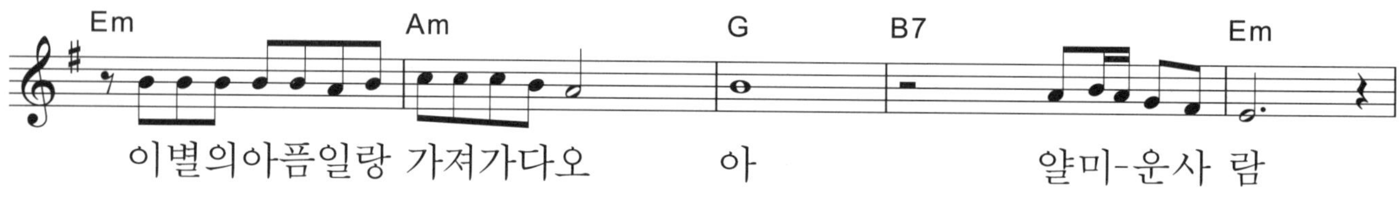
이별의아픔일랑 가져가다오   아   얄미-운사 람

사랑만남겨놓고 떠나 가느냐   얄 미운 - 사 - 람
미련만남겨놓고 돌아 가느냐   얄 미운 - 사 - 람

슬 픈음악처럼   이마음울려놓고   저멀리떠나 간사 람
미 련때문인가   멍들은이내가슴   아픔만주고 간사 람

어부의 노래

이형탁 작사 / 이형탁 작곡 / 박양숙 노래

Slow Rock
Am G Am Dm G
푸 - 른물 결춤 - 추고   갈 매 기 - 떼넘 나들던
님 - 은된 장국 - 끓여   밥 상위 - 에올 - 려놓
C E7 F G C A7
곳   내고 향 - 집오막 살 - 이 가   황혼
고   고기 잡 - 는아버 지 - - 를   밤 -
Dm G 1. Am 2. Am
빛 - 에물 들어 - 간 다   어머 다   그리워
새 - 워기 다리 - 신
F C G F G
라   그 리 - 워라   푸른물 결   춤 추는 - 그
Am G C Am
곳   아 아 - - -   저멀리 서   어머
Dm G Am Am
님   이나 를부 - 른 다   다
D.C.

약손

알고보니 혼수상태, 김지환 작사 / 알고보니 혼수상태, 김지환 작곡 / 정다경 노래

Waltz
세상 에 다친 맘 낫는 약 이없 을 까 고단
적 어미 품 배를어 루만 지시던 약보
한 마음 -을 - 감출 길이없 구 나 어릴
다 따뜻 -한 - 그손
길 이생각 난다 나아 라 나아 라 울아
가 울지-마 라 나아 라 나아 라 세상
에 지지- 마라 - 아 엄 마손 은
약 손 울아가배 는 똥배 엄 마손 은
약 손 울아가배 는 똥배 나아

라　　　나 아 라　　울 아 가　　울 지-마 라　　　나 아
라　　　나 아 라　　세 상 에　　지 지　마- 라 -나 아
라- - -　　　　　　　　　　나 아
라　　　아　　　울 지 마 라 -　나 아-
라 - 아　　세 상 에　　지 지 마- 라
아　　　엄 마 손 은 약 손
울 아 가 배　는 똥 배　　울 아 가 배　는
똥 배　　울 아 가 배　는　　똥 배

어느 60대 노부부의 이야기

김목경 작사 / 김목경 작곡 / 김광석 노래

Slow Go Go
C G/B C F G/F C
F G F G C
C G C F
곱 고희 - 던 그손으로 -
막내아들 - 대 학 시험
넥타 - 이를매어 - 주던
뜬눈 - 으로지 내 - 던밤
C Em Dm
때 어렴풋 이 - 생각 나오
들
G 1.C 2.C
여보 - 그때를 - 기억 하오 - 세월

은 - 그렇게 - 흘러 여기까 지 왔-는데 - - - 인생
은 - 그렇게 - 흘러 황혼 에 기우-는 데
큰딸아이 - 결혼식 날 흘리 던눈물 - 방울 이 이제
다시못올 - 그먼길 을 어찌 혼자가 - 려하오 여기
는 모두 말라 여보 - 그눈물을 기억 - 하오
날 홀로 두고 여보 - 왜한마디 말이 - 없소
세 월이 - - 흘러감 에 흰머 리가늘 어 가네 모두
다 떠난다고 여보-내손을꼭 잡 았소 세월
3 times Rep.
여보 - 안녕히 - 잘 - 가시 게

어머나

윤명선 작사 / 윤명선 작곡 / 장윤정 노래

Polka
Am E7 Dm Am E7 Am Dm E7 Am
Am E7 Dm Am E7 Am Dm E7 Am
Am Dm
어머나 어머나 이러지 마세요 여 자의마음은
어머나 어머나 이러지 마세요 여 자의마음은
E7 Am
갈 대랍니다 안 돼요 왜이래요 묻지 말아요
바 람입니다 안 돼요 왜이래요 잡지 말아요
Dm E7 Am Bm C
더이상내게 원하시 면 안 돼 요
더이상내게 바라시 면 안 돼 요
G7 C Dm E7
오늘처음만난당신 이 지만 내사랑인 걸 - 요

헤어 지면 남이 되-어 모른척하겠지만 -
- 좋 아 해 요 사 랑해 요 거짓말 처럼당신을 사
랑 해-요 소설 속에 영화 속에 멋진 주인 공은 아
니 지-만 괜찮 아요 - 말해 봐요 - 당신
위 해 서 라 면 다 줄 께 요
위 해 서 라 면 다 줄 께-요 소설
위 해 서 라 면 다 줄 께 요

엄마 아리랑

윤명선 작사 / 윤명선 작곡 / 송가인 노래

엄 마아 리랑   아 리 -랑   아리 아리 랑
아라 리 -요   아들 딸아 잘되거라   밤낮 으로 기도한다
우리 엄마 무병장수   정성 으로 기원하오
엄마 아--리 -랑   사   랑 하는
엄마 아--리 -랑   사   랑 하는
내   아 가야   보 고 -싶 다
내   어 머 니   보 고 -싶 소
우 리 -아 가   천 년만 년지 지않 는꽃 이피 는구 나
울 어 -머 니   서 산마 루해 가지 고달 이뜨 는구 나
아   리 -랑   아   리 -랑

사 랑 음 사 랑 음 엄마 아 - - 리 랑
아리 아리 랑 아라 리- 요 쓰리 쓰리 랑
아라 리 -요 우리 엄 마- 사랑은아 리랑
엄마 아 - - 리 랑 랑 엄마 -
D.S.
엄마 - 우리 - 어 머니- - 아 - -
- 아 아 리 - 랑 -
에 야 - - 디 야 에헤야디 야디 야 에 야- -디 야
에헤야디 야디 야 엄 마 아 - - 리 랑

엄지척

최비룡 작사 / 최고야 작곡 / 홍진영 노래

Go Go
엄지엄지 척   엄지엄지 척   자상하고 다 정-다 감
척   엄지엄지 척   천생연분 내 사랑이 에
해   보면볼수 록   알면알수 록   매력-이   넘쳐-
요   그냥좋아 요   왠지좋아
요   엄지엄지 요   엄 지척 -
평범하 고 편 안한- 속이깊 은 이 남-자   사람
(D.S.)오늘보 다 내 일을- 약속하 고 싶 어-요   꿈과
냄 새가- 풍 겨 서좋- 아 요
희 망이- 있 어 서좋- 아 요
성실하 고 진 실한- 믿음직 한 내 남-자
평생토 록 나 만을- 지켜준 다 말 해-요
당신 을 정말 로사 랑해 -   엄지엄지   엄지엄지
당신 을 영원 히사 랑해 -
D.S. al Coda

척   엄지엄지 척   자상하고 다 정 - 다 감 해   보면볼수
록   알면알수 록   매력 - 이   넘쳐 - 요   엄지엄지
척   엄지엄지 척   천생연분 내 사랑이 에 요   그냥좋아
요   왠지좋아 요   엄 지척 -   엄지엄지
척   엄지엄지 척   자상하고 다 정 - 다 감
척   엄지엄지 척   천생연분 내 사랑이 에
해   보면볼수 록   알면알수 록   매력 - 이   넘쳐 -
요   그냥좋아 요   왠지좋아
요   엄지엄지 요   엄 지척 -
사랑해요내 사 - 랑   엄 지척 -

여기요
소유찬, 이단옆차기4, REAL FANTASY, BULL$EYE 작사 / 소유찬, 이단옆차기4, REAL FANTASY, BULL$EYE 작곡 / 홍자 노래
Rumba
2x time Instrument
여 기 요 - - 여기있어 요 - -
그대찾는사 람 하나뿐인사 람 여기있어 - 요 -
스 - 치는 바람 - 처럼 지나쳐 가는
가 - 슴이 두근 - 두근 어떻게 하죠
- 사랑에 힘 드셨 나요 -
- 그대보면 너 무떨 려요 -
세월이 - 흘러 - 가도 변하지 않 는
사랑이 - 열 - 매가 - 열렸나 봐 요
그런 - 사랑 찾 으시 - 나요 - 여 기
어서 - 빨리 가 져가 - 세요 -
요 - - 여기있어 요 - - 그대찾는

사 람 하나뿐인 사 람 여기있어 -요- 여 기
요 - - 여기있어 요 - - 진심어린
사 랑 하나뿐인 사 랑 여기있어 -요-
고 민할 필요 없어 요 - 당신을위한 사 람
거 기저 기도아니 에요 운 명같은 사 랑- - 아
여 기 요 - - 여기있어 요 - - 그대찾는
진심어린
사 람 하나뿐인 사 람 여기있어 -요- 여 기 -요-
사 랑 하나뿐인 사 랑 여기있어
Last time Rep.
1.E 2.E

여백

김종환 작사 / 김종환 작곡 / 정동원 노래

Slow Go Go

얼굴이잘 생긴 사 람은 늙 어가 는게 슬프겠지

아무리화려한옷 을 입어도 저녁이면 벗게 되 니 까

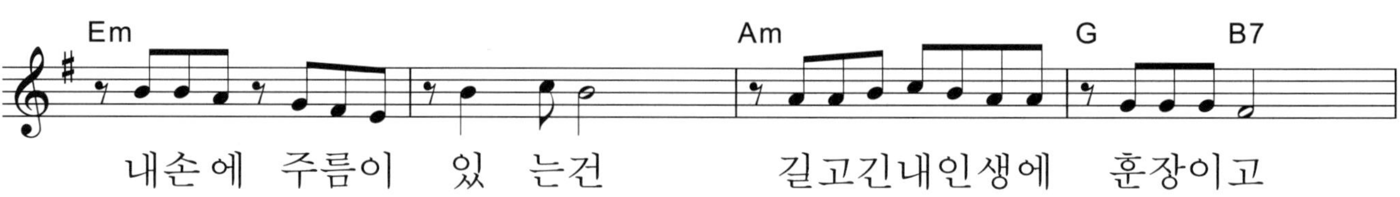
내손에 주름이 있 는건 길고긴내인생에 훈장이고

마음에 주름이 있 는건 버리지못한욕심 의 흔 적

청춘은붉은색도 아 니고 사랑은핑크빛도 아 니 더라

Em   Am   Em   Am
마음에따라서   변 하는   욕심속물감의- 장 -난이지
C   Am   B7   Em
그 게인생인거 야   전화기충 전은 잘하면서
Am   G   B7   Em   Am
내삶은충전하지 못하고사-네   마음에 여백이 없 어서

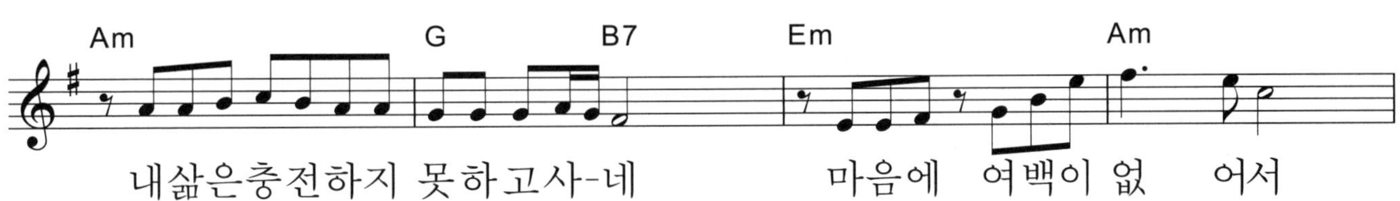

G   C   B7   Em
인생을 쫓기듯 그 렸   네
D.S.

Em   F#m7-5   C   B7
마지막남은나의 인 생은   아름답게   -

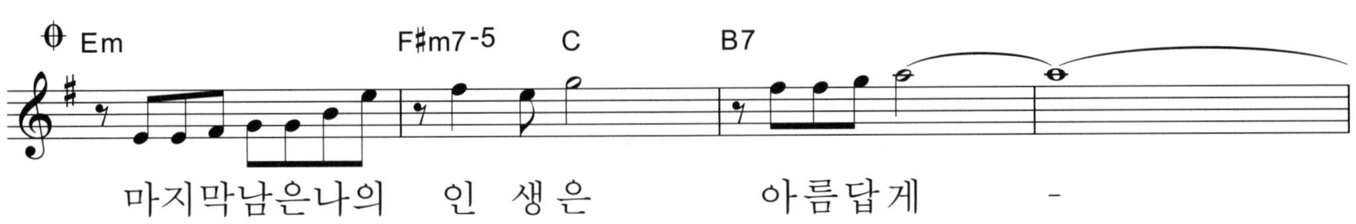

B7   B7 Am Em B7 Em
-        피 우 리 - 라 -

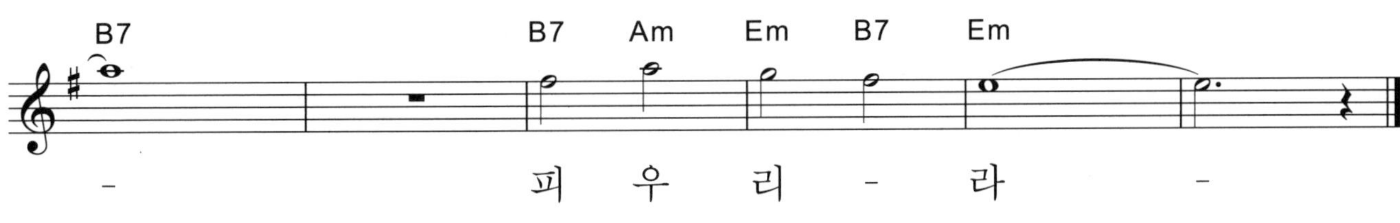

연애편지

송봉주 작사 / 송봉주 작곡 / 임영웅 노래

Slow Go Go
A7/G D/F# Em D GM7 G6 Asus4 A
D A/C# Bm F#m/A G D/F#
노을에- 물든- 저녁하- 늘이- 오랜만-에 참 좋은-
외로이- 스쳐- 창을흔- 드는- 바람소-리 쓸쓸한-
E A7 D A/C# Bm F#m/A
저녁입- 니다- 문득떠- 오른- 그대 생- 각에-
시간입- 니다- 어둠만- 들고- 초를 태- 우며-
G D/F# A7 D G A
나지막-이 이름을- 불러 봅 니다- 나도몰-래 꺼내본-
나지막-이 그대를-
Bm Em A D D7/C
낡 은 수 첩엔- 그 대 가 너무도- 많 - 아 - 차
G/B F#/A# Bm Em E
마 그 립 단 말- 대-신- 꽃잎 을 넣어- 보내
바라 본 밤하- 늘에

머
는
하얀종- 이에-
아스라- 이면-
하지 못- 한말-
작은별- 하나-
아직 그-댄 내고 운-
외로 이-홀 로남 아-
사랑 입- 니다
깜 박 입 니다 -
그대를- 닮은 -
작은별- 하나 -
외로이-홀 로 남아-
깜 박 입 니다-
그대고-운 이름은-
사랑 입 니다-

여자의 일생

한산도 작사 / 백영호 작곡 / 이미자 노래

Trot

참 을 수가없도록 - 이 가
견 딜 수가없도록 - 외 로

습 이아파도 - 여 자 이 기
위 도슬퍼도 - 여 자 이 기

때 문 - - 에 말한마디-못 하 - - 고 -
때 문 - - 에 참아야만-한 다 - - 고 -

헤아릴수없는설움혼자-지닌 채 고 달픈
내스스로내마음을달래-어가 네 비 탈진

인생길을 허덕이면서 아 - 참 아 - 야

한 - 다 기 에 눈 물 로 보냅니 다

여자 - 의 일 - - 생 -

열두줄

김상길 작사 / 김상길 작곡 / 김용임 노래

Trot
가-슴을 뜯-는- 가야금 소-리 달빛실 은
구곡간 장
가야 -금- 소리
애타 -는- 소리
옛님 이 생각나고 - - - 또 한줄 을- 퉁-기-면
한 - -줄을 퉁 기-면
술 -맛 이- 절로난다- 둥 기당 기- 둥기당기당
둥 기당 기- 둥기당기당 사랑 - -
사랑 - - 내 사-랑- 아 어 화둥 둥-
내 사랑아- - 열 두줄 가야금에- 실은그 사
연 어느- 누가 달 래주-리- 요 -
D.C. al Fine

영동 부르스

김승욱 작사 / 김희갑 작곡 / 김연자 노래

Blues
헤어지기 싫-어-서- 애태우던 그-날-밤-
그대와만 나던-곳- 서초-동 주점에-는-
비눈물에 얼-룩진 그대-의 -모-습-
들창문을 때-리는 밤비-소-리-뿐-
어차 피떠--나 야 할- 인 연이 기--에
되돌 아올--수 없 는- 그 대이 지--만
미련 없이 보냈건-만- 잊지-못할 그추억
술잔-을 마주잡-고- 행복-만을 빌었소
그날 밤터 미-날엔 비 가내 렸---지
그누 가불 러-주나 추 억의 노---래-
아아 아영동- 아아 아영동- 영-동부 -르-스-

59년 왕십리

이혜민 작사 / 이혜민 작곡 / 김흥국 노래

Latin Rock
왕 십 리 밤 거 리 에 구슬프 게
비가-내 리 면 - 눈 물을삼 키려 -
술을마 신 다 옛-사랑 을- 마 신 다 -
정 주던사 람은- 모두-떠났- 고 서울-하늘
아래 -나홀- 로 - 아 - 깊 어가 -는-
가을밤 만 이 왕 십 리 를 달 래 주- 네-
- - 아 - 깊 어가 -는- 가을밤 만
이 왕 십 리 를 달 래 주- 네- -

옆집 누나

강은경 작사 / 조영수 작곡 / 장윤정 노래

Disco
옆집누나랍니 다   얼굴도마음씨도 착 한
알고보면정도 많 고   귀여운여자랍니 다
울적 하 다면와요 집 -에놀러와요 라 -면끓여줄게 요
어디 아 프면와요 누 -나손은약손 내 -가호해줄게 요
- 고 민 있 다면와요 소 -주한잔하며 뭐 -든지다들어줄게
- 외 로 울 때면와요 아 -무때나좋아 내 -가곁에있어줄게
- 오 오 날 보러-와 요 - 보고싶을 땐
오 오 날 보러-와 요 - 누나가 생각날땐언제 든
- 옆집누나랍니 다   얼굴도마음씨도 착 한

알고보면정도많 고 귀여운여자랍니 다
이쁜누나랍니 다 볼수록매력있는 여 자
착한누나랍니 다 영원히변치않을 여 자
성격하나끝내 주 는 옆집누나랍니 다
당신만을사랑 하 는
다 주고싶어 모 -두주고싶어 당 -신향한내마 음 -
나 에게와요 오 -늘밤에와요 내 -가안아줄게 요 -
날 보러와요 날 -보러와요
날 보러보러보러 날 보러와요
당신의여자랍니 다 옆집누나랍니 다

오라버니

추가열 작사 / 추가열 작곡 / 금잔디 노래

B♭   F   B♭
Gm   Cm   F   B♭
B♭   D7   Gm
날 - 사랑 하 신다 하 - 니
날 - 사랑 하 신다 하 - 니
E♭   F   B♭
정 말 그 러시 다 니
정 말 행 복하 여 서
E♭   B♭
구 름타 고빛 나 - 는하 - 늘
설 레이 다떠 는 - 가 슴 - 은
1. Cm   F
휠 - 휠 - 날 아갑 니 다
2. Cm   F   B♭
아 픈줄 도모 른답 니 - 다

오라버니어 깨에기 대어볼 래 - 요
커 다란가 슴에얼 굴 을 묻 고
지금이대로 죽어 도 여한없 어 요
나는정말여자라서 행 - 복해 요 오 라 버 니
사 랑 한 다 말 해주 세 - 요
정 신 을 못 차 릴 거 야
오 라 버 니목 소 - 리 에 울 고웃 어 - 요
내 겐영 원 한 오 라 버 니 -

오빠는 잘 있단다

조만호 작사 / 조만호 작곡 / 현숙 노래

Trot
너를만 나- 사 랑했 다- 행-복했-었---다-
날-두 고- 떠 나갈 수있 -나-
잃어버 린 세 ---월 에 내이름생각난다 면
오 빠 는- 잘 -있-단---다-
지킬 수 없었던약 속- 남자는-울었 -지-
실-패한 사 -랑 에 내이름을-지--우 고--
이별앞 에- 몸-을-숨 긴- 오빠를-잊어다 오 세 월-
속 ---에서 오빠는잘 있-- -단 다-

영영

나훈아 작사 / 나훈아 작곡 / 나훈아 노래

Slow Go Go
잊으라 - 했는 데
어떻게 - 잊을 까
잊어달라 - 했는 데
어찌하면 - 좋을 까
그런데도 - 아직 난
세월가도 - 아직 난
너를잊지못하 네
너를잊지 못하 네
아직나는 - 너 - 를
사랑하고 있나 봐
아마나는 - 너 - 를
잊을수가 없나 봐
영 원히 - 영 원히 -
네가사는 날 까지 -
아니내가 죽어
도
영영못잊 - 을 거 야 -
D.C.(No Rep.)
아니내가 죽어 도
영영못잊 을거 야

오빠만 믿어봐

박진형 작사 / 박진형 작곡 / 박현빈 노래

Disco
오빠한번믿 어봐 - - - 너만바라보 리라 - - -
평 생 토 록내 -가- 안 -아- 줄 -게-
니 마 -음 외 로울때 아 파 -서 눈 물 날때
언제 -나 -기 댈 - 넓 은 가슴 줄 -게-
한 번 -을 사 랑해도 천 번 -을 사 랑해도
너를 -택 -하 고 - 너를 위해 살 -리-
오빠말만믿 어라 - - - 손만잡아도 좋아 - - -
(D.S.) 오빠너만원 한다 - - - 너때문에웃 는다 - - -

속 보 이 는말 -이- 아 -냐-
너 없 이 는나 -도- 없 -다-
오빠한번믿 어봐 - - - 너만바라보 리라 - - -
평 생 토 록내 -가- 안 -아- 줄 -게-
-게- 오 빠 -이 오 빠는-
세 상 -을 다 줘-도- 너 와 바 꾸지 -않- 으
리 -게- 남 자 답 게내
-말- 책 -임- 질 -게-

옥경이

조운파 작사 / 임종수 작곡 / 태진아 노래

희 미한 불빛아 - 래
고 향을 물어보 - 고

마 주앉은 당신은 언 - 젠
이 름을 물어봐 도 잃어버

가 어디선가
린 이야긴가

본 듯한 얼굴인데
대 답

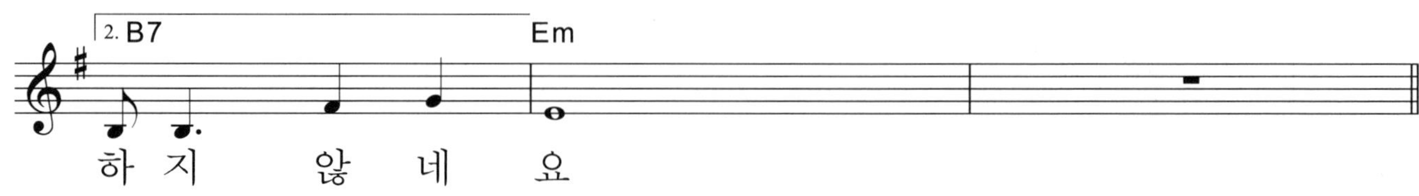
하 지 않네요

바 라 보는 눈길이 -

C
B7
젖 어   있 - 구 나   -

Em
Am
너   도 나 도 모 르 게   - 흘 러

F#m7-5
B7
간   - 세 - 월 아   -

Em
B7
어 디 서 무 엇 을 하 며

Am
G
B7
어   떻 게   살 았 는 지   물 어

Em
F#m7-5
도   대 답 없 이

B7
Em
고   개 숙 인 옥 경 이   -
D.S.

용두산 엘레지

최치수 작사 / 고봉산 작곡 / 고봉산 노래

Trot
Am
Dm
용 두 산 아 　 - 용 - 두 산 아 　 너 만 은
그 리 운
Dm　E7　Am
변 치 말 - - - 자 　 - 　 한 발 올 려 맹 - 세 - 하 고
용 두 산 - - - 아 　 - 　 세 월 따 라 변 - 하 - 는 게
F　E7　Am　E
두 발 디 더 언 약 하 던 　 - 　 한 계 단 -
사 람 들 의 마 음 이 냐 　 - 　 둘 이 서 -
Am　E7
두 계 단 - 　 일 백 구 십 사 계 단 - 에 　 -
거 닐 던 - 　 일 백 구 십 사 계 단 - 에 　 -
Am　E　Am　Dm　E
사 랑 심 어 다 져 놓 은 그 사 람 은 어 디 가 고 나 만 홀 로 쓸 쓸 히 도
즐 거 웠 던 그 시 절 은 그 어 디 로 가 버 렸 나 잘 있 거 라 나 는 간 다
Am　F
그 - 시 절 못 - - 잊 어 아 아 - - - 아
꽃 - 피 던 용 - - 두 산 아 아 - - - 아
Am　Dm　E7　Am
못 - 잊 - - 어 - - - 운 - 다 　 -
용 - 두 산 - 엘 - - - 레 - 지 　 -
D.C.

우수

정두수 작사 / 박춘석 작곡 / 남진 노래

맺 지 못 - 할 인연 일 랑 생 각
맺 지 못 - 할 사랑 일 랑 생 각

을 - 말 - - - 자 마음에 다 짐을 -
을 - 말 - - - 자 아쉬운 미 련만 -

받고또 받 아 한 백 번 달 랬 - 지 만 어쩔수 - 없 -
남고또 남 아 잊 으 려 애 썼 - 지 만 잊을길 - 없 -

네 잊 으 려 해 도 - 잊 지 못 할
네 빗 줄 기 속 에 - 추 억 실 어

그 대 - 모 습 그 - 려 볼 - 때 밤 비 는
그 대 - 이 름 불 - 러 볼 - 때 밤 비 는

끝없 이 소 리 - 없 - - 이 내마 음 들 창 가 에
끝없 이 하 염 - 없 - - 이 마음 에 슬 픔 처 럼

흘 러 - 내 린 - - - 다 -

우리들의 블루스

지훈 작사 / 이승주, 최인환 작곡 / 임영웅 노래

Slowly
잊지 는말 -아요   함께 했던 날들-   눈
물 이날 -때면   그대 뒤를- 돌아 보면-
-돼요-   아프 지말 아요   쓸
쓸 한마 음에-   힘든 일이 참 많았죠-
그대 에겐-   내가 곁에- 있을 게-요-
그 댈위- 해 노래할-게-요   잊지 말아-요 그 댈위-해 약속할-게
그 대부- 디 울지말-아-요   슬퍼 말아-요 그 대에-게 빛이될-게-
요   언젠가우-리 시간지나-면   알게 되겠-죠

그 땐웃- 을수있죠- 나 약속할- 게요-   그 땐미- 소짓 겠죠- 작
은 행복- 까지   모두   외 롭 고지 칠
때   손 잡 아줄 게요 -   슬 픔이짙어질때면-
위 로해줄 -   그 한사람- 이될 게 - 요 -
D.S. al Coda
폭 풍 속에- 혼 자남 - 아헤- 매도-   오 - - 길 이되어- 지 킬게요
- - -   그-대 -   그 댈위- 해노 래할-게 -
요   잊지 말아-요 그 댈위- 해약 속할-게 - 요   어두운길-을
밝게-비추-는- 그대의빛 - 이 -   될 게요-

울고 넘는 박달재

반야월 작사 / 김교성 작곡 / 박재홍 노래

천 둥 산 박 달 재 를
부 엉 이 우 는 산 골
울고넘 는 우 리 님 아
나를두 고 가 는 님 아
물 항 라 저 고 리 가 궂은비 에
돌 아 올 기 약 이 나 성황님 께
젖 는 구 려 왕 거 미
빌 고 가 소 도 토 리
집 을 짓 는 고개마 다 구 비 마
묵 을 싸 서 허리춤 에 달 아 주
다 울 었 오 소 리 쳤
며 한 사 코 우 는 구
오 이가슴 이 터 지 도 록
나 박달재 의 금 봉 이 야

울긴 왜 울어

나훈아 작사 / 나훈아 작곡 / 나훈아 노래

울지 마 - 울 긴 - 왜 - - 울 - 어 고 까
울지 마 - 울 긴 - 왜 - - 울 - 어 고 까
짓 것 사 랑 때 문 에 빗 속 을 거 닐 - 며 추억일랑
짓 것 미 련 때 문 에 흐 르 는 강 물 - 에 슬픔일랑
씻 어 버 리 고 한 잔 술 로 잊 어 버 - 려 - 요
던 져 버 리 고 돌 아 서 서 웃 어 버 - 려 - 요
어 차 - 피 인 생 이 란 이 별 이 아 니 더
어 차 - 피 인 생 이 란 연 극 이 아 니 더
나 울지 마 - 울 긴 - 왜 - - 울 - 어 바 보
처 럼 - 울 긴 왜 - 울 - 어

울 엄마

진성 작사 / 김도일 작곡 / 진성 노래

Disco
울 -엄 마 날 -낳 아 걱 정태산이되 고
주 름 -깊 은 -데 -
세상사 나 잘났다 - 허풍 - 소리 에
눈 -가에 이슬 - 맺히시 네 어리
버 리 - 가진것없 어 -떠 - 버 -리 - 말
수많은날 들 -응 - 어 -리 -가
로 만 - 한 숨 -드렸 네 어리 한 만 드 -렸
슴 에 -
네 무 -병 -장 -수 -부디 하옵 -소 서
(D.S.S.)세 -월 -비 -켜 -부디 가옵 -소
- 어리 어리 -서 -
D.S. D.S.S. Fine

울면서 후회하네

안치행 작사 / 안치행 작곡 / 주현미 노래

Slow Rock
G
순정 을다바 쳐 서 - 밀 었 던그 - 사 람
이마 음다바 쳐 서 - 밀 었 던그 - 사 람
Em   D7   G
사랑의낙서만남기고떠나갔 네   사랑 이이렇 게 도
사랑의상처만남기고떠나갔 네   슬픔 이이렇 게 도
Em   D7   Em   D7   G
- 괴로 운줄   왜 - 몰 - 랐 을 까
- 아픈 것을   왜 - 몰 - 랐 을 까
Am   G   Am   D7   C
빼앗긴내마음을   찾을수도없으면서   울면 서후회 하
상처난내마음을   달랠수도없으면서   울면 서후회 하
D7   G   Em   D7
네   아 아 아-아 - - 스쳐만지나갈걸
네   아 아 아-아 - - 차라리스칠것을
Em   D7   G
그냥 그대 - 로있을 걸   당 신앞   에 머뭇 거린
쳐다 - 보 - 지말것을   당 신앞   에 서성 거린
Em   D7   G   D7   G
내가 - 미 - 워서   울 면 - 서 후회 - 하 네
D.C.

원점

이호섭 작사 / 설운도 작곡 / 설운도 노래

Trot
사랑했던 그사람을 말없이돌 려보내 고
눈물속에 피는꽃이 여자란그 말때문 에
원점 으로 돌아서－는 이 마 음 그 대－는 몰
내모 든 걸 외면한－채 당 신 을 사 랑－했 어
라 수많－은 사연들을 네온불 에 묻 －어놓－
요 수많－은 사연들을 네온불 에 묻 －어놓－
고 무작 정 사 랑 을 사랑을넘어버린 나 는
고 무작 정 가 슴 을 가슴을열어버린 나 는
나 는－정 말 바－보－ 야
D.C.

유정 천리

반야월 작사 / 김부해 작곡 / 박재홍 노래

Trot
가 - 련다 떠나련 - 다
세 - 상을 원망하 - 랴
어린아들 손을 잡고 -
내 아내를 원망 하 랴
감 자-심고 - 수수심는
누 이-동생 - 혜숙이야
두메산골 내고 향에 - 못 살
행복하게 살아 다오 - 가 도
아 도 나는 좋-아 외로워도 나는 좋-
가 도 끝이 없-는 인생길은 몇구 비-
아 - 눈 물 어-린--봇다리
냐 - 유 정천-리--꽃이피
에 황혼빛이 젖어 드네 -
네 무정천리눈이 오네 -

이 대 팔

윤민수, 박경진 작사 / 윤민수, KINGMING 작곡 / 이범학 노래

Disco
Am
꽃 무 늬 거 울 앞 에 서 서
칼 처 럼 날 카 로 운 시 력
뽀 마 드 기 름 손 에
빛 처 럼 번 뜩 이 는
Am
Dm
붓 고
청 력
오 른 손 듬 뿍
여 인 의 향 기
왼 손 에 살 짝
다 찾 아 내 는
Dm
E7
Am
이 대 팔 머 리 넘 기 고
이 대 팔 대 단 하 후 력
땡 땡 이 무 늬 넥 타 이 에
금 이 빨 살 짝 보 여 주 고
Dm
굵 직 한 체 인 금 팔 찌 에
살 인 적 미 소 날 려 주 면
배 바 지 입 고
핫 팬 츠 입 고
백 구 두 신 고
하 이 힐 신 고
Am
E7
E7
세 련 된 걸 음 걸 이 얄 라 리 얄 라 리 얄 라 리 얄 라 성
백 미 터 전 력 질 주
Am
Dm
누 가 뭐 라 해 도 난 이 대 팔
나 오 늘 집 에 못 간

- 다 -
오늘도원 샷 내일도원 샷
남자의인생을마신 - 다 - 누가뭐라해 도난 이대팔
나오늘바람필거 - 야 - 오늘은정 자 내일은경 자
사나이인생이란 - 다 - 매일밤술에취해 살 - 아도 -
오빠만있어주면 괜 찮아 - 일이년바람핀거 아 닌데 - 그
냥 꾹 참지-뭐 - 또 - -다-
D.S.
오늘은메 리 내일은제 니 사나이라이프란 - 다 -

이따 이따요

박진형, MINUKI 작사 / 박진형 작곡 / 장윤정 노래

Dodomba
가끔 은짧 은치 마를 입- 고-   가끔 은짙 은화 장
처음 엔달 콤한 말뿐 이- 죠-   이래 도저 래도 다
을 하- 면-   아 주낮- 선- 시- 선들 이-   하나
좋 대- 요-   남 자들- 은- 똑- 같아 요-   조금
둘   다 가 와 - 요-   여자 니미 소한 번
만   천 천 히 - 요-   오늘 은손 만잡 아
건 네- 고-   여자 니한 번쯤 은튕 기- 고-
줄 래- 요-   입술 은나 중에 허락 할- 래-
마 지못- 해- 대- 답해 주- 면-   어느새 내- 게
나 의마 음- 까- 지안 아- 줄-   그런남 자- 를
로 - 와-   안 돼안- 돼- 좀
원 - 해-

Gm7　C7　F
이 따이 따이 따요　그 래그- 래- 더이 따이 따이 따요
Dm　G7　Em7-5
우 린아 직-　모 르는게-　너 무 나
여 자맘 을-　몰 라주 는-　남 자 는
A7　Dm　Gm7
많 아- 요-　안 돼안- 돼- 더다 가오 지마 세요
싫 어- 요-　안 돼안- 돼- 오늘 은여 기까 지만
C7　F　Dm
그 래그- 래- 더조 금만 더천 천히　정 말나 를-
그 래그- 래- 너무 서두 르지 마요
Dm　Em7-5　A7　1.Dm
원 한다 면-　아 껴주 세요
2.Dm　Em7-5　A7　Dm
요　아 아 아
D.S.
Em7-5　A7　Dm　Em7-5　A7　Dm
아 아 아　아 - 껴주 세요

이별의 버스 정류장

윤명선 작사 / 윤명선, 해구 작곡 / 송가인, 유산슬 노래

Cha Cha Cha
추 - 억 속의
홀 - 로 남은
슬픈 정류장 눈 물 젖 - 은 버스를 타면
슬픈 정류장 당 신 과 - 나 헤어졌던 곳
당 신 이 생 각 나 차 창 밖 에 비 가 내 리 네
한 번 쯤 만 날 까 혹 시 나 기 대 했 었 네
한 정 거 장 멈 추 고
기 억 이 란 페 이 지 는
지 나 칠 때 마 다 보 고 싶 어 줄 - 사 람 없
넘 겨 질 때 마 다 보 고 싶 어

는 꽃 다 발 은 또 시 들 어 가 네
사 랑은사 랑은사 랑은꿈 결 처 럼 와 서 가 장 행 복 할 - 때 떠 나
는 가 봐 가 슴 - 시 리 도 록 너 의 - 입 - 술
아 직 도 나 를 부 르 네 - 사 랑은사 랑은사 랑은이 별
을 닮 아 서 사 랑 했 었 다 말 하 네 -
사 랑은내리고 이 별을태우고 버 스 는 달 려 가 네
사 랑 은내 리 고 이 별 은태 우 고 버 스 는 달 려 가
네 버 스 는 떠 나 가 네 -

이별의 부산 정거장

유호 작사 / 박시춘 작곡 / 남인수 노래

보 슬 비 - 가 - 소 리-도 없 이 이 별-슬 픈
서 울 가 는 - 십 이-열 차 에 기 대-앉 은
부 산 정 거-장 - 잘 가 세 - -요
젊 은 나 그-네 - 시 름-없 - -이

Am   E7   Am   E7   Am
- 잘 있 - - 어 요   눈 물 의 기 적 - - 이 운 다
- 내 다 - - 보 는   창 밖 에 기 적 - - 이 운 다
Am   E7   Dm   E7
- 한 많 은 피 난 살 이 설 움 - 도 많 아
- 쓰 라 린 피 난 살 이 지 나 - 고 보 니
Am   E7   Dm
그 래 도 잊 지 못 할 판 자 - 집 이 여 경 - 상 도
그 래 도 끊 지 못 할 순 정 - 때 문 에 기 - 적 도
Dm   E7   Am
사 투 리 에 - 아 가 씨 가 슬 - 피 우
목 이 메 어 - 소 리 높 이 우 - 는 구
E7   Am   E7   Am
네 - 이 - 별 의 부 산 정 거 장 -
나 - 이 - 별 의 부 산 정 거
Am   E7   Am
E7   Am
Am   E7   Am   E7   Am
D.S.
Am
장 -

이불

지광민, 박영탁 작사 / 지광민, 박영탁 작곡 / 영탁 노래

도닥 도닥 내 사 람 아 - 오늘 하루 어 찌 보 냈
- 소 - 걸음 걸음 걸음 - 걸 음 이 -
힘 겨 웠 다 말 도- 못 하고 - 찬 비 맞아 시려운 -
달 빛- 마저- 무거운 그저 몸을 뉘고 - 싶 을-때 - -
나 는 그 대 이 불 이
- 되-어 아픈 마 음 덮 어 주겠 - 소 - 이 젠
나 의 품에안 -기어 좋은 꿈 만꾸길 바 - 라-오-
도닥 도닥 내 사 람 아- 고운꿈 만-꾸길- 바라오

이리 저리 부는 -바 람에-
휘 청 이며 -걸어- 왔
구-려 -
그 대-혼 자-외로이-
어 둔-밤 에- 쓸쓸히
눈 물- 속에- 잠을- 청 할-때 -
나 는
나 의 품 에 안 -기-어 - 고운 꿈 -만
꾸 길 -
바 라
오 - 오
오
오 - -오- --오 - -오-- 오
도닥 도닥 내 사 람 아-
당 신-옆엔 내 가
- 있 다 -오-
-

이제 나만 믿어요

김이나 작사 / 조영수 작곡 / 임영웅 노래

Slow Rock
Bb Dm Eb Cm7 F7
무얼믿은걸까   부족 했 던 -내게서   나조차못믿던내 게 - 여태
Eb/Bb Bb Dm Eb
머문 사람 -   무얼봤던걸까   가진 것도없던 내게
Cm F7 Eb/Bb Bb Bb/D Eb F
무작정내손을 - 잡아 날 이끈사 - 람 - 최고였어 그대눈 속에 비
Bb D Eb C/E F
친   내모습   이제는내게서 그댈비춰줄 게 - - - 궂은비 가오
Bb Cm7 F
면   세상가 장 큰 -그대우 산 -이될 게   그댄편 히걸어 가
Bb F7sus4 Bb Eb G7
요   걷다가지치 면   내가그 대 를 -안고어 디 -든갈 -
1. Cm7 F Bb
게 이젠나만 - -   믿어요
Eb/Bb Bb Eb F Bb D7
나만두고가 던   나만스 쳐간 행 운 -이모여

그대가되어서 내게와준거야 굳은비 가오 게 이젠나만- -믿어-
-요 - 나의 마 - 지막 주인 공이되어 - 다신
누구앞 에서도그대는고개숙 이지마요 - 내가 보 지못 했던 홀로
고단했던 시간 고 맙-고 미 안-해-요 - 사랑해
요 - 이세상 은 우리를 두 고 오랜장 난-을했
고 우린속 지않은거 야 이제울 지마 요 좋을땐
밤 새-도록맘 껏-웃어 요 전부그대- -꺼니 까
그대는걱 정 -말아 요 이젠나만- 믿 어 요 -

이젠 그랬으면 좋겠네

박주연 작사 / 조용필 작곡 / 조용필 노래

Slow Go Go
나는 떠날때부터 - 다시 돌아올- 걸
너를 보낼때부터 - 다시 돌아올- 걸
알 았지 - 눈에 익은 이 자리 -
알 았지 - 손에 익은물건들 -
편히 쉴수있는곳 - 많은것을 찾 아 서 멀
편히 잘수있는곳 - 숨고싶어 헤 매 던 게
리 만떠-났 지 난 어디서 있 었는 지 하늘높이
월 을딛-고 서 넌 무얼느껴 왔는 지
날 아 서 별 을안고-싶 어 소 중 한건모 두
잊 고산 건 아 니었나 이 젠 그랬으-면 좋 겠 네-

F#m7 Bm7 Em7 A7 D E/D
그 대 그늘에서- 지 친 마 음 아 물게해 소 중 한 건옆- 에
G/D Gm/D F#m7 Bm7 Em7 A7
있 다 고- 먼 길 떠나려는- 사 람 에 게 말 했 으
1.D E G Gm D E G Gm A7
면 -
2.A7 D E/D G/D Gm/D
면 이 젠 그 랬으-면 좋 겠 네-
F#m7 Bm7 Em7 A7 D E/D
그 대 그늘에서- 지 친 마 음 아 물게해 소 중 한 건옆- 에
G/D Gm/D F#m7 Bm7 Em7 A7
있 다 고- 먼 길 떠나려는- 사 람 에 게 말 했 으
D E G Gm D E G Gm A7 D
면 -

인생찬가

윤명선 작사 / 해구, 윤명선 작곡 / 임영웅 노래

꿈 처럼 지나간 시--간 - 나는무얼찾고 싶
었나 - 지도도없이 걸어온삶을
후회--하-진 않 으리 떠난어제는 / 비가내리 면
떠날 오늘로 / 노래 하-리 남겨지기-도 하 - 지 / 눈이내려-도 좋 - 아
나의친구--여 나-의 형제여- 내이름불-러 주
오 미안하 다나의인생아 앞만
보 며살아왔-구-나 찬란한 순--간

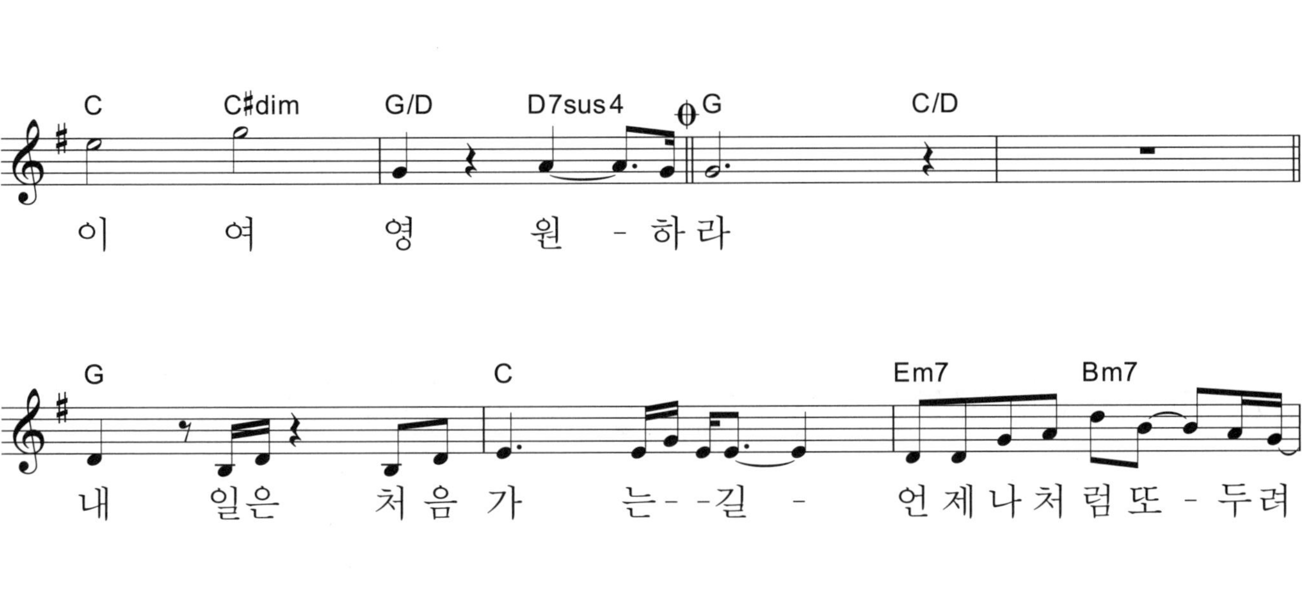

C   C#dim   G/D   D7sus4   G   C/D
이 여 영 원 - 하 라

G   C   Em7   Bm7
내 일은 처음 가 는 - -길 - 언제나처럼또 - 두려

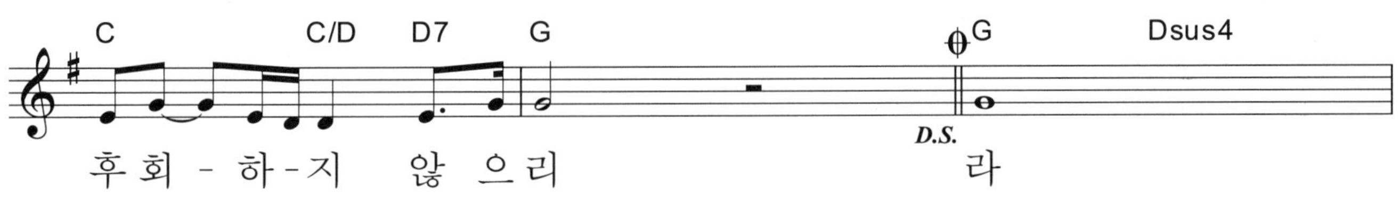

Am7   D7   G   G7   C   D
- 워 - 버 들 강 아 지 활 짝 웃 는 날

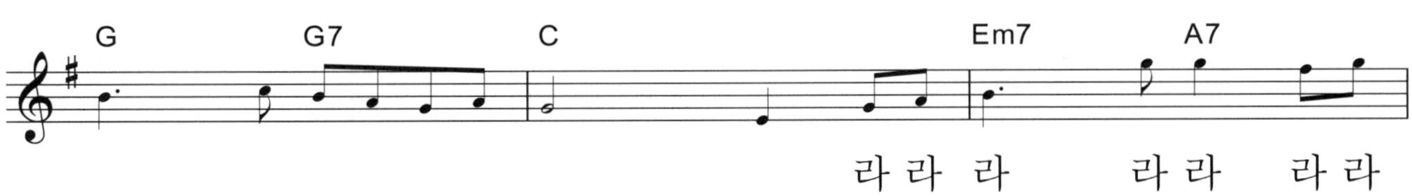

C   C/D   D7   G   G   Dsus4
후 회 - 하 - 지 않 으 리 라
D.S.

G   G7   C   Em7   A7
라 라 라 라 라 라 라

Dsus4   D7   G   G7   C   C#dim
라 영 원 한 순 - - 간 이 여

C#dim   G/D   D7   G
- 찬 란 하 라 -

인연

이선희 작사 / 이선희 작곡 / 이선희 노래

약 속 해요- 이순간이- 다 지 나 고 - 다
취 한듯- 만남은- 짧 았지만 - 빛

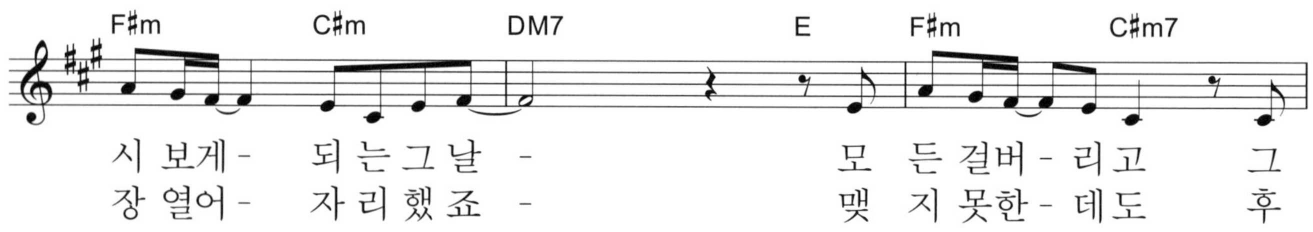
시 보게- 되는그날 - 모 든 걸버- 리고 그
장 열어- 자리했죠 - 맺 지 못한- 데도 후

대 곁에- 서서 남 은길을- 가라 란- - 걸 인 연
회 하지- 않죠 영 원한건- 없으 니- - 까 운 명

이 라고 하- -죠 거부 할 수가 없 -죠 내생

애 이 처 럼아- 름 다 운날- 또다 시 올 수 있을 까

C#7   DM7   E   F#m
- 요 - 고 달 픈 삶 의 길 에 - 당 신
하 고 픈 말 많 지 - 만 당 신

DM7   E   F#m   DM7   E
은 선 물 - - 인 - 걸 이 사 랑 - 이 녹 슬 지 않
은 아 실 - - 테 - 죠 먼 길 돌 - 아 만 나 게 되

F#m   DM7   E   F#sus4   F#
D.S.
도 록 늘 닦 아 비 출 게 - 요
는 날 다 신 놓 지 말 아

F#sus4   F#   DM7   E   F#m
- 요 이 생 에 못 한 사 - 랑 - - 이 생 -

DM7   E   F#m   DM7   E   F#m
에 못 한 - - 인 - 연 먼 길 돌 아 다 시 만 나 는 날 나 를

DM7   E   DM7   E7 F#m
놓 지 말 - 아 - - - 요 -

일편단심

추가열 작사 / 추가열 작곡 / 금잔디 노래

나도 몰 래사 랑 했나 봐 아 프도
몰 래사 랑 했나 봐 가 슴아
록 사랑 - 했 - 나 봐 시 간 흐르고흐르고흘러 - 도
픈 사연 - 을 - 담 고 눈 물 흐르고흐르고흘러 - 도
그 대 라는 사 람 못 잊 을것같 아요 - 나 도
나 를 위로 해 줄

2. Am   D7   G   C
그 대 라 는-사 람 을   아 아 아   -두 번-

G   Em   D7
다 시   아 아 아   못 할 사 랑 -   가 슴

C   G   Em   Am
찢 어 지 는 아 픔 이   와 도   그 대 만 사 랑 할 래 요

D7   G   D7   G
-   내 평 생   에 단 하 -나 소 원   그 대

C   D7   C
사   랑 하 다 -죽 -는 일   다 음 세   상 외 면 말 아

G   Am   D7   G
요   그 때   꼭 다 시 만 나 요   D.C.

G   Am   D7   G
요   그 때 꼭 다 시 -   만 나 요

일편단심 민들레야

이주현 작사 / 조용필 작곡 / 조용필 노래

Go Go
Em
님 주신밤에 - 씨 - -뿌 렸 네 -
해 가 - 뜨면 - 달 - -이 가 고 -

Em   Am   B7
사랑의 불 로 꽃 을 - 피 웠 네 -
낙엽 - 지 니 눈 보 - 라 치 네 -

Em   B7
처 음 만 나 맺 은 마 음   일 편 단 심
기 다 리 고 기 다 리 는   일 편 단 심

Em   C   B7
민 들 레 야   그 여 름 - 어 인 광 - 풍
민 들 레 야   가 시 밭 길 산 을 넘 - 고

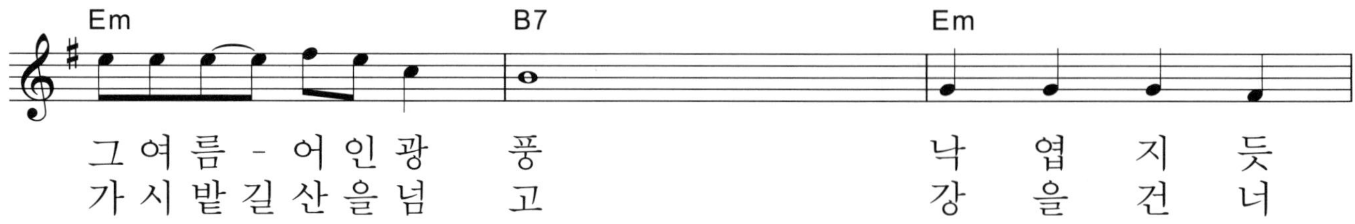

Em   B7   Em
그 여 름 - 어 인 광 풍   낙 엽 지 듯
가 시 밭 길 산 을 넘 고   강 을 건 너

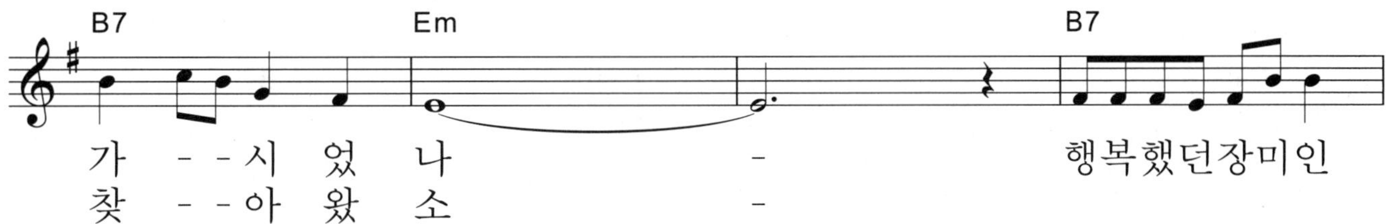
가 - - 시 었 나 - 행복했던장미인
찾 - - 아 왔 소 -

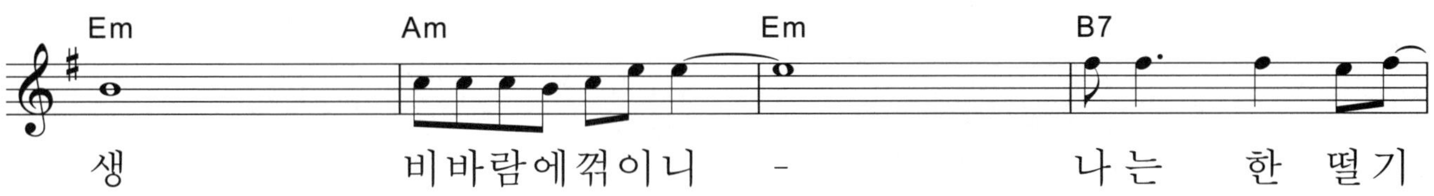
생 비바람에꺾이니 - 나 는 한 떨기

- 슬 픈 민 들-레 야 긴 세 월하루같이

하 늘 만 쳐 다보 니그이의 목 소 리 는어디에서들을까

일편단심민들레 는 일편단심민들레 는

떠나 지-않 - -으 리-라 -
D.C.

잃어버린 우산

오주은 작사 / 오주연 작곡 / 우순실 노래

Slow Go Go

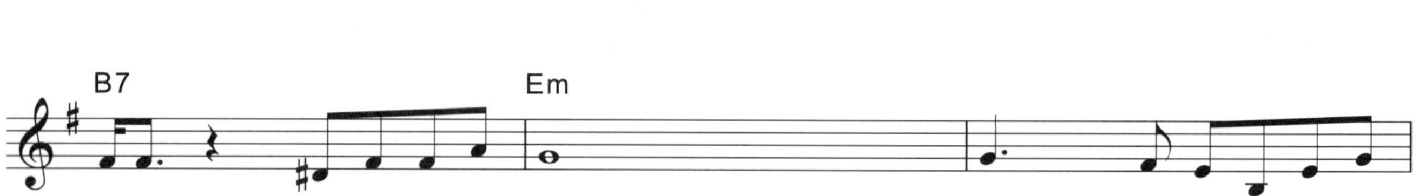

안개비가 하얗 게 내 리던 밤
그대사는작은 섬 으로 나를 이끌던날부 터
그대 내 겐 단하 나 우 산이 되었지만
지 금 빗 속 으로 걸 어 가 는 나는 우 산이없 어
요 이젠 지나버 린 야 야 기들 이-

내겐 꿈 결 같 지 만 하 얀 종 이 위 에
그 릴 수 있는- 작 은 사 랑 이 어 라

라라 라라라 라 라 라 라라라-
라 라 라라라 라 -
라
잊혀져간 그날의
기 억 들 은
지금 빗 속 으로
걸어 가는 내겐 우산이되리 라
잊혀져간 그날의 기 억 들
은 지 금 빗 속 으로 걸 어 가 는
내겐 우산이되리 라 -

잃어버린 30년

박건호 작사 / 남국인 작곡 / 설운도 노래

비가오나 - 눈이오나 - 바람-이부-나 그리웠던 삼십-년 세
내일일까 - 모레일까 - 기다-린것-이 눈물맺힌 삼십-년 세

월 의지할 곳 없 는이 몸 서러워 하 며 그 얼
월 고향잃 은 이 신세 를

마 나 - 울었던가 - 요 우리형 제 이제라 도
우리남 매 이제라 도

다시만나-서 못다 한 정나 누는- 데 어머님 아버님

D.C. al Fine
그어디에계십니 까 목메 이 게- 불러봅니-- 다 -

# 잠깐만

이호섭 작사 / 김영광 작곡 / 주현미 노래
Disco
F
Gm
C7
F
Dm
C7
Gm
F
Gm
C
Dm
F
F
Dm
C7
F
Gm
C7
1. F
2. F
D.S.
Fine
잠깐 만 잠깐 만 그 발길을다시멈춰-
잠깐 만 잠깐 만 그마음을다시돌려-
요 이 제는내가미워 이 제는내가싫어
간 다 간 다 아주-가 만 날 때아름다운
사 랑보다 는 돌 아설때아름다운 사 랑-이되자 잠 깐
헤어질때아름다운 사 랑-이되자 잠 깐
만 - - 잠깐 만 그대 나 를 이리-저-리
만 - - 잠깐 만 쏟아 지 는 그추-억-을
스 쳐가 지마- 불러 도 대답 은 깜 -
밟고가 지마- 불러 도 소식 은 깜 -
깜 잠깐 깜 깜

자옥아

최동일, 한아름 작사 / 박현진 작곡 / 박상철 노래

Disco
Em   Am   B7   Em
내 곁을 - 떠나간 -   그 사람이름 은 -
지 금은 - 어디서 -   무 엇을하는 지 -
C   G   B
자 옥   자 옥   자 옥 이었 어 요   -
어디서   어떻게   살 고있 는 지   -
Am   D   B
그 사 람어깨 엔 -   날 개가 있어 -
바 람만불어 도 -   구름 만떠 가도 -
Em   Am   G   B7   Em
멀 리멀 리 날아 갔 어요 -   자 옥 -
깜 빡깜 빡 생각 이 난다 -
Em   C
아   -   자 옥 아 -   -
D   C   B7
내가   내가 - 못 잊을 - 사람 아   -   자 옥 -

아 - 자옥아 - -
내가 정말 -사랑한자 옥아 - -
내어 깨위 엔 날개 가없 어 널 찾아못 간
다 내 자옥아 - - 자 옥 - 아
- 아 - 내어 깨위 엔
날개 가없 어 널 찾아못 간 다 내 자옥
아 - - 자 옥 - 아 -

잡초

나훈아 작사 / 나훈아 작곡 / 나훈아 노래

16 Beat
아무도찾지않는 바람부는언덕-에 이 름 모 를- 잡 초야
한 송 이 꽃 이 라 면 향기라도있을텐데-
이것저것아무것도없 는 잡초라네 - 발 이 라 도 있 으 면 은
님 찾아갈 텐- 데 손이라도있으면은 님 부를- 텐- 데
이것저 것 아 무 것 도 가진 게 없 어 아무것 도 가 진 게- 없
네 아 무 도 찾 지 않 는 바람부는언 덕- 에
이 름 모 를- 잡 초야 - 한 송 이 꽃 이 라 면
Last time F.O.
향기라도있을텐- 데 이것저것아무것도없 는 잡초라 네
D.C.

장녹수

박성훈 작사 / 임택수 작곡 / 전미경 노래

Slow Go Go
G Em G C
가는- 세월 -   바람타고   흘러 가   는저 -구름
조각 -   구름따라   떠 - 도   는저 -달님

D7 G Em G D7
아   수-많 은   사연 담아 -   가는곳   이어 -디메-
아   한-많 은   사연 담아 -   네숨은   곳어 -디메-

G C Em/B Em A7
냐   구중- 궁궐 - 처-마끝- 에   한맺 힌   매듭
냐   곤룡- 포 - - 한-자락- 에   구곡 간 장 애태

D7 G Em A7
엮어 -   눈 물강   건 너서   높- 은뜻   그렸
우며 -   안 개강   건 너서   높- 은뜻   키웠

D7 G Em C G
더-니-   부귀 도   영화 도   구름 인 양간 곳-없-
더-니-   부귀 도   영화 도   꿈 - 인 양간 곳-없-

D7 G C D7
고   어이 타   녹수 는   청 산 에홀로우는

G G
가   한 - 가
D.S.

전복 먹으로 갈래

박영탁, 지광민 작사 / 박영탁, 지광민 작곡 / 영탁 노래

Go Go
전 복먹으러갈 래 - -
서해안고속도로 타고   완 도앞바다로 -   나 랑같이가볼
래 - -   슬 쩍기대도돼 -   내팔을어깨위에 두르고
저구름따라 -   지 금떠나볼래 -   어 느 새
바 닷바람 시 -원하게불어오잖 아   아 좋아
걱 정은마 오 -늘 은내가책임 진다 -   진 짜야   너에게
좋 은것 -만 주 - 고픈 -맘 -알 -까 -   전 복먹으러갈

Em   Am7   B7
래 -   할일은내일로다 미루고   이기분따라 -

B7   Em
훌 쩍떠나볼래 -   가자   조개구이먹으러갈

Em   Am7   B
래 - -   가까운오이도도 좋아   까먹기번거로우면 -   뭐

B7   Em   B7   Em
찜 - 도괜찮 아 - -   아 님뭐든어때 -   랍스타장어새우

Am7   B7   Em
대게 -   둘이서간 - 다면 -   난어 - 디든좋 아 - -

Em   Em   Am   B7   Em
어 느 새   진짜로 좋 은것 - 만 주 - 고픈 - 맘 - 알 - 까 -
D.S.

Em
-            소주도한잔할래 -   안주가끝내주잖

Am7   B7sus4   B7   Em
- 아 -   이거마 - 시면우 - 리 -   사 - 귀는거 다 -

정

조남사 작사 / 김학송 작곡 / 조용필 노래

Slow Go Go
Am   Dm   Am   Dm   E7   Am
D.S. time Instrument
Am   Dm   Am   E7
정이란무엇 일 까   받는걸까   주는걸까
Am   Dm   E7   Am
받을땐꿈 속같 고   줄때는안타 까 워
Am   E7   Am
정 을 쏟고   정 에 울며
G   C
살아-온   살아-온   내 가 슴에
C   E7   Am
-    오늘 도   남- - 모르 게   무 지
E7   Am   E7   Am
D.S. al Coda
개 뜨 네- -   개 뜨 네- -

412

정말 좋았네

윤정 작사 / 정환 작곡 / 주현미 노래

Rumba
Em   B   Em   C
사랑 -   그 - 사랑 - 이   정 - 말 -
Am7   B   Em
좋   - 았 - - - - 네 -   세월 -   -
이별 -   -
B   Am   Em   B7   Em
그 - - 세월 - 이   가는 - 줄 도 - 모 - 르 - - 고   -
그 - - 이별 - 이   오는 - 줄 도 - 모 - 르 - - 고   -
Am   Em   Am
불 - 타 - 던 - -   두 - 가 슴 에 - -   그 - 정을
푸 - 르 - 던 - -   두 - 가 슴 에 - -   참 - 사랑
Em   B   Am   C   B   Em   C   B
새기 - 면 - - - 서 -   -   사랑을주고 -   사랑을받   고
새기 - 면 - - - 서 -   -   마음을주고 -   마음을받   고
Em   Am   B   Em   B
그밤이좋 - 았   네   사랑 -   -   그 - - 사랑 -
그 - 때가좋았   네
2x time Rep.
B   Am   Em   B   Em
이   정 - 말 - 좋 - 았 - - - 네 -   -

조선의 남자

구희상 작사 / 구희상 작곡 / 최수호 노래

조선의
- 남자여 - - - - 헤이 꿈을꾸- 는조선 남-자여
땀 냄 새가 펄펄 나게 뛰어다니고- 피곤한 - 몸 쪽잠 으로
발 바 닥이 부르트게 뛰어다니고- 허기진 - 배 김 밥 으로
몸을달 - 랜다 꺾 어신은 운동화를 고쳐 신고서-
배를채 - 운다 푸른하늘 쳐다보며 한숨 내뱉 는-
꿈을 향- 해 나는 달린다 고된하- 루가
다시 한- 번 나는 달린다
길 다 하여 도- 이 또한지 나 가리 라 -

Bm
바 람 이불 고-
F#m
파도 가 쳐도-
D
멈 출 수없 는 인 생아
C#sus4
C#
F#m
조 선의 -
D
남 자여 -
E
쓰러져 - 도 다 시 일어 나 -
C#7
F#m
찬 란한 -
내 일을
D
Bm
C#7
1. F#m
꿈을꾸 - 는 조 선 의남 자 -
2. F#m
조 선의 -
남 자여 -
D
E
쓰러져 - 도 다시 일어 나 -
C#7
F#m
찬 란한 -
내 일을
D
Bm
C#7
F#7
꿈을꾸 - 는 조 선 의남 자 -
Bm
C#7
F#m
꿈을꾸 - 는 조 선 의남 자 -

존재의 이유

김종환 작사 / 김종환 작곡 / 김종환 노래

Slow Go Go
언젠가 는 너와 함께 하겠 지 지금 은 헤어져 - 있어도
그리오래 헤어 지 - 진않 아 너에게 나는돌 아 갈거야
(D.S.) 저녁늦 게 나는 잠이 들었 지 너를생각 할 - 시 간 도없이
눈을뜨 면 또하 루 - 가 가 고 내손 엔 작은너 의 사 진뿐

니가보 고 싶 어도 - 참고 있 을 뿐 이지 - 언
모든걸 포 기 하고 - 네게 가 고 싶 지만 - 조
너무나 피 곤 해서 - 쓰러져 잠 이 들 었지 - 난
너를다 시 만 나면 - 꼭안고 놓 지 않 으리 - 헤

1.
젠 간 다 시 만 날 테니 까
왜 이 렇 게 사 는 거 - 야

2.
금 만 참 고 - 기 다 려줘
어 져 있 던 - 시 간 만큼

알 수 없는 - 또다른 나 의 미래 가 -

나를 더욱더 힘들 게 하 지 만 - 니가있 다는 - 것이나를

존 재 하게 해- 니가 있 어 나는 살- 수 있는거 야 조금
만 더 기다 려- 네게 달 려갈- 테니- 그때 까지 기 다 릴수 있겠
니
그래 다시 시작하는 거야 조금
하지만 너무 슬퍼는 하지마
늦는다고 바뀌는 건 없겠지 남자란 때로 그 무엇을 위해서 모든
너의 곁엔 항상 내가 있을 테니까 우리의 미래를 위해 슬퍼도 조금만 참아줘 내가
것을 버릴 때도 있는거야 넌 이해할 수 있겠지 정말 미안해 널 힘들게 해서
이렇게 살아갈 수 있는 이유는
니가 있기 때문이야 널 사랑해 니 조금
만 더 기 다려- 네게달 려갈- 테니- 그때 까 지 기 다 릴수 있겠
니

진또배기

김학진 작사 / 송결 작곡 / 이성우 노래

Go Go
Am   Dm   Am   G Am

Am   C   Dm   Em
어 촌 마을   어귀 에서서   마을 의평안함을 기원하는 -
배 띄 워라   노를 저어라   파도 가노래한다 춤을춘다 -

Am   E7
진또배기   진또배기   진 또배 - 기   -

Am   C   Dm   Em
오 리 세마 리 숏대 에앉아   물 불 - 바 - 람을 막아주는

Am   E7
진또배기   진또배기   진 또배 - 기   -

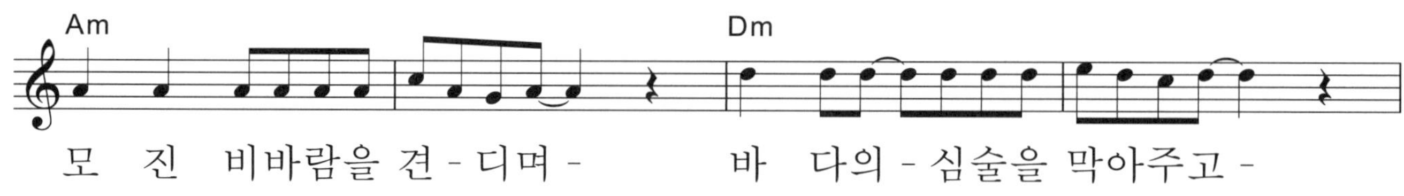
Am   Dm
모 진 비바람을 견 - 디며 -   바 다의 - 심술을 막아주고 -

C
말없 이마을 을지-켜온-
Am
진또배기   진또배기

Am   Dm   E7
어 허 어 허 어 허 어 허 어야듸야 -   -

Am   C   Dm   Em
풍어 와풍년 을빌-면서-   일 년-내-내- 기원하는-
풍악 을울려 와 만선이다-   신 나게춤을추자 풍년이다-

Am   E7
진또배기   진또배기   진 또배-기   -

1. Am   2.
진또배기   진또배기 -   어 허 어 허

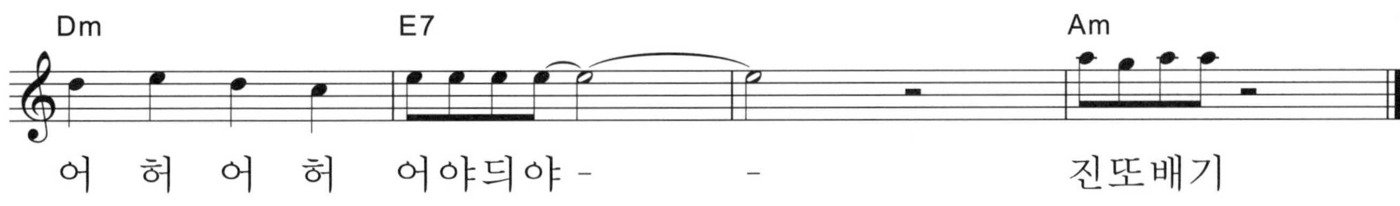

Dm   E7   Am
어 허 어 허 어야듸야 -   -   진또배기

진정인가요

정욱 작사 / 정풍송 작곡 / 김연자 노래

Trot
Am   F   E7
미련없 다 그   말 이   진정인--가   요
잊어달 라 그   말 이   진정인--가   요

Am   E7   Am
냉정했 던 그   마음-이   진정인 가   요
돌아서 던 그   마음-이   진정인 가   요

E   Am   Dm   Am
바닷가 를 거   --닐-며   수놓았 던 그   --추 억
오솔길 을 거   --닐-며   주고받 던 그   --사 랑

Am   F   E7
잊을수 가 있을   까--- 요   -
잊을수 가 있을   까--- 요   -

Am   F   Dm   E7
돌아설 때 눈 물 짓 던   당신이 -라-- 면
돌아설 때 울 음 참 던   당신이 -라-- 면

Am   Dm   Am   E7
영   원-토   록--   영원 토 록
잊   으-려   도--   잊으 려 도

Am   E7   Am
죽어 도 못-잊을겁 니 - 다--   -

D.C.

짝사랑

이호섭 작사 / 김영광 작곡 / 주현미 노래

Swing
마 주치 는눈 빛이 - - - 무 엇을 말하 는
속 삭이 는눈 빛이 - - -
지 난아 직몰 라- 난정 말몰 라-
가 슴만 두근 두근 아 - 사 랑인 가봐
- 해 질무 렵이 면창 가에 앉아
- 그 대지 나치 는시 간이 되면
나는 요어 느샌 가그 대모 습그 려요 사 랑한 다고
나는 요어 느샌 가거 울앞 에있 어요 사 랑한 다고
좋 아한 다고 말 해주 세요 - 눈 물만 큼고 운
좋 아한 다고 말 해주 세요 - 눈 물만 큼고 운
그 대가 슴속 에
별 이될 래요 그 대가 슴 에- - -
별 이될 래요 그 대가 슴 에- - -
꺼 지지 않는 별 이될 래 요- -

짠짜라

정인 작사 / 임강현 작곡 / 장윤정 노래

Cha Cha Cha

짠 짠 짠
짜 라라짜짜짜

잘 - 가 요안녕내사 랑 짠짠짠
Fine

반짝 반짝 반짝 이는 밤하늘의별을 보
깜빡 깜빡 깜빡 이는 네온사인불빛 아

며 짜 라라 짜짜짜 우리 사랑 변치말자던 그 -
래 짜 라라 짜짜짜 약속 시간 지나갔어도 내 -

약 속잊으셨나요 짠 짠 날 갖고
님 은오질않네요 짠 짠

C#m   F#m   G#
장 난 쳤 나 요   사 랑 이 그 런 건 가 요

F#m   C#m   A
이 리 저 리로 왔 다   요 리 조 리로 갔 다   아 직 도 헷갈 리 나

G#   C#m
요   짠 짠 짠 - - 하 게 하 지 말 아 요

C#m   G#   C#m
말 없 이 그 냥 가 세 요   짜 라 라 짜 짜 짜 짠 짠 짠 - - 이 제

C#m   F#m   G#   1.C#m
울 지 않 아 요 잘 - 가   요 안 녕 내 사 랑 짠 짠

2.C#m   F#m   G#   C#m
랑 짠 짠 잘 - 가   요 안 녕 내 사 랑 짠 짠
D.C. al Fine

찍어

김현아, 조영수 작사 / 이유진, 조영수 작곡 / 송가인 노래

내마음을뺏어-간그대
인생이란길고-긴여행
나의사랑모두가져간그
앞이막막하고한숨이날
- 대
- 때
무 뚝뚝--해도 매력적이-야
내 일걱--정은 내일해도-돼
끌리네더--끌리네
오늘을더--즐겨봐
사랑이란얄미운장
남들은잘나가보여
- 난
- 도
열번찍어봐도안되-면
걱정없는사람없단-다
백번천 번더 다가가볼래
단한번 사는 인생이잖아
마지-막인것-처럼-- 아
마음-이가는대-로해-- 아
아 아--아 이세상에못할게뭐-야
금도끼로찍야어 은도끼로찍-어 내사전에포기는없어

오
난될때까지 찍 어-
난 될 때 까지 찍 어-
사 랑 도 인 생-도
내가만 들 어 갈
래
후 회 없 도 록
미 련 없 도 록
하나 뿐인내인 생
아름다운 내
- - - 사 랑- -
반 짝 이 는내인생 이- 여-
D.S. al Coda
난 될 때 까지 찍 어-

찐이야

김지환, 알고보니혼수상태 작사 / 김지환, 알고보니혼수상태 작곡 / 영탁 노래

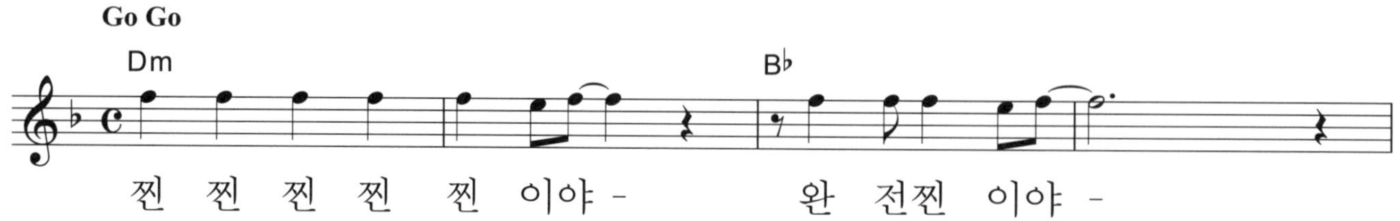

Go Go
Dm
Bb
찐 찐 찐 찐 찐 이야 - 완 전찐 이야 -

C
F
A7
진 짜가 나 타 났지 금 -

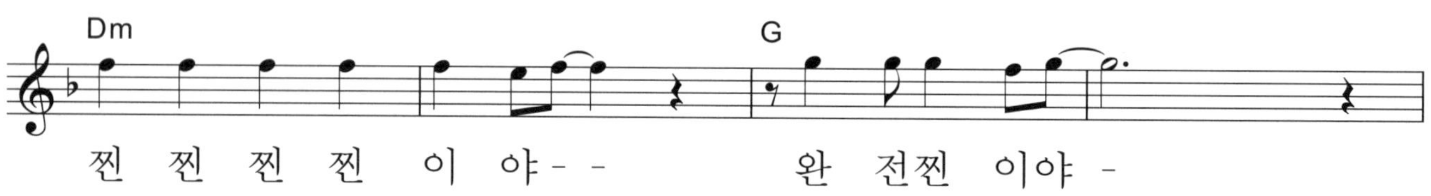

Dm
G
찐 찐 찐 찐 이 야 - - 완 전찐 이야 -

A7
Dm
A
찐하게 - 사랑 - 할 꺼 야 - - -

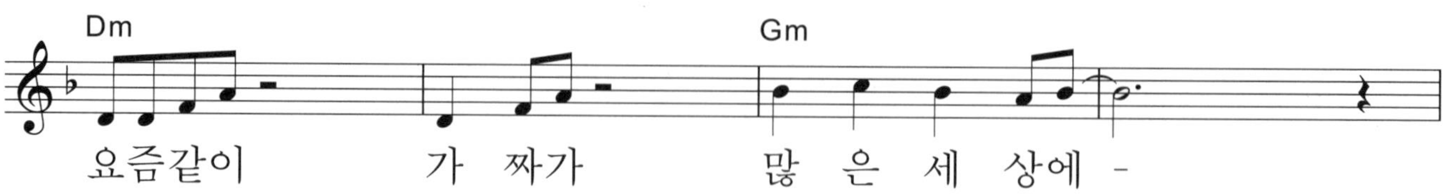

Dm
Gm
요즘같이 가 짜가 많 은 세 상에 -

C
A
Bb
E
A
믿을사람 - 바로 당 - - 신 뿐

내모든걸 다 줘도 아 깝 지 않은 -

내인생에 전 - 부 인 사람 -

끌 리네끌 리네 자꾸끌리네 쏠 리네쏠 리네 자꾸쏠리네

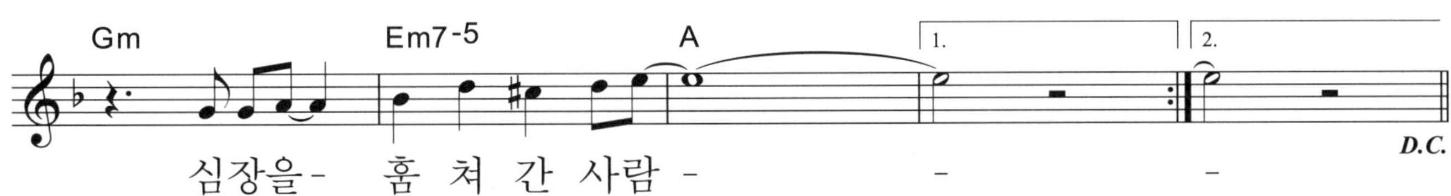

심장을- 훔 쳐 간 사람 - - -

찐하게 - 찐하게 - 찐하게 - 찐하게 - 찐하게 -

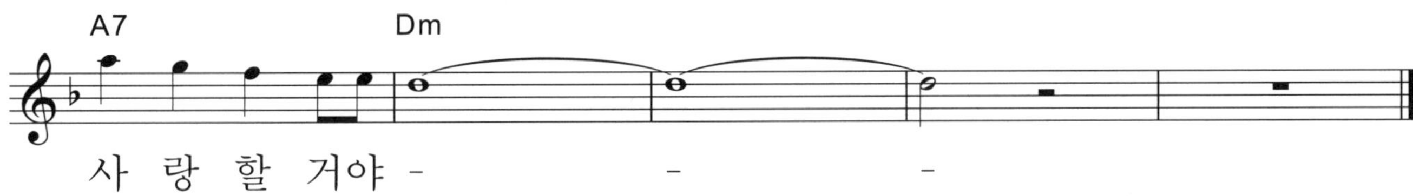

사 랑 할 거야 - - -

427

찔레꽃

김영일 작사 / 김교성 작곡 / 백난아 노래

Trot
찔 레 꽃 붉 게 - 피 - - 는 - 남 쪽 나 라 -
달 뜨 는 저 녁 - 이 - - 면 - 노 래 하 던 -
내 고 - - - 향 - 언 덕 위 에 초 가
세 동 - - - 무 - 천 리 객 창 북 두
삼 - - 간 그 립 - - 습 니 - - - 다 -
성 - - 이 서 럽 - - 습 니 - - - 다 -
자 주 고 름 입 에 물 - - - - 고 눈 물 - -
삼 년 전 에 모 여 앉 - - - 아 백 인 - -
젖 - - - - - 어 - 이 별 - 가 를 불 러
사 - - - - - 진 - 하 염 - 없 이 바 라
주 - - 던 못 잊 을 - 사 람 - - - 아 -
보 - - 니 즐 거 운 - 시 절 - - - 아 -
D.C.

차표 한장

조동산 작사 / 원희명 작곡 / 송대관 노래

16 Beat
차표한장손에 들고 떠나 -야하네
예정 된시간표대로 떠나야하네
너는 - --상 행 선 나는하행선 열차 에몸을실 었다
사랑 했 지 만 갈 길이달 랐 다 이 별 의시간 표대 로
떠 나 야 했 다 달 리 는차 - 창에 비가 -내 리 네
비가 -때 리 네
그 리 움 이 가 슴을적 시 네 너 는 - --상 행 선
그 리 움 이 가 슴을때 리 네
나 는 하 행 선 추 억 이 나 를 -울 리 네

찬찬찬

김병걸 작사 / 이호섭 작곡 / 편승엽 노래

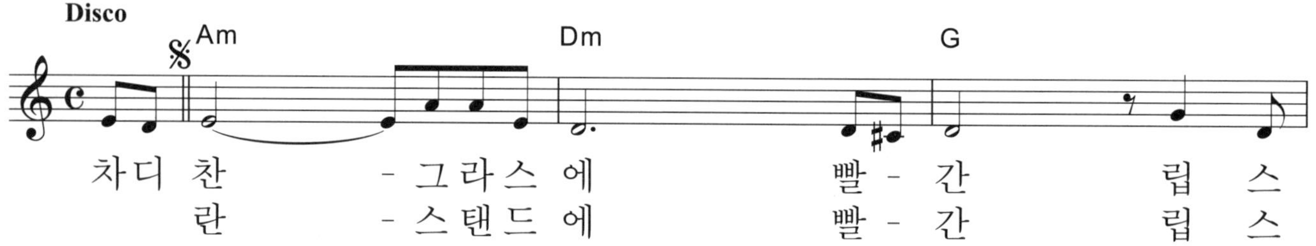
Disco
Am   Dm   G
차디 찬   - 그라스 에   빨 - 간   립 스
란   - 스탠드 에   빨 - 간   립 스

C   Am   A7   Dm
틱   음악에 묻혀 굳어 버린
틱   그누굴 찾아 여기 왔나

E7   Am   B♭
밤깊은카페의여 인   가 녀 린 어깨위로

Dm   Am   E7
슬 픔 이   연기처럼피어오를 때   사 랑

Am   E7   Am
을 - 느끼면 서   다가 선   나를향해   웃음

Am   E7   Dm   E7
을 - 던지면 서   술잔 을   부딪치며 찬 찬 찬

Am   E7
그 러 나 마 음 줄 수 없 다 는 그 말   사 랑 을 할 수 없 다

E7   Am   A7   Dm
는 그 말 -   쓸 쓸 히   창 밖 을 보 니

D.S. time Rep.
E7   E7   Dm   E7
주 루 룩 주 루 룩 주 루 룩 주 루 룩   밤 새 워 내 리 - 는 - 빗

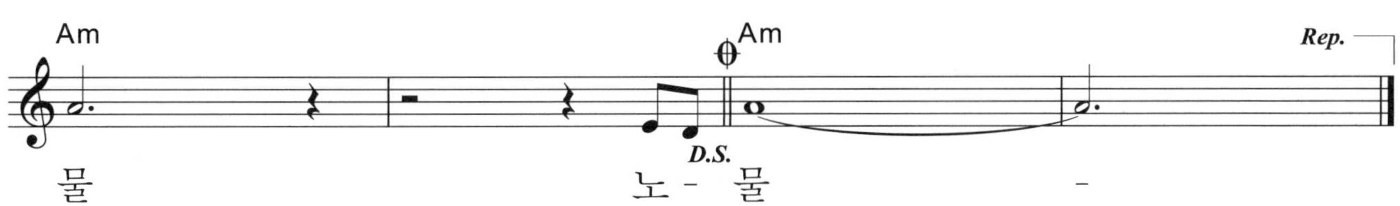
Am   Am   Rep.
물   노 - 물 -
D.S.

찰랑찰랑

박건호 작사 / 이호섭 작곡 / 이자연 노래

찰 랑 찰 랑 - 찰 랑 대네 -
그 모 습이 - 찰 랑 대네 -
잔 에 담긴 - 위 스키 - 처럼 -
사 랑 이란 -
한 잔술이던 - 가 오 오 오 그 대는나를
취 하게하는 사 람 - 이 었고 - 가 까이에서
이 마 - 음을 자 - 꾸 흔들었어 - 촉 촉 히젖 은

눈 빛 하나 로 - 이 마 음을 적
- 셔 주었 어 - 그 것 이
사 랑 이 라 면 이 순간 - 모 든 것
다 줄 수 있어 - 그 것 이 거 짓 없 는
진 실 이 라 면 - 나 는 나 - 는 그 대잔속에서
찰 랑찰랑대 - 는 술 - 이되리 라
라 나 는 나 - 는 그 대잔속에서
찰 랑찰랑대 - 는 술 - 이되리 라 그 - 대 위하여
D.S.

참 좋은 날

이찬원, 박종근, 오승은 작사 / 이찬원, 박종근, 오승은 작곡 / 이찬원 노래

Slow Go Go
유난히- 힘이-들던- 날   꽃이되 어 별이되어 내게로 다가온당신
소 리내- 어울고-싶던- 날   운명처 럼   연인처럼   내게온
선 물 -   그 대 없이 -   나도없었 고   그 대
         없 인 -   숨 쉴수없 고   그 대
있 어 -   나 도있- 네 - 요 -   꿈 을꾸- 듯 그 대와-
있 어 -   내 가사- 네 - 요 -   평 생토- 록 그 대만-
걸 어갈- 게 요   하 늘까- 지 저구름 까 - 지 -   참
지 켜줄- 게 요   해 가되- 어 저달이되 - 어 -   참
좋 은날- 그 어 느날 우리 만난날-   또 시 련이 -   우 릴막 - 을
좋 은날- 그 어 느날 눈부 신그날-   가 슴 아린 -   슬 픔은모두

지 - 라도- 우리 밝 게빛- 날그- - 날에- 두
잊 어버- 려요- 우리 함 께웃- 을수- - 있게- 그
손 꼭 잡 고함- 께 걸 어갈- 게 요 우 리 그렇 게약- 속해
대 손 절 대놓- 치 지 않을- 게 요 내
- 그 대 리 그 렇 게 약 -
속 해 - 수많은계절- 들이- 피고또저- 물어- 가도- 그
대 만 영- 원- 히- 내 사 랑인- 걸 요 -
- 참 가 그댈 지킬- 게 요 -
참 좋은 날입- - 니 다

435

창밖의 여자

배명숙 작사 / 조용필 작곡 / 조용필 노래

Slow Go Go
Em Am B7 Em
D.S. time Guitar solo
Em D G
창 가에서면 눈 물처럼떠 오르 는 그 대의 흰 -손-
Am G D7 Em
돌아서눈감으면 강물이어라 한줄기바람 -되어 거리에서면
B7 Em
그대는 가로등되 어 내곁에 -머 무 -네- -
Em B7
누 가 사 랑을- 아름답다 - 했는 가 -
B7 Em
누가 사 랑을- 아름답다 - 했는 가 차 라리
E7 Am B7 Em
차라리 그대 의흰손으로 - 나를 잠들게 하라
D.S.
B7 Em
나를 잠들게 하 - 라 -

436

천년을 빌려준다면

조동산 작사 / 조동산 작곡 / 박진석 노래

Go Go
당 - 신을 - 사랑 하 - - - 고 -
당 - 신을 - 사랑 하 - - - 고 -
정말 - 정 말 - 사랑 하 고
너무 - 너 무 - 사랑 하 고
그래 도 - 모자 - 라면 당 - 신을위 해
무엇 - 이든 다해 - 주고싶 어
원하 - 는것
(D.S.) 만약 에 - 하늘이 하늘이 내 - 게 -
2.어느 날 -
천 - - 년을 - 빌 려준 - 다 면
그 천 - 년을 당 신을 - 위해 사랑을 위 해 아 낌없 - 이
- 모두 - 쓰겠 - 소 -
D.S. al Fine

천년바위

장경수 작사 / 장욱조 작곡 / 박정식 노래

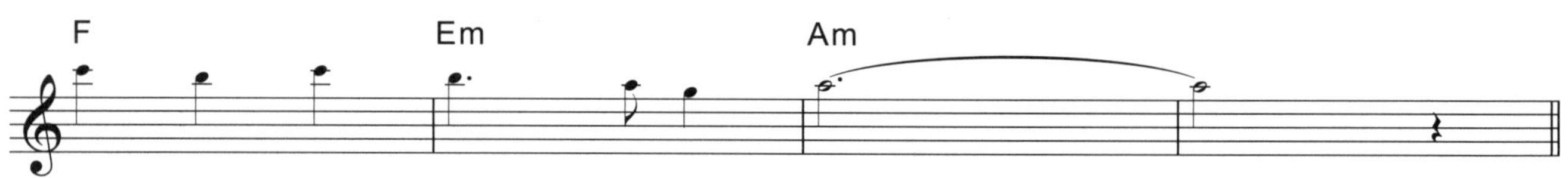

동 녘 저 편에 먼 동이트 -면- 철새 처럼-
서 산 저 너머 해 가기울 -면- 접으 리라-

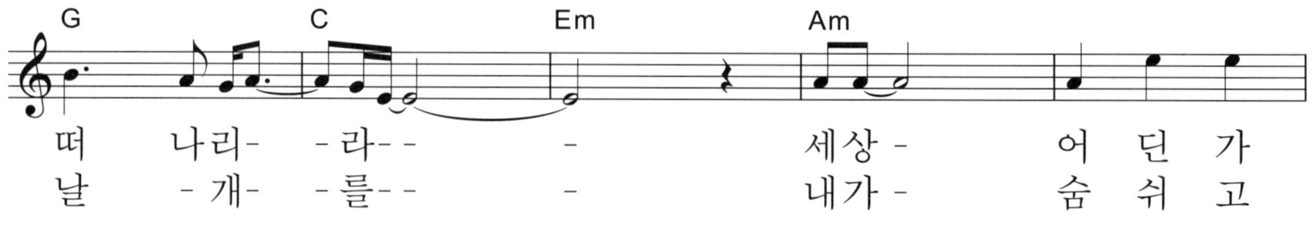

떠 나리- -라-- - 세상 - 어 딘 가
날 -개 -를-- - 내가 - 숨 쉬 고

마 음줄곳- 을 집시되어 찾 으-- 리 라
내 가있는- 곳 기쁨으로 밝 히-- 리 라

- 생은 - 무 엇-- 인- 가요 -

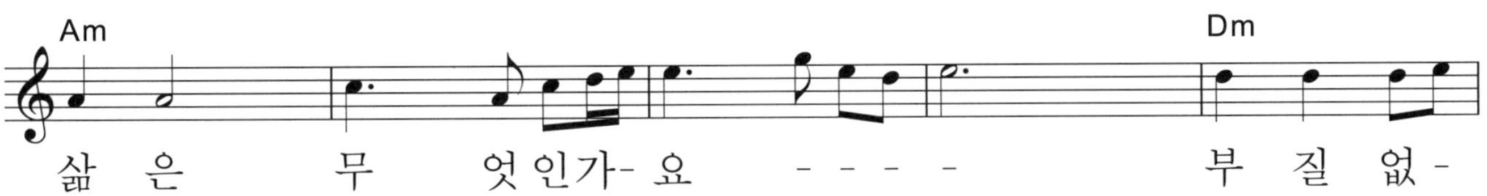

Am
Dm
삶 은 무 엇 인가- 요 - - - - 부 질 없-

Dm
Am
F
Em
Am
는 욕 심- 으로- 살 아 야 만 - -하- -나-

1. Am
2. Am
Dm
- - - 이 제 는 아무것 도 그 리워말

Am
F
G
C
- 자 - 생 각 을 하 지 말- -자- -

Em
Am
Dm
- 세월이 - 오 가 는 길 목에서- 서

F.O.
F
Em
Am
F.O.
천 년 바 위 되 - -리- -라 - -

천상재회

김정욱 작사 / 김정욱 작곡 / 최진희 노래

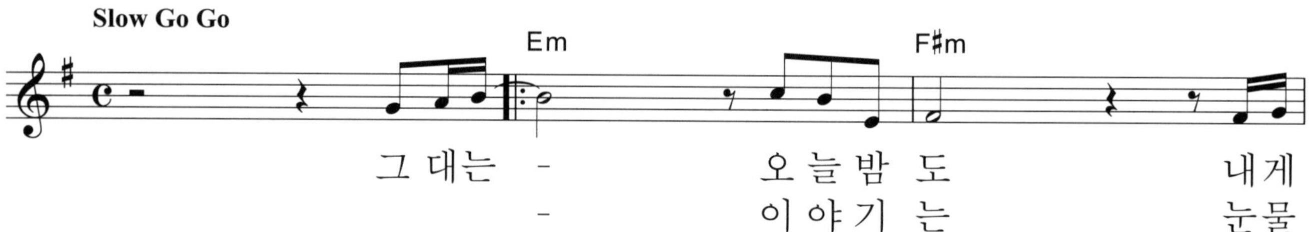
Slow Go Go
Em
F#m
그 대는 -   오 늘 밤 도   내게
-          이 야 기 는   눈물

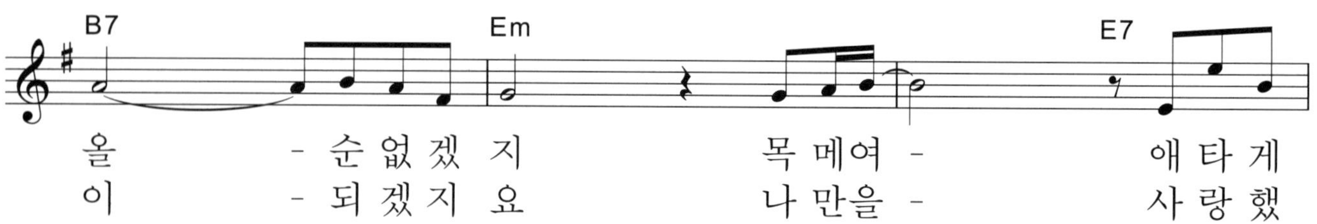
B7
Em
E7
올   - 순 없 겠 지   목 메 여 -   애 타 게
이   - 되 겠 지 요   나 만 을 -   사 랑 했

Am
1. Em   F#m   B7
불   러도-   대 답 없 는 그   대 여 - -   못 다 한
다   는 - 말

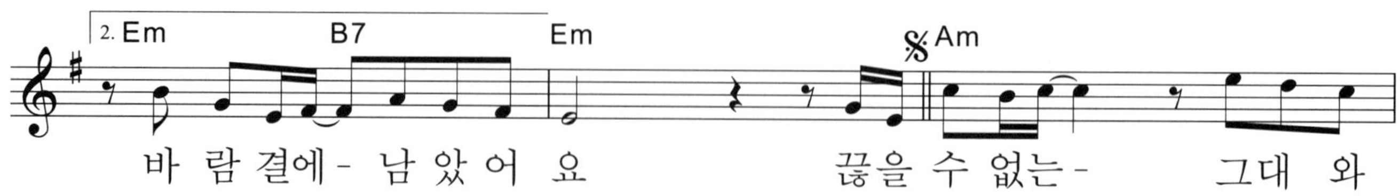
2. Em   B7   Em   Am
바 람 결에- 남 았 어 요   끊 을 수 없 는-   그대 와

Em   F#m   B7   Em
나 의 인 연은-   운 명 이라 - 생 각 했 죠   가슴

에 묻은 - 추억의 작은 조각들 - 되돌아 - 회상하 - 면

서 천 상에 - 서 다시 만나 면 그대

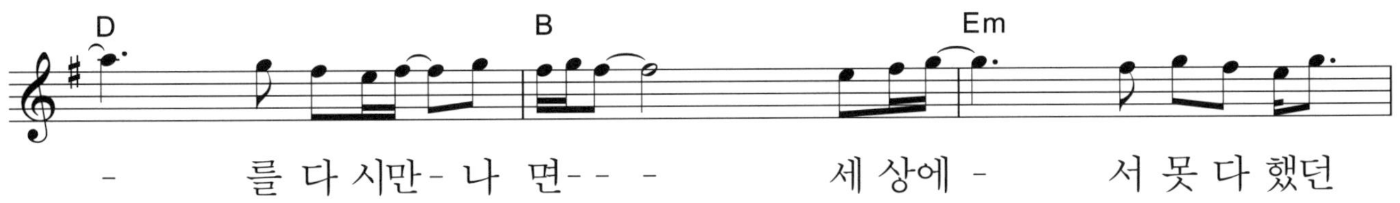

- 를 다시 만 - 나 면 - - - 세 상에 - 서 못 다 했던

그 사 랑을 - 영 원 히 - 함께할 래 - 요 -

D.S.
끊을 - 요 - 세 상에 - 서 못 다 했던

그 사 랑을 - 영 원 히 - 함께할 래 - 요 -

천태만상

노상곤 작사 / 노상곤 작곡 / 윤수현 노래

천 태 만 상 - - - 인 간 세 상 - 사 는 법 도 -
가 지 가 지 - 귀 - 천 이 따 로 있 나 - -
재 판 한 다 판 사 변 호 한 다 변 호 사 범 인 잡 는 형 사
설 교 한 다 목 사 님 염 불 한 다 스 님 가 르 친 다 선 생 님
계 룡 산 에 부 채 도 사 - 연 구 한 다 박 사 운 전 한 다 기 사
병 고 친 다 의 - 사 님 - 재 롱 둥 이 연 예 인 나 라 지 키 는 군 인
트 럭 택 시 기 차 전 차 버 스 봉 고 도 저 기 중 기 요 리 한 다 요 리 사
육 군 공 군 해 군 해 병 대 특 전 사 카 튜 샤 순 경 의 - 경 공 무 보 는 공 무 원
소 개 한 다 중 계 사 파 마 한 다 미 용 사 간 호 한 다 간 호 사
업 무 보 는 회 사 원 경 비 보 는 경 비 원 청 소 하 는 미 화 원
얼 럴 러 리 여 - - - 천 태 만 상 - - -

인간세상 - 사 는법 도- 가지가지 - 귀 - 천 이
따 로있 나 - - 술 판 - 다 술 장 수
농 사 짓 는 농 - 부
밥 판 - 다 밥 장 수 옷 판 - 다 옷 장 수 고 기 채 소 과 일 장 수
고 기 잡 는 어 - 부 공 사 장 에 잡 - 부 알 바 도 우 미 파 출 부 -
놀 고 먹 는 백 수 운 동 한 다 선 수 축 구 야 구 농 구 배 구
약 초 캐 는 심 마 니 오 일 장 에 할 머 니 달 래 냉 이 취 나 물 콩 나 물
씨 름 골 프 복 싱 태 권 도 말 을 탄 다 기 수 집 짓 는 다 목 수
고 사 리 더 덕 단 감 곶 감 이 고 지 고 오 셔 서 한 푼 두 푼 벌 어 서
돌 깍 는 다 석 수 고 라 니 잡 는 포 수 얼 럴 러 리 여 - -
손 주 용 돈 주 면 서 고 생 고 생 하 는 데 백 수 가 웬 말 이 냐 -
천 태 만 상 - - - 인 간 세 상 - 사 는 법 도 -
가 지 가 지 - 귀 - 천 이 따 로 있 나 - -
Gm Dm B♭ Dm Dm Gm Dm Em7(♭5) Gm F A7 Dm Gm Dm Dm B♭ Dm
D.C. al Fine

첫사랑

이인혜 작사 / 정의송 작곡 / 장윤정 노래

Go Go
Bb Gm Eb F
그대를처음본- 순 - 간 - 내가슴 너무 - 떨-렸어요 -
Bb Gm Cm F7 Bb
그때이미- - -예감했 죠 사랑에 - 빠-질-것 을
Gm Dm Gm
그-대 의몸- 짓 그대의미소 다정스런그- 대 목소리
Dm Gm Eb F
- 나-어 떡해- 요 숨이 멎을 것같- 아 -
Eb F Bb Gm
그대에 게 빠 져버렸 어요 - 하루 온 종-일 그대
Eb F Bb Gm Eb F
생각 뿐-이죠- 내일 역 시 - 도 그리 보낼 거-예요-
Last time Rep.
Bb Dm Eb F Bb
손내밀어 잡아주세요 - 이런내 사-랑받- 아 주 세요 -
D.S.

청춘

김창완 작사 / 김창완 작곡 / 산울림 노래

언젠가 가 겠지 푸르른 이 청춘 지 고또 피 는꽃 잎-처
(D.S.)간 님 은 용서하 겠 지만 날버리고 가 는세 월-이
럼 달밝은밤 이면 창가에흐 르는 내젊은
야 정둘곳없 어라 허전한마 음은 정답던
영 가가 구-슬퍼 가고없는날 들 을 잡으려
옛 동산 찾-는
잡 으려 빈손-짓 에슬 퍼-지면 차라리보
내 야지 돌아-서 야지 그렇게세 월은가는-거
야 언젠가 야 날두고 가 언젠가

청춘을 돌려다오

월견초, 최치수 작사 / 신세영 작곡 / 나훈아 노래

청춘 - 을 돌려다 - - 오
젊음 - 을 다 - - 오 -
흐르 는 - 내인생 - 에 애원 - 이 - 란 - 다
못 다 한 그 사랑 도 태산같 - - 은 데
지 나 간 그 옛날 이 어제같 - - 은 데
가 는세 월 - 막 을수 는 없지않 느 - - 냐
청춘 - 아 내청 춘 - 아 어 딜
가 - 느 - - - 냐 - 냐 -

초혼

김순곤 작사 / 임강현 작곡 / 장윤정 노래

살아
서 는갖지 못 하- -는- 그런이 름하나때문 에 그리운
맘 눈물속 에- - - 난- 띄 워보낼뿐이- 죠
스치듯보낼- 사람이 어- 쩌 다내게들어- 와 장-미-
의 가시로 남아서- 날- 아 프게지켜보내- 요 따라
가 면만날 수 있-나- 멀- 고 먼세상끝까 지 그대라
면 어디라 도- - - 난- 그 저행복할테- 니
살아 니 난- 너 무행복할테- 니

최고 친구

김시원 작사 / 김정호 작곡 / 소명, 김정호 노래

Go Go

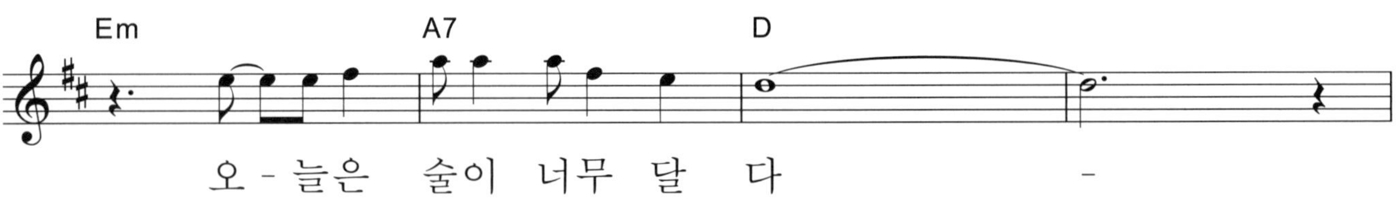
오 - 늘은 술이 너무 달 다 -

시린 가 슴에 - 바람 이-분 - - 다

외로 움에 눈 - 물이-난 - 다 -

힘차 게달 - 려온 - 후 - 회없는 - 내인생 - 돈

- 도 명예 도별 것 없더라 -

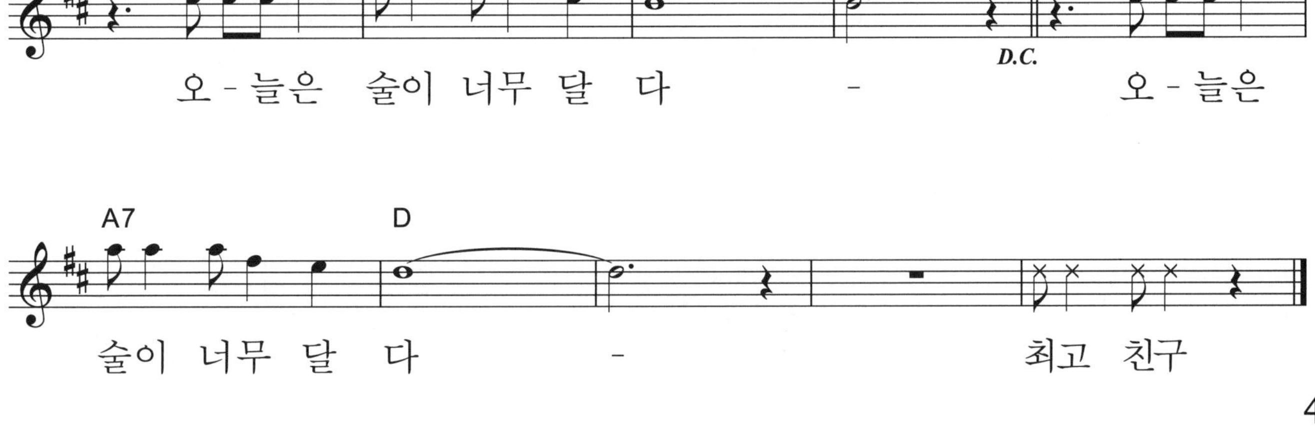

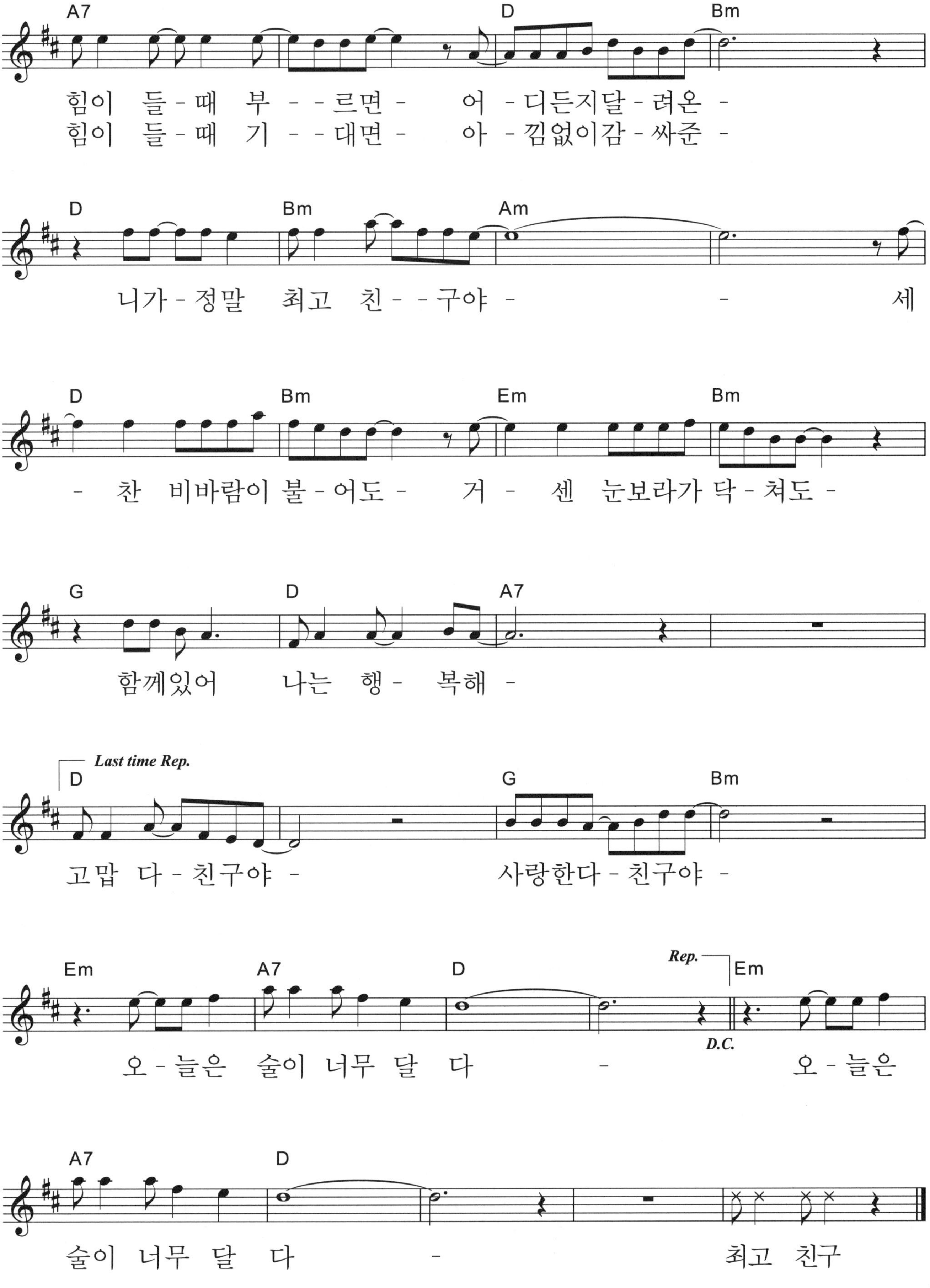
A7 D Bm
힘이 들-때 부--르면- 어-디든지달-려온-
힘이 들-때 기--대면- 아-낌없이감-싸준-
D Bm Am
니가-정말 최고 친--구야- - 세
D Bm Em Bm
- 찬 비바람이 불-어도- 거- 센 눈보라가 닥-쳐도-
G D A7
함께있어 나는 행- 복해-
Last time Rep.
D G Bm
고맙 다-친구야- 사랑한다-친구야-
Em A7 D Rep. Em
오-늘은 술이 너무 달 다 - 오-늘은
D.C.
A7 D
술이 너무 달 다 - 최고 친구

추억으로 가는 당신

이호섭 작사 / 임기석 작곡 / 주현미 노래

Slow Go Go
Am
나는 알아요- 당신이 나를- 얼마나 사랑하는
나는 알아요- 당신을 떠날- 그날이 내게 온 것
E7 Am G7 C
-지- 내가 없으면- 외로움 속에- 조용
-을-
F E7 Am Am
히 흐느낄 그사람 떠나야 할까 닭일랑
진정 그대 사- 랑이
G F E7
묻지 말아요- 내가 너무 바보였 어요
필요한 것은- 내가 아닌 또다른 사람
Am G F E7
모든것이 세월 속에 지워질 때면- 그땐 내맘 알게 될 거야
모든것이 눈물 속에
Dm Am E7 Am
너무도 사랑한 당신 영원히 못잊을 당신 추억으로 가는- 당- 신-
D.C. al Fine

칠갑산

조운파 작사 / 조운파 작곡 / 주병선 노래

Waltz
콩 밭 매- - -는 아 - 낙 - 네- - 야
베 적 삼 이 흠 뻑 젖 는 - - 다 -
무 슨 서 름 - 그 리 많 - 아
포 기 마 다 눈 - 물 심 누 - 나 -
홀 어 머 니 두 - 고 시 집 가 던 날
칠 갑 산 산 마 루 - 에 -
울 어 주 - 던 산 - 새 - 소 - 리 만
어 린 가 슴 속 을 태 웠- - 소 -
D.C. al Fine

태클을 걸지마

진성 작사 / 진성철 작곡 / 진성 노래

Funk
지금 부터 뛰어   앞만 보고 뛰어
어 떻 게 살았 냐고 묻지를 마라 -   이리저리 - 살았 을거라
착 각 도 마라 -   그래한 때 삶의 무게 견 - 디 지못 해 -
긴 긴 세월 방황 속에 청춘을묻었다- 어 허 허   어 허
허   속 절 없 는 세월 -   탓 해서무얼 해 -
되돌릴수없 는 인 생인 - 것 을   지금 부 터 뛰어
앞 만 보고 뛰어   내인 생 에 태 클을걸 지마 -
Last time Rep.

452

편지

김미선 작사 / 임창제 작곡 / 어니언스 노래

Slow Rock
G C D7 G
말-없
G C D7 G
이 건네주고 달아난 차가운 손 가슴
얀 종이위에 곱-게 써내려 간 너의
C 1.G D7 C G
속 울려주는 눈물젖 은 편-지 하--
진 실 알아내
2.G D7 G C
곤 난그만 울어버렸네 멍뚫 린내 가슴
G D7 G C
에 서러 움 이물-흐르면 떠나버 -린 너에
G Em Am7 D7 G
게 -- 사랑노 래보 -낸-다 다
D.S.

콩깍지

최비룡 작사 / 최준호 작곡 / 장윤정 노래

Polka
콩깍지 콩깍지 사 랑 의콩깍지 콩깍지 콩깍지 사랑의콩콩콩깍지
콩깍지 콩깍지
사 랑 의콩깍지 씌여버렸어 나는 나 는어쩌면좋- 아 - -
세상을살다보면 날 사랑해 주는사 람 또 내가 원 하는사람도있
지 사랑은받는것도 행복이지만 누가 뭐 래 도내가
사랑하는당신이 - 최고야 이 - 러쿵저러쿵 간섭하지마

아무것도 보이지않 아 저 -러쿵이러쿵
시 비걸지마 내눈엔 그사람만보여 -
사 랑의콩깍지 씌여버렸어 나는나 는어쩌면좋 -
아 - - 사 랑의콩깍지에콩 내 사랑콩깍지에콩 콩
난 푹빠져 - 버렸어 - - 사 랑의콩깍지
씌여버렸어 나는나 는어쩌면좋 - 아 - -
사 랑의콩깍지 씌여버렸어 나는나 는당신이좋 - 아 -

테스형

나훈아 작사 / 나훈아 작곡 / 나훈아 노래

어쩌다가 한바
탕
턱빠지게 웃는 다
그리 고는 아
품을 -
그웃음에묻는 다
그저 와준 오
그저 피는 꽃
늘이 -
고 맙- 기는하 여도 -
죽어도 오고
들이 -
예 쁘- 기는하 여도 -
자주오지 - 못
마는 -
또내일이 두 렵다-
아
하는 -
날꾸짖는것만 같다-
아
테 스형 -
세상이 왜 이래
왜 이렇게 힘
테 스형 -
아프다 세 상이
눈 물많은 나

들어 - 아 테스형 - 소크라 테 스형
에게 - 아 테스형 - 소크라 테 스형
사랑은 - 또 - 왜 이래 - - 너자신을 알 라며 -
세월은 - 또 - 왜 저래 - - 먼저가본 저 세상 -
툭내뱉고 간 말을 - 내가어찌 알 겠소 - 모르겠소 테
어떤가요 테 스형 - 가보 니까 천 국은 - 있던가요 테
스형 - 울아버지 산소 에 제 비 - 꽃이피
스형 -
었다 - 들국화도 - 수 줍어 - 샛노랗게웃는
- 다 - 아 테스형 - 아
테 스형 - 아 테 스형 - 아
테 스형 - 아 테 스형 - -

파트너

이건우 작사 / 차태일 작곡 / 남진 노래

일 년 삼백 육 -십오일동안   우린멋진파트너야 -

많 고 많은 사 -람중에최고 둘 -도없는파트너야 -

그래그래맞아 볼 -때마다미쳐   너무좋은파트너야 -

얼 마나   기다리고 -   기다려서 -   우리가만나 -거

야   첫 눈에 -딱보는 그   순간 -   너 는이미나의

파 트-너 -   -   그냥멀 리 서 바라 만 봐도-

E7   Am   G
두근두근내가슴은 뛰네   컴 온 -   컴 온 -
레츠고 -   레츠고 -
F   E7   Am
더 이 상 어 떻 게 좋 아 -   -   일 년 삼 백 육
Dm   E7   Am
- 십오일동안   우린멋진파트너야 -   많 고 많 은 사
D.S. time Rep.
Dm   E7   Am   Am
- 람중에최고 둘 - 도없는파트너야 그대   그래그래맞아 볼
Rep.
Dm   E7   Am   E7
D.S.
- 때마다미쳐   너무좋은파트너야 - 그대   너 무좋은파트너야
Am   E7   Am
- 그대   너무좋은파트너야 - 그대 -   -

편의점

사마천 작사 / 홍진영 작곡 / 이찬원 노래

Go Go
D   Bm   D   A
G   D   A7   D
D   Bm   D
오 늘 하 - 루 - 길 었 다 - 퇴 근 길 이 고 되 구
사 랑 땜 - 에 - 외 롭 다 - 돈 때 문 에 힘 이 들 -
A7   G   D
- 나 - 맥 주 한 - - 캔 생 - 각 난 다
때 - - 소 주 한 - - 잔 생 - 각 난 다
A7   D   A7
편 의 점 에 들 - - 러 야 - 지 - 밤 새 환 한 - 불 빛
D   G   A7
꺼 지 지 않 - 는 날 반 기 는 저 간 - 판 -
G   Bm   Em   A7
술 이 나 - 한 잔 하 고 자 야 - 지 오 늘 도 - 고 생 많 았 - 다 -

삼 각김밥 라면하나 - 사 는게다그런거
- 지 - 홀로가는내인생 위로 하 - 네
우리동 네 - 편의 - 점 - 삼 각김밥
라면하나 - 사 는게다그런거 - 지 -
홀로가는내인생 위로 하 - 네 우리동네 - 편의
- 점 - 홀로가는내인생 위로 하 - 네
우리동네 - 편의 - 점 - -

풍등

윤고은, Khai, PUNCH 작사 / 고성진, PUNCH 작곡 / 이찬원 노래

Slowly
이젠
다 잊은줄 - 알았죠   그대 와   빌었던소원 도   계
절 이 흐 르-고   시 간 이 지 나 도   그 대- 내   곁에있어달라
고   타 올 랐 던   순 간 은 꺼 지- 고   천 천
고   추 억 을 그 려- 도   그 대
히   떨 어 져 내 리 네   우 리 가   수 놓 -던
는   내 겐 축 복 이 죠   하 지 만   슬 펐 -던
예 쁜추- 억 들   하 늘 은- 알 겠   지   요   날아가버
날 이 떠- 올 라   눈 물 이- 떨 어   져   요
린   저풍등같은 내   사-랑   다시는 볼 수 없 는 사람
아   두 눈 꼭 감- -고   손 을 모 아 보   아 도

만 날수없 는 내 사랑아   그대
는 날잊으 셨나-요 -   우리 가 나눴던기억 도   찬
바 람불어-와   내 맘을스쳐도   그 대-보다 - 아 픈건없 다
고   눈을감 만 날수없 는 내 - 사랑   찾 지못했
죠   -지나 갈운 명 이 - 겠죠   작은바 람 에 도-흔 들렸
죠   두 눈꼭감- - 고   손 을모아-보 아 도
잡을 수없 는 내 세 월 아   잊 을수없 는   -내-
- 사 랑-아-   -

하이난의 사랑

정지현 작사 / 박성훈 작곡 / 권성희 노래

코발 트빛 바다 늘 어진 - 야 자 수 아래 -
검푸 른파 도가 춤 추는 - 야 자 수 아래 -
아롱 만해변에서 처음만난 - 남 국의아가 씨 -
아롱 만해변에서 처음만난 - 남 국의그사 람 -
칵 테일 - 한 잔 두 -잔 -
연 분홍 - 와 인 잔 -에 -

G#7
C#m
정 들어가 는 하 이 난 의밤 -
G#7
G#7
C#m
분위기에취해 서 -
그사랑에취해 서 -
F#m
C#m
잊을 수없 는 정 든 밤 이여 - -
F#m
C#m
부서지는파 도 소 리에- 둘 이서새 긴 그 사랑 -
G#7
C#m
G#7
젊 음이불 타는 하 이 난 의밤 - -
C#m
F#m
C#m
아 아- - 아 아 아 아- -
Last time Rep.
G#7
C#m
잊 지 못 할 하 이 난 의밤 - -
깊 어 가 는 하 이 난 의밤 -
D.S.

하얀 나비

김정호 작사 / 김정호 작곡 / 김정호 노래

Shuffle
A
Bm
Bm
D
A
A
Bm
D
음 - 생각 을 말 아 요
음 - 어디 로 갔 을 까
A
E7
지 - 나간- 일 들은- -
길 - 잃은- 나그 네는- -
A
Bm
D
음 - 그리 워 말 아 요
음 - 어디 로 갈 까 요
A
Bm
D
A
떠나 갈- 님- 인 데 -
님찾 는- 하얀 나비 -

Bm
D
A
꽃 잎은 시들 어도-
슬퍼 -

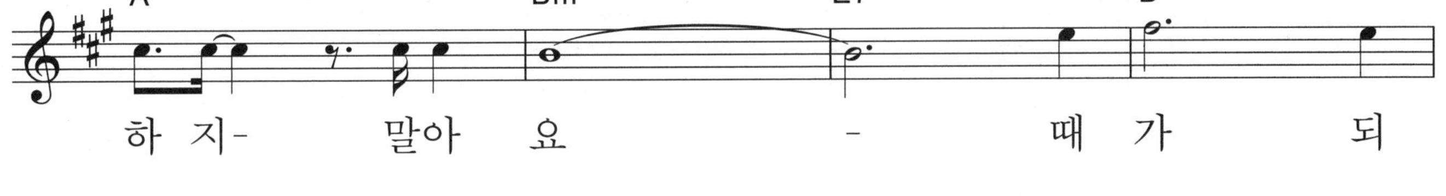

A
Bm
E7
D
하 지- 말아 요
- 때 가 되

A
Bm
D
A
면 다 시 필 걸
서러

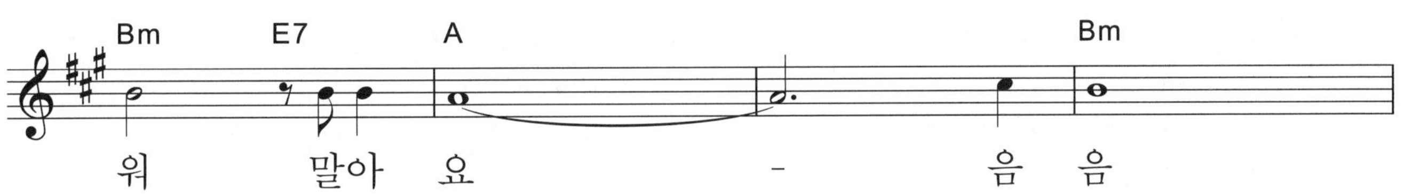

Bm
E7
A
Bm
워 말아 요
- 음 음

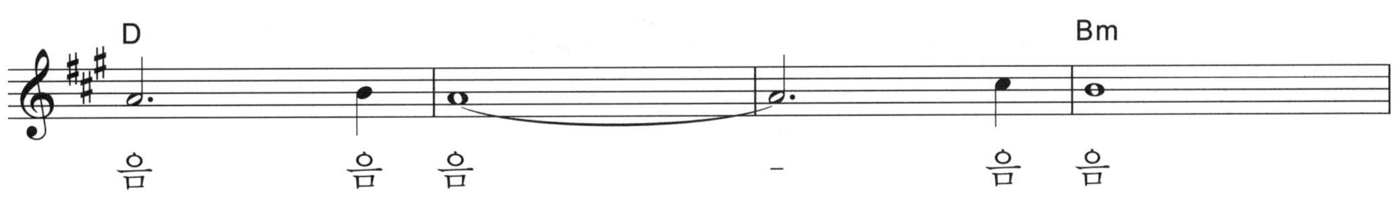

D
Bm
음 음 음
- 음 음

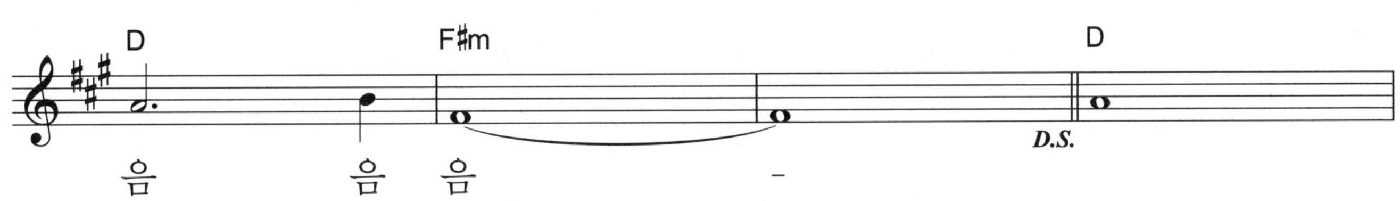

D
F#m
D
D.S.
음 음 음
-

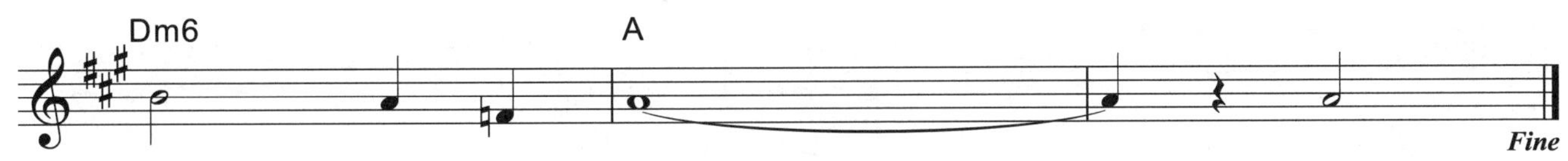

Dm6
A
Fine

한잔해

바비문, 위한샘 작사 / 바비문, 위한샘 작곡 / 박군 노래

Disco
E
C#m7
한 잔해한 잔 해한 잔 해 -   갈 - 때까지달려보자 한 잔 해 -

F#m
B7
오 늘밤 -   너와내가 -   하 나 되 어 달려달려달려달려

E
C#m7
한 잔해한 잔 해한 잔 해 -   갈 - 때까지달려보자 한 잔 해 - 내 -
한 잔해두 잔 해세 잔 해 -

A
B7
E
가   쏜 다 한 잔 해 - - -   -

E
C#m7
월 요 일은 - 원 래 먹 - 는날 - 먹는 - 날   먹는 - 날
삼 겹 살에 - 한 잔 때 - 리자 - 때리 - 자   때리 - 자

F#m
B7
화 요 일은 - 화 가 나 - 니까 - 화가 - 나 흥 흥 흥 흥
치 킨 에다 - 한 잔 때 - 리자 - 때리 - 자 때 찌 때 찌

숙 취에한잔 목이말라한잔 금요일은불 금 이니 까- 밤
두 부-김치 해-물-파전 시-원한한 잔 주세 요- 밤
새 도 록 한 잔 어 때 요--- 좋아좋아너무좋아
한 잔해한 잔해한 잔해- 갈 -때까지달려보자 한 잔해-
오 늘밤- 너와내가- 하 나 되 어 달려달려달려달려
한 잔해두 잔해세 잔해- 갈 -때까지달려보자 한 잔해- 내-
가 쏜 다 한 잔 해--- 마셔마셔마셔마셔
마 셔 마 셔 마 셔 마 셔 해--- 한 잔 해
D.C. al Coda

한 많은 대동강

야인초 작사 / 한복남 작곡 / 손인호 노래

한 많 - 은   대-동 강 아   변함없 이
대 동 - 강   부-벽 루 야   뱃노래 가

잘 있--느 - 냐 -   모 란 봉아
그 립--구 - 나 -   귀 에 익은

을-밀-대 야   네모양 이 그립--구 - 나
수-심-가 를   다시한 번 불 ---러 본 다

-      철 조 망 이   가 로 막 혀
-      편 지 한 장   전 할 길 이

다 시 - 만---날 -   그-때 까 지
이 다 - 지---도 -   없-을 소 냐

아   아 아   소 식 을 물 어-본 다
              썼 다 가 찢 어-버 린

한 많 은 대 -동-강-아 -

항구의 남자

진운, 박진복 작사 / 박성훈 작곡 / 박상철 노래

Disco
항 구의 남 자는 - 항 구의-남자 -는- 갈 매-기도-
등 대-불도-
사랑 한- 다 네 - 들어 라한 잔 술-
청 춘을 담- -고- 두잔 -술에 의 리를 담- -아-
파 도를 담- -고- 두잔 -술에 하 늘을 담- -아-
묻 지를 마라 - 남 자의-사연- 을 묻지를-마라
-첫 사랑 일 -랑- - 항 구의-남 자 -는-
항 구의-남 자 -는- 바다가-사랑 이 란- -다
- 항 구의-남 자 는 항 구의-남자- 는
바 다가 고향 이 -란 다- -
성 격도 화끈 하 -다 네- -
D.C.

합정역 5번 출구

이건우, 유재석 작사 / 박현우 작곡 / 유산슬 노래

Go Go
Dm Gm Dm
나 는 상수- 너 는망원 한정거장전 에내 려
정 이 많아- 정 이넘쳐 합정인줄알 았는 데
Gm F Gm A7
터벅터-벅-- 걷-고있는 이별을앞에-둔 연 -인
어쩌다-가-- 그-역에서 이별을불러-야 하 -나
Dm Dm B♭
- - 합 치면- 정이되는-
Gm A7 Dm B♭
합 - 정 인데 - 왜 우 리-는 갈 라-서야 하나
F A7 D7 Gm
- 바 람 이 분다 -
C A7 D.S. time Rep. Dm A7
사 랑 이 운다 - 아 아 아 합정 역 5 번-출
Dm 1. 2. Rep.
구 - - D.S.

해뜰날

송대관 작사 / 신대성 작곡 / 송대관 노래

쨍 하 고해뜰날 돌아온단다 쨍 하 고해뜰날 돌아온단다
꿈을안고왔단다 내가 왔단-다 슬픔도괴로움도
모두모두비켜라 안 되 는 일 없 단 다 노력 하 면-은
쨍 하 고해 뜰 날 돌아 온 단다 쨍 하 고해 뜰 날
돌 아 온 단다 뛰고뛰고뛰 는몸이 라 괴로 웁지 만
힘 겨 운 나의 인 생 구 름 걷 히 고 산 뜻 하 게 맑 은 날
돌 아 온 단-다 쨍 하 고해뜰 날 돌아 온 단다

해운대 연가

정찬우 작사 / 이호준 작곡 / 전철 노래

Rumba
푸른물결춤을 추 고 - 물새날아드는 - 해운
대 의밤은 - 또 그렇게 - 지나가 는데 -
솔밭길을걷던 우 리들의 - 사랑애 기가 -
파 도에 밀 려사라지네 -
하얀모래밭에 사 랑해란 글 씨를쓰며 -

영원히날 - 사 랑한다 - 맹세하던그대 -
널 널 널 -사랑해 - 떨리
는 내 입 술에- 키스해주던너 -
보 고싶-은 사 랑- 추 억속-의 그 대-해-
운 대 의 사랑이여 - -
보 고싶-은 사 랑- 추 억속-의 그 대-해-
운 대 의 사랑이여 -

해변의 여인

박성규 작사 / 박성규 작곡 / 나훈아 노래

Slow Rock
C F G7 C
물 위
D.S. time Humming
C G7 C
에 떠-있는 황혼에 종-이배 말 없
C F C G7 C Humming
이 바라보는 해변의 여-인아 바
C G7 Dm C
람에 휘날리는 머리 카락 사-이로 황
C G7 Am D7 G7
혼 빛에 물-들은 여--인 -의 눈-동자 조용
C G7 C
히 들려오는 조개들 의 옛이야기 말 없
C F C G7 C C
이 거-니는 해변의 여-인아 아
D.S.

홍도야 우지마라

이서구 작사 / 김준영 작곡 / 김영춘 노래

Cha Cha Cha
사 - 랑 을 - - - 팔 고 사 - - 는
구 - 름 에 - - - 싸 인 달 - - 을
꽃 바 람 - 속 - - - 에 -
너 는 보 - 았 - - - 지 -
너 - 혼 - 자 - 지 - 키 - 려 - 는
세 - 상 - 은 - 구 - 름 - - 이 - 요
순 정 의 등 - - - 불 -
홍 도 는 달 - - - 빛 -
홍 도 - 야 울 지 마 - 라
하 늘 - 이 믿 으 시 - 는
오 빠 - 가 있 - - - 다 -
네 사 - 랑 에 - - - 는 -
아 내 - 의 나 갈 - - 길 - 을
구 름 - 을 거 둬 - - 주 - 는
너 는 지 켜 - - - 라 -
바 람 이 분 - - - 다 -

허공

정욱 작사 / 정풍송 작곡 / 조용필 노래

꿈 이었 - 다 - 고　생 각 하 - 기 -
잇 는 다 - - - 고　생 각 하 - 기 -
엔　너 무 나 도 아 쉬 움　남
엔　너 무 나 도 미 련 이　남
아 -　가 슴 태 우 며
아 -　돌 아 선 마 음
기 다 리 기 엔　너 무 나 도
달 래 보 기 엔　너 무 나 도

멀 어 진 그 대 -
멀 어 진 그 대 -
사 랑 했 던 마 음 도 미 워 했 던 마 음
설 레 이 던 마 음 도 기 다 리 던 마 음
도 허 공 속 에 묻 어 야 만 될
슬 픈 옛 이 야 기 스 쳐 버 린
그 날 들 잊 어 야 할 그 날 들
그 약 속 잊 어 야 할 그 약 속
허 공 속 에 묻 힐 그 날 들 -
허 공 속 에 묻 힐 그 약 속 -
D.C. al Fine

홍시(울엄마)

나훈아 작사 / 나훈아 작곡 / 나훈아 노래

16 Beat
생각이난다 홍 시가열 - 리면 - 울엄 마가 생 각 이난
다 자장 가 대 신 젖가슴을내 - 주던
회초 리치 고 돌아앉아우 - 시던
울엄 마가 생 각 이 난 다 눈이 오 면 눈 맞 을 세라
울엄 마가 생 각 이 난 다 바람 불 면 감 기 들 세라
- 비가 오면 비맞 을 세라 -
- 안먹 어서 약해 질 세라 -
험한 세상 넘어 질 세라 - 사랑 땜에 울 먹 일 세라
힘든 세상 뒤쳐 질 세라 - 사랑 땜에 아 파 할 세라
- 그리 워진 다 홍 시가열 - 리면 -
-

울엄 마가 그 리 워 진 다
눈에 넣 어도 -
생각 만 해도 -
아프지도않 겠 다 던
눈 - 물이펑 - 도는
울엄 마가 그 리 워 진 다
10
D.C. al Coda
다
생 각 만 해도 -
가 슴이찡 - 하는
울엄 마가 그 리 워 진 다
울엄 마가 생각 이 난 다
울엄 마가 보고 파 진
다

화등

김수희 작사 / 홍진영 작곡 / 김수희 노래

16 Beat
나의
- 이름 앞-에 -- 서는 - 울- 지 -- 마 세- 요 나는
이미 - 떨 어----진- 꽃- 잎 --이에- 요 백-
년도- 못살---면-서 거 꾸로 선 -너의모 -습- 해가
지면 - 돌아---오는 녹슬은 울-음 소-리 이-
슬 픔 -무너-지-고 저길 이 -보일-때 엔--- 사

Am   C   G   E7
랑 - 의이불 자락 -을- 소롯 이덮어두- -고 - 화등
Am   C   G   E7   Am
하 나챙 -겨들 -고 - - 미움 만 --떠납 니 - -다-
Am   C   G
그- 대의 - 이름- -앞에- - - - 내 려서 려 -합니-
Am   C
다 - - 그대 에겐 - 이- - - 미- - 가 슴
G   E7   Am
이 없습 니 - 다 이- -다- 사 랑- 의이불 자락
D.S. al Coda
C   G   E7   Am
-을 - 소 롯 이덮어두- -고 - 화등 하 나챙 -겨들
C   G   E7   Am   G
-고 - - 미움 만 --떠납 니 - -다- 미움 만 -
E7   Am   G   Am
- 떠납 니 - - 다- - 우 우 -우 -우 우 -우

화장을 지우는 여자

정찬우 작사 / 김정호 작곡 / 강진 노래

화장 을 지 우는 여 - 자 - -
노을속에 - 사라 - 진   그사랑을못 잊 - 어
바람처럼 - 사라 - 진   그사랑을못 잊 - 어
오늘 도 - - - 거울앞 에   서있는 여인 -

C   F   Am
행여만 날 그 사람 이 - 몰라볼 - 까 - 봐
Dm   G   C
가슴 이 - 두근 - 거 - 리 - 네 - -
D.C. time Rep.
G   Am   Em
핑크빛입 술을 그리다가 뜨거웠던 - 추억에
G   C
젖어버렸나 곱게 - 그린 두 눈 - 가에 이슬 - 맺 히
G   C
- 네 - - 사 랑을잃어버린 그녀 -
Dm   G7
하 얀 - 티 슈에묻어나는추억 화 장 을 - -
G7   C
지 우는 여 - 자 - - -
D.C.

황진이

박현진, 한솔 작사 / 박현진 작곡 / 박상철 노래

황 진이황 진이 진이진이야　나야황진이
어 얼씨구　저 절씨구　너를안고내가내가 돌아간 - 다
황 진이황 진이 황 진 이　내 일 이면　간 다 -
너를 두고　간 다 -　황 - 진이 - - 너 를 두고 -　간
- 다간다간다간다 이 제 - 떠나면 -　언 - 제 또 올까 -
사랑 아 사랑아 내 - - 사랑 아

A
D
F#7
개나리도 - 피고 진달래도 - 피고 뻐꾸기가 울 텐 - 데
봄 - 여름 - 가고 가을이 - 가고 겨울이지나 가면 -

Bm
G
F#7
그리워서 어 떻 - 게 살 까 -

Bm
D
F#
Em
능 수 버들 늘 - 어 - 지고 소나기내리 면 - 보고파서
하늘에서 - 꽃 송이 - 하얗게내리 면 - 눈물나서

Em
F#7
Bm
어 떻 - 게 살 까 - 그 래도 가 - 야지 -

Em
D
F#7
너를 위해 가 - 야지 - 황 - 진이 - - 너 를 위해 - 간

F#7
Bm
A
D
- 다간다간다간다 내 가 - 사랑한 - 나의 황 진이 -

F#7
Bm
1.
2.
사랑 아 사랑아 내 - - 사랑 아

D.S. al Fine

효도합시다

김지환, 알고보니 혼수상태 작사 / 김지환, 알고보니 혼수상태 작곡 / 정동원 노래

효도합시다
효도합시다
여러분 -
여러분 -
효 도 합 시 다
- - -
가 끔 은 아 이 러 브 유
사 는 게 바 - - 빠 도
그 동 안 고 - - 맙 고
사 랑 한 다 말 합 시 - - 다 -
전 화 한 통 드 립 시 - - 다 -
감 사 하 다 말 합 시 - - 다 -
1.2. 나 하 나
3. 자 신 보 다
보 면 - 서 살 아 온 당 신 - -
날 먼 - 저 지 켜 준 당 신 - -

1.2. 늦기전 에- 효 도합 시 - -다-
3. 미안해 요- 사 랑합 니 - -다-
계절 이 지 나-면 돌아오 지-만
당신 의 세 월-은 멀어져 가-네
당신 과 매 일-이 이별하 는-날
이제라 도 잘 해야-지 다 짐합 니 - -다-
- - -다 -
늦기전 에- 효 도합 시 - - 다- -

훨훨훨

나옹선사 작사 / 정의송 작곡 / 김용임 노래

Slow Rock
Am
C
Em
Am
Dm
우 – –
C
Em
Am
우 – – – – – 우 훨 훨
사 랑 도
탐 욕 도
부 질 없
벗 어 놓
C
Dm
Am
어
고
미 움 도
성 냄 도
부 질 없 어
벗 어 놓 고
청 - 산
창 - 공
Am
C
Dm
Em
은
은
나 를 보 고
나 를 보 고
말 없 이
티 없 이
– 살 라 하
– 살 라 하

네 버-려라 훨 훨 벗어
네 버-려라 훨 훨 벗어
버 -려-라 훨--훨 사-랑도 미--움
버 -려-라 훨--훨 탐-욕도 성--냄
도 버려라-벗어라 훨--훨 훨- 아--
아 아--아 물같이바람같이 살라하
네 물같이바람같이 살-라하네 -
- 훨 훨 -

HERO

손창학 작사 / 멧돼지, 김시온 작곡 / 임영웅 노래

♩ = 64

세 상 이 란 장 애 물 이 - 너의 - 앞 길 을

가 로 막 을 때 - 날 봐 - 언 제 나 너 - 의곁엔내가있어

- 불 안 따 윈 - 1도없을테니 - - 이렇게 al - ways______ al

-ways__ 내가 너를지켜줄 게 - 나를믿고 가 오 오 오 -

- 오 - - 오 - - 거친세상 이지만 나를믿고 가 오 오 오 -

- 오 오 오 - - 나와함 께 라 면 rea-dy to go ________

창 밖 으 로 비 쳐 오 는 - 태 양

시시각 각 바 뀌는구 름의 - 모양 - 공기를가
르며와닿 - 는 - 바람의향 - 기가느껴 - 지니 - - 이렇게 al
-ways____ al -ways__ 내가 너를지켜줄 - 테니 - 나를믿고
Let's go go right a - way ___ right a - way ____ When we
go go go far a-way__ far a-way________
참 다행이 - 지나 - 의 - 옆이 - 너 - 라 - 서 - - - 내
어 깨 - 에기 대어 손 - 을 - 꼭 - 잡 고 같
이 어 - 디 - 로 - 든 - 가 - 자 나를믿고
Fine
D.S. al Coda

힘을 내세요

피터맨, 똘아이박 작사 / 똘아이박 작곡 / 이찬원 노래

Disco
C#m F#m7 B G#7
F#m7 C#m A G# C#m
오늘
힘이
C#m A F#m7
따 라 유 난 히 힘 이 드- 나 요 사 는 게 어 려 운- 가
들 땐 술 한 잔 하 면 어- 때 요 사 는 게 별 거 있- 나
G# F#m7 C#m
요 복 잡 하 게 생 각 할 필 요 없 어 요- 금 방
요 한 잔 하 면 유 난 히 보 고 싶 겠 죠- 함 께
G# C#m
지 나 갈 거 니 까 요 - 돈 때 문 에 머 리 가
울 고 웃 던 친 구 가 - 나 만 빼 고 모 두 다
A F#m7 G#
복 잡 한- 가 요 뜻 대 로 되 지 않- 나 요 그 깟
잘 살 아- 보 여 너 무 나 부 러 운- 가 요 하 지
F#m7 C#m G#
걱 정 도 언 젠 가 지 나 간 대 요- 툭 툭 모 두 다 털 어 버 려 요
만 다 힘 들 었 던 사 연 은 있 죠- 그 리 부 러 워 하 지 말 아 요

494

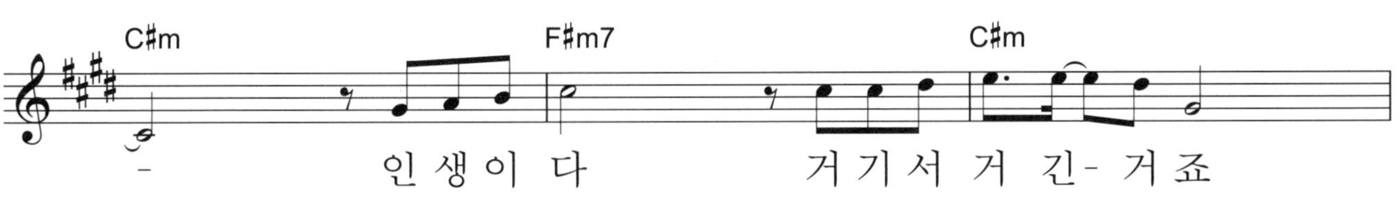

C#m   F#m7   C#m
인생이 다   거기서 거 긴- 거죠

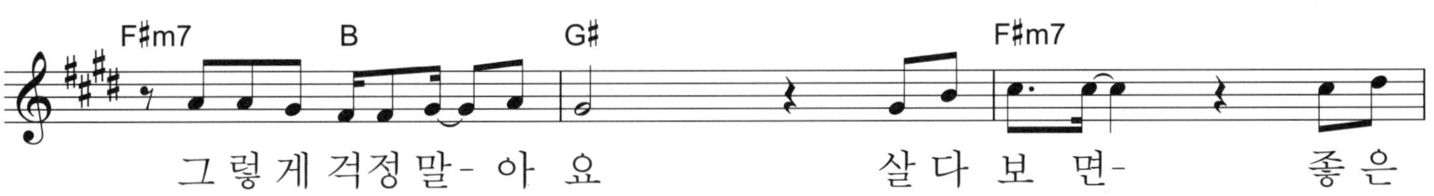

F#m7   B   G#   F#m7
그렇게 걱정말- 아 요   살 다 보 면-   좋 은

C#m   D#m7-5   G#
날 이- 와요 - -   모두다힘을내- 세 요   -

C#m   F#m7   B
힘을 내- 세 요   힘을 내- 세 요 - -   아 무 리 힘이들- 어

E   F#m7   C#m
도   언 젠 가 쨍 하 고   해뜰 날이 와 요

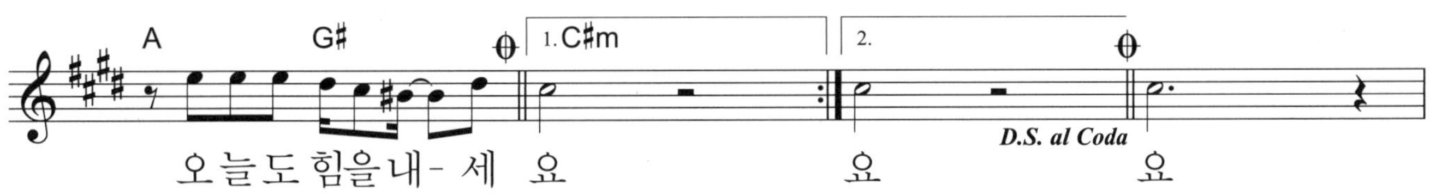

A   G#   1. C#m   2.
오늘도힘을내- 세 요   요   요
D.S. al Coda

A   G#   C#m
모 두 다 힘 을 내- 세 요   힘을내

발행일 2024년 4월 15일

발행인 최우진
편집 편집부 편
표지디자인 김세린

발행처 그래서음악(somusic)
출판등록 2020년 6월 11일 제 2020-000060호
주소 경기도 성남시 분당구 정자일로 177
전화 031-623-5231 **팩스** 031-990-6970
이메일 somusicu@naver.com

ISBN 979-11-93978-00-9(03670)